교육과정과 교육의 과정

손민호 · 조현영 공저

Lectures on Curriculum Studies and Process of Education

학지사

머리말

흔히 딱딱하고 재미없는 전문 분야로 알려져 있는 교육과정은 학교 교육과정과 이를 조직하고 운영하는 데 지침이 되는 국가 교육과정 문서의 의미로 통용되고 있다. 교육과정의 또 다른 표현인 커리큘럼(curriculum)은 라틴어 '쿠레레(currere)'에서 파생된 용어로 사람들의 경험이 일정한 방향으로 구성·조직되는 궤적과 그 총화를 뜻한다. 즉, 커리큘럼은 일정한 과정을 통해 길러지는 학습자의 경험을 의미한다고 볼 수 있다. 그러나 보통은 커리큘럼이 학교교육 프로그램의 편성 기준과 동일한 의미로 통용되는 경우가 많다. 이에 저자들은 이 책에서 커리큘럼의 의미를 인간 경험의 디자인으로 확장하는 데 관심을 두고자 하였으며, 이를 위해 최근의 학습이론과 교육 설계론의 동향을 반영한 교육과정에 대해 정리하였다.

첫째, 배움학 패러다임을 반영하는 교육과정 안내서가 필요하다는 인식이 있었다. 교육과정론은 전통적으로 교육학을 반영해 왔는데, 점차 전통적인 교육학의 범주를 넘어서서 간학문으로서 러닝 사이언스라고 일컫는 분야가 부각되었다. 이를 우리말로 하자면 배움학 정도가 될 듯싶다. 배움학은 기존의 학습이론과는 성격이 다르다. 학습이론은 심리학의 한 분과이나 배움학은 교육학에 대한 재구조화라고 하는 관심사에서 출발하였다. 배움학은 학습에 대한 학제 간 연구 그리고 그 연구 결과를 바탕으로 한 교수 디자인 가능성에 대한 체계적인 연구를 의미하며, 철학적 소신과 가치관에 따른 기존의 교육학과는 분명히 다르다는 점을 보여 주기 위해 선을 긋고 있다. 교육과정 연구도 이러한 패러다임의 출현 전후에 따라 그 전개 양상이 다르다는 점을 인식해야 할 것이다.

둘째, 우리가 일반적으로 교육과정학이라 일컫는 것은 연구 · 개발의 역사를 지니고 있지만 이 책에서 다루고자 한 내용은 최근의 패러다임을 천착하여 반영하고 있다. 여기서 말하고자 하는 이전과 최근의 구분 기준은 교육과정을 텍스트적 지식으로 국한해 볼 것인가 아니면 컨텍스트 경험까지 확장해 볼 것인가 하는 데 있다. 지나온 역사는 사라진 것이 아니라 현재에 응집되어 있다. 즉, 이전의 담론들은 어떤 식으로든 현재의 담론 안에서 자신들의 의지를 관철시키며 살아 있다. 교육과정을 해석하고 디자인하고자 하는 전문적 식견 또한 현재 경험에 응축된 과거를 읽어 내면서 접하기를 바란다.

셋째, 컨텍스트 경험에 걸맞는 교육과정 문해력을 키우는 데 일조하기를 기대하였다. 교육과정 문해력은 제도권 교육과정 정책을 둘러싸고 교직 전문성의 핵심으로 부상하였다. 학교교육은 더 이상 기성자료로는 생생한 배움의 의미를 담보해 낼 수 없는 차원으로 변화하고 있으며, 그러한 변화에 걸맞는 담론과 경험에 일조할 수 있는 많은 이야기가 요구되고 있다.

이 책을 읽는 데 느껴지는 다소간의 어려움은 순전히 저자의 부족한 식견과 글솜씨 탓이다. 글의 난해함을 행간의 숨은 뜻으로 받아들이면 좋겠다. 독자분들의 인내를 당부 드린다.

마지막으로, 이 책을 준비하는 가운데 여러 다른 일이 의도치 않게 끼어들면서 출간하기까지 시간이 많이 지연되었다. 그 사이 담당 편집자에게 많은 수고와 누를 끼쳤다. 이 책이 완성되기까지 인내를 가지고 꼼꼼하게 챙겨 준 편집자에게 다시 한번 감사드린다.

저자 일동

차례

제 **1** 장

교육과정의 다양한 변용

Lectures on Curriculum Studies and Process of Education

1. 교육과정의 다의성과 인증

지난 수십 년 동안 우리 사회에는 통상적으로 알고 있는 학교 교육과정과는 다른 교육과정을 운영하는 학교들이 생겨났다. 학력을 인정받지 못하는 학교 형태의 평생교육 시설이나 학력 인정 학교로 지정되지 아니한 학교 등 제도권 밖의 학교뿐만 아니라 제도권 내에서도 교육과정 운영의 특례 적용을 받는 예외적인 학교들, 예컨대 자율학교, 대안학교, 사이버 또는 방송 학교, 한국형 무크(K-Mooc)와 같은 이러닝 시스템, 각종 학교 중 학력 인정 학교로 지정된 학교, 학력을 인정받는 학교 형태의 평생교육 시설 등이 급격히 늘어났다.

이들 학교는 교육 내용뿐만 아니라 교육과정을 운영하는 방식 또한 기존의 제도와는 다른 방식과 형태를 띠고 있다. 따라서 기존 학교의 교육과정이나 그 운영 방식에 대하여 보다 확장적인 이해가 필요하게 되었다. 오늘날 우리가 보편적이라고 생각하는 학교의 교육과정 운영 방식은, 예컨대 정해진 교과 내용이 있고, 그것을 모든 학생이 동등하게 학습하며, 그러한 학습이 교실 안에서 일제히 이루어지고, 그러한 기간이 일정 시간을 지나게 되면 누구나 교육과정을 수료한 것으로 받아들이는 제도적 규약 위에서 이루어진다.

현재 우리가 통상적으로 받아들이고 있는 교육과정과 그 운영 방식은 어느 시대에나 통용되었던 보편적인 제도가 아닌 시대적 · 사회적 산물이다. 즉, 우리 시대에 통용되고 있는 학교의 교육과정을 둘러싼 제반 시스템은 근대 교육 체제에서 형성된 교육과정 운영 방식과 밀접하게 관련된 것으로, 따라서 한 시대의 산물이고 그러한 시대가 변하면 그 운영의 방식 또한 변화하게 마련이다.

매클루언(McLuhan, M.)은 '미디어가 곧 메시지이다.'라는 유명한 문구를 남긴 바 있다. 그의 지적은 동시대인이 경험하는 주요 의사소통 매체가 기술적 · 생산적 여건으로 인해 다양화됨에 따라 우리가 매체에 담긴 내용뿐만 아니라 그것을 담는 매체 자체에 관해서도 성찰할 수 있게 되었다는 점을 보여주고 있다. 마찬가지로, 후기 산업시대로 점철되는 생산 여건과 노동 관계를 비롯한 사회적 조건은 인쇄 매체의 발달, 대중교육의 팽창, 과학주의 경영의 확산 등 근대 시대의 특징들을 고스란히 반영하고 있는 현행 학교 교육과정 시스템이라는 틀 자체에 대하여 성찰할 수 있는 여지를 확대하고 있다. 매클루언의 말을 빌려 표현하면, 학교라는 제도적 틀은 그 안에 담겨져 있는 내용의 성격을 규정짓는다.

실제로 오늘날 학교의 교육과정 운영 체제가 매체의 발달과 같은 지식 생산의 시대적 여건과 긴밀히 맞물려 있다는 점은 학교 교육과정에서 다루고 있는 콘텐츠, 즉 '교육과정'이라는 개념이 하나의 제도로 정착해 온 기원을 거슬러 따져 보면 알 수 있다. 교육사가 해밀턴(Hamilton)은 그 단어가 가지고 있는 일반적인 어원보다는 커리큘럼이라는 현대에 사용하고 있는 의미가 발생된 역사적 맥락에 관해 추적하였다. 그에 따르면, 커리큘럼(curriculum)은 그 일반적 어원인 라틴어 쿠레레(currere), 즉 개인이 가지고 있는 학습 경험의 궤적, 학습 이력을 의미하는 것도 아니고, 오늘날 우리에게 익숙한 의미인 학교교육 내용의 체계를 가리키는 것도 아니다. 그것은 하나의 사회제도에서 비롯된 제도적 범주(institutional category)의 개념이라는 것이다. 제도적 범주로서의 교육과정이란 다름 아닌 학습자들의 경험을 학습으로서 공적으로 인정하는 인증(accreditation) 시스템을 말한다.

해밀턴에 따르면, 중세 대학에서는 현대적 의미로서의 교육과정이라는 것이 없었다. 강의의 진행은 학생들이 자유자재로 강의에 오가는 방식으로 이루어졌고, 출석이나 결석 개념도 없었고 등록이라는 개념도 없었다. 따라서 거기에는 코스를 마치고 받게 되는 학점이나 성적표 같은 제도조차 없었다. 그러다가 16세기 말쯤에 이르러 '교육과정'이라는 용어가 학점이나 성적표를 부여하는 것과 관련해서 처음으로 사용되기 시작하였다. 그러한 용어의 사용은 1582년 유럽의 라이든 대학 문서에서 '아무개는 그의 교육과정을 수료하고'라는 문구를 통해 발견되었다. 그때에서야 비로소 교육과정이라는 용어는 단순히 시간의 경과라는 의미를 갖던 방식으로부터 벗어나 일단의 과정을 수료하고 그에 걸맞은 자격을 부여받게 된다는 오늘날과 같은 보편적인 의미를 가지게 되었다. 출석, 학점 이수, 학위 취득, 졸업, 학년제, 학급, 일정한 코스 교재 등으로 대표되는 현재의 교육과정 시스템이 생겨난 것이다.

수업은 아주 다양한 장소에서 이루어진다. 초 · 중 · 고등학교와 대학의 강의실은 대개 직사각형 형태이고 열을 맞추어 책상이 놓여 있다. 그러나 수업이 실외나 열린 공간에서 진행되는 체육이나 무용과 같은 과목은 예외일 수 있다. 또한 성인을 대상으로 하는 교육인 경우에는 그 강의 장소가 공장일 수도 있고, 소매상점일 수도 있으며, 심지어 클럽, 병원, 가정집일 수도 있다. 학교의 열린 공간은 'ㄴ'자 형이거나 원형이다. 새 학교 건물을 지을 때 교사들이 건축가들에게 의견을 개진하여 평소 꿈꾸던 학교 건물의 모습을

〈1900년 미국의 어느 초등학교 수업 장면〉

실현할 기회가 가끔 주어지기는 하지만, 대개의 교사는 자신들의 수업 양식에 막대한 영향을 미치게 될 건축물에 대하여 별로 말을 하지 않고 오히려 건축가들이 말을 많이 한다.

미국의 교육사가 래리 쿠반(Larry Cuban)에 따르면, 1900년대 초반까지 학생들의 책상은 교사를 향해 배치되도록 마룻바닥에 볼트로 고정되어 있었고(앞 사진 참조), 1930년대 즈음에 이르러서야 이동이 가능한 책상이 도입되었다. 이러한 구조는 교실 수업이 암송식 수업 양태로 일어나도록 하는 하나의 조건으로 작용하기도 하였다.

동일한 건물 내에 존재하는 공간이라 할지라도 교사에 따라 서로 다르게 사용한다. 어떤 교사는 책상을 열을 맞추어 배열할 것이고, 다른 교사는 서너 개씩 붙여 모둠을 만들 것이다. 어떤 교사는 수업 시간에 학생들이 마음대로 이동하는 것을 전혀 용납하지 않기도 하고, 또 어떤 교사는 학생들이 자유롭게 돌아다닐 수 있도록 허용하기도 한다. 다음은 교실에서 가장 흔히 관찰될 수 있는 자리 배치의 두 형태를 보여 준다.

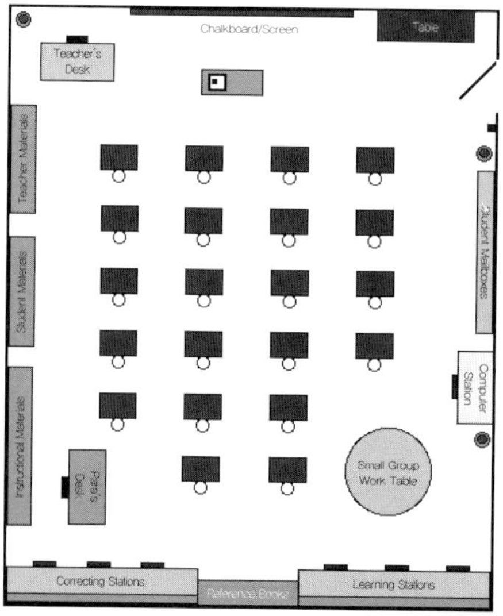

〈일제식 수업을 위한 교실 자리 배치〉

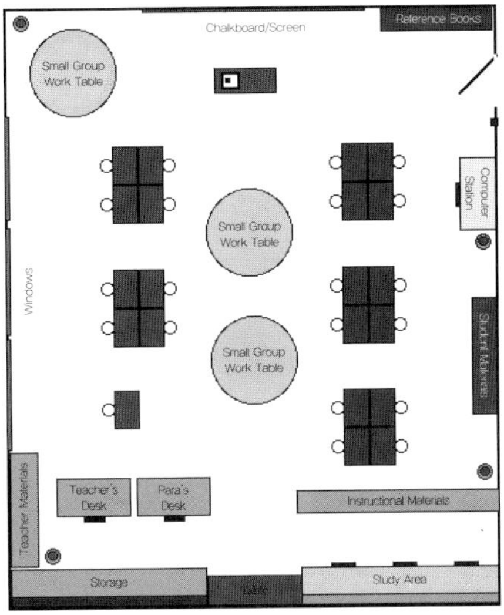

〈학생 중심 수업을 위한 교실 자리 배치〉

이와 같은 자리 배치의 차이가 교수–학습 방법에 영향을 미칠 수 있을까? 아마도 이러한 자리 배치는 학생들의 주의집중 정도나 상호작용 패턴에 영향을 미칠지도 모른다. 전자의 경우, 학생들은 보통 수업 시간 동안 내내 교사 쪽을 바라보게 되어 있기 때문에 교사의 입장에서 보면 주의를 집중시키는 데 보다 편리할 수 있다. 후자의 경우는 전자의 경우에 비해 다른 학생들이나 모둠 구성원들끼리 접촉이 더 잦을 수도 있다. 그래서 우리는 모둠별로 좌석이 배치된 교실 공간에서 교사가 학생들에게 자신 쪽으로 고개를 돌리게 하려고 주의를 집중시키는 경우를 흔히 볼 수 있다.

교사나 학생의 직접적인 통제 범위를 벗어나는 이러한 모든 생태학적인 요소가 교실에서 이루어지는 상호작용의 본질에 영향을 미친다.

그림 1-1 오늘날 우리나라 학교의 교실

2. 매체의 발달과 교육과정 운영 틀의 분화

하나의 시스템으로서 교육과정 제도가 성립하게 된 배경으로는 당시 여러 가지 시대적 조건, 예컨대 '아이'를 아이답게 다루고자 하는 교수법이라는 관념이나 실천이 생성되기 시작하였고, 소위 '국민'에 대한 관리를 필요로 하는 국가행정 체제의 기초가 형성되기 시작하였다는 점 등 다양한 시대적 변화를 들 수 있다. 그 가운데 교육과정이라는 시대적 산물을 객관적인 사회적 현실로 안착시키는 중요한 힘으로 영향을 끼치게 된 것으로는 인쇄 매체의 발달을 들 수 있다.

근대에 들어서면서 우리에게 익숙한 현행 학교 교육과정의 틀이 정착할 수 있었던 데에는 '누구에게나 똑같이 적용되는 교육 내용이 제시되고 누구나 다 동일한 시점에서 동일한 내용을 공부해야 한다.'는 전제가 중요하게 자리 잡고 있었기 때문이다. 그리고 그것은 코스 때마다 달라지는 수업 자료와는 달리 누구나 동일하게 접근할 수 있는, 그리고 다음 코스에서도 동일하게 접근 가능한 수업 자료가 만들어졌다는 것을 의미한다. 그것은 소위 표준화된 교육과정을 실현할 수 있는 기반이 조성되었다는 것을 말한다.

한편, 우리 시대에 디지털 문화가 대두되고 디지털 매체가 인쇄 매체를 점차적으로 대체해 가는 흐름 속에서 교육과정 운영의 시스템이 맞물려 변화의 테두리 안에 들어오게 되었다는 점도 이러한 맥락에서 이해할 수 있다. 즉, 근대에 기초를 제공한 인쇄 매체의 발달이 현재의 오프라인 교육과정 제도의 틀을 마련했다면, 디지털 매체의 발달은 다시 교육과정의 제도적 틀을 변화시키는 힘으로 작용할 수도 있다는 것을 의미하기도 한다. 지식 위주의 교육과정이 프로젝트나 실습 등 경험을 강조하는 교육과정으로 점점 그 중요성이 변화해 나가는 것이나 학교 중심의 획일화된 교육과정 운영에서 벗어나 수요자 중심의 교육과정으로 유연하게 운영하고자 하는 데에서 그러한 변화의 징후를 쉽게 찾아볼 수 있다.

한 시대의 학교 교육과정 체제는 그 시대에 사용되는 텍스트의 성격과 닮은꼴을 형성한다. 왜냐하면 텍스트의 구성은 그것대로 당대의 사회 조직이나 질서에 대응해 엮인 것이기 때문이다. 인쇄 텍스트의 일방적인 위계에 따른 엮음새가 오프라인 교육과정 운영에서 찾아볼 수 있는 순차적 속성을 만들어 냈다면, 디지털 매체에서 흔히 볼 수 있는 등위 또는 등가의 분절들이 교차적으로 연관되어 있는 하이퍼텍스트는 그러한 순차성의 질서가 더 이상 자연스러운 것이 아니라는 사실을 반증하고 있다. 사이버상으로 운영되고 있는 교육 프로그램들은 여전히 오프라인 학교의 모습을 그대로 답습한 채 겉모습만을 달리하고 있다는 지적도 있지만, 기존의 학교나 교육과정 운영의 외형적 체제로부터 점차적으로 탈피하고 있고 그에 대한 요구나 그 요구를 수용할 수 있는 여러 가지 인프라의 구축 가능성이 커지고 있다는 점은 주목할 만한 일이다.

교육과정의 형식성의 중요성, 그것은 특히 교육과정의 본질적 속성이 교육 내용을 제공하는 데 있었다기보다는 개인의 학습 경험을 인증하는 데 있었다는 것에서 찾아볼 수 있는데, 이 점은 요즈음 더 가시화되고 있다. 학교 밖이나 제도교육 프로그램 밖에서 개인들이 경험하게 되는 학습의 기회들이 보다 확대됨으로써, 이러한 변화는 규제적인 현재의 교육과정 제도에서 나타나는 인증 체제를 완화시킬 것을 요구하고 있다. 이러한 요구는 사회 전체가 무엇보다도 실체적이고 영토적인 특징을 갖는 지식 공간의 조건에서 점차적으로 유동적이고 탈전체화된 지식 공간의 조건으로 이행하게 됨에 따라 가능해졌다.

학습 경험의 인증은 지식의 교환 가치를 단일 기준에 의해 표준화하려고 하는, 그래서 노동을 포함한 개인의 역량을 어디서나 통용 가능한 형태로 표준화하는 데에 그 본질적 기능이 있다. 흔히 1990년대 이후에 부각되기 시작한 평생교육 영역에서는 현대 테크놀로지의 발달로 인해 사회적 의미의 생성 틀로서의 시공간이 무한히 확장됨으로써 그 인증의 형식이 바뀌고 있다는 점에 주목하기도 한다. 소위 시간제 등록, 학점 은행제, 원격교육 등 기록 및 커뮤니케이션의 테크놀로지 발달이 가져다준 각종 평생교육 영역에서 볼 수 있는 새로운 형태의 학습 경험의 인증 시스템이 고정된 공간과 시간에서의 운영이라는 속성을 지니고 있는 근대 학교의 교육과정 운영 제도의 정당성을 점점 부식시키고 있다는 것이다.

이러한 변화는 실제로 평생교육 영역뿐만 아니라 학교교육 영역에도 깊숙이 영향을 미치고 있다. 최근 들어, 서구의 국가 수준 교육과정 기준에 관한 문서에서 종종 발견되는 성취 기준에 대한 강조, 즉 교육과정이 내용 요소의 체계를 제시한 방식에서 학생들이 성취하게 될 기준을 제시하는 방식으로 변화하게 된 점은 사실상 기존의 고정된 교육과정 운영 제도가 새로운 사회적 질서에 맞게 기존의 형식을 조절해 나가는 가운데 거칠 수밖에 없는 과도기적인 모습을 여실히 보여 준다고 할 수 있다. 교육 내용이 전달되는 틀보다 그러한 내용을 거쳐 산출되는 결과에 보다 관심을 갖기 시작한다는 것은, 사실상 학습의 결과가 재생산될 수 있도록 보장해 준다면 그러한 교육과정의 운영 제도가 가진 형식적 틀을 상당히 유연하게 운영할 수 있다는 암묵적인 예고가 깔려 있다고 볼 수 있다.

이렇게 한 세대가 경험할 수 있는 매체의 획기적인 변화는 그러한 매체의 속성이 우리가 경험하는 학교의 교육과정에 얼마나 깊숙이 관여하고 있는지 반추해 볼 수 있는 여지를 드러내 주었다. 그것은 학생들이 보다 근원적으로 경험하게 되는 것은 교육 내용뿐만 아니라 그 내용을 실어 나르는 교육과정 운영 방식이라는 것이다. 성찰은 이러한 근대 공교육 제도의 성숙과 더불어 정착해 온 교육과정 제도가 더 이상 보편적인 질서가 아닌 시대적 산물이라는 점을 분명히 인식할 수 있도록 해 주었다.

학교 교육과정의 대안적 범주로서의 교육과정 운영 형식의 다양화

혁신적인 학교들의 교육과정 운영 방식은 그 학교가 지향하는 목표나 그 학교가 자리 잡고 있는 생태학적 조건에 따라서 매우 다양하다. 따라서 어디까지가 일반 정규학교의 교육과정 운영의 특징이고 어디까지가 혁신적인 학교의 교육과정 운영의 특징인지 범주화하는 것은 쉽지 않다. 혁신적인 학교 교육과정으로 판단할 수 있는 어떠한 단일한 기준 같은 것을 찾기란 불가능하다. 그보다는 앞에서 살펴본 바와 같이 교육과정 운영에 있어서 형식성을 탈피하고 학생들이 진정성 있는(authentic) 학습 경험을 갖도록 하기 위해 얼마나 교육과정을 유연하게 운영하는지의 측면에서 그 대안성을 탐색해 볼 수도 있다. 대체로 혁신적인 교육 프로그램들이나 그 운영 방식이 일반화된 학교 모델과 단절적이라고 보기는 어렵고, 다만 일반 학교의 연속선상에서 어느 한 지점에 있다고 볼 수 있다. 다음 몇 가지 사항은 교육과정의 운영에서 나타나는 형식성 또는 비형식성의 특징으로, 형식성을 탈피하고자 하는 교육의 의미를 잘 드러내 줄 수 있는 준거들 가운데 일부로 볼 수 있다.

엄격한 출석제보다는 유연한 출석제 방식을 취한다

출석을 통한 교육과정 이수는 현대 학교제도에서는 가장 중요한 특징이라고 할 수 있다. 출석제는 의무 수업일수나 교육과정 시수 그리고 학생의 출석일수에 관한 규정에 따라서 필수적으로 지켜져야 하는 사항임에는 틀림없다. 그러나 해당 학교나 학생의 특성이나 요구에 따라 학교의 정규 수업을 학교 밖 경험학습으로 대치함으로써 출석제를 융통성 있게 실시할 수도 있다. 예컨대, 대안학교의 역사가 오래된 외국의 사례를 보면 미국 전역에 약 350여 개의 자유학교는 학교생활에 있어서 학생들의 자기주도적인 결정을 존중하며 따라서 학생들의 수업 출결석에 관해서도 상당히 허용적인 것으로 알려져 있다(손민호, 2005). 교육 프로그램들은 학교 부적응이나 특수한 요구에 따른 등록 학생들의 특성상 학생들의 인턴십 과정이나 지역사회 봉사활동 혹은 개별 과제 수행을 강조하고 있는데, 이는 곧 해당 학교에서 일반 정규학교와는 달리 출석제를 유연하게 적용할 수밖에 없는 당위성으로 이어진다. 물론 출석제를 보다 자유롭게 적용한다는 것은 학생의 출석을 전적으로 학생의 자율에 맡긴다는 것을 의미하는 것은 아니다. 단위학교에서는 학교가 지향하는 교육목표나 학교 경영 방침에 따라 수업을 대체할 수 있는 개별 요건에 관해서 엄격한 심사를 통해 관리하고 해당 교육청은 그 관리 정도에 관해서 평가한다.

진급 및 이수 인정에서 연령에 따른 진급 및 졸업제보다는 학습 진도에 따른 진급 또는 졸업제 형식을 취한다

근대화 이전의 학교의 모습은 단일학급 체제의 학교(schoolroom)였다. 여기는 학년 구분 없이 서로 다른 연령대의 학생들이 모여 앉아 배우는 곳이었다. 수업 시간은 유동적이었고 학생의 개인차에 따라 시간이 바뀌기도 하였

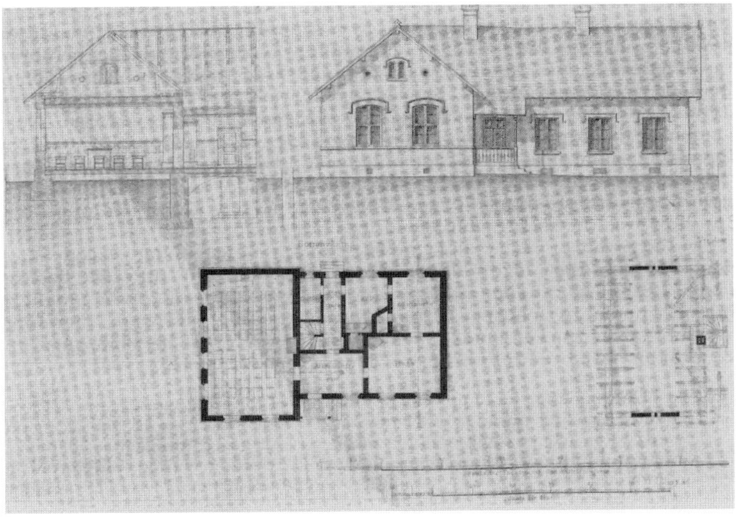

그림 1-2 19세기 학교(schoolroom)의 도면

다. 이러한 무학년제 단일학급 학교에서는 학생들이 자신들의 속도에 맞추어 진도를 나갈 수 있었다.

한편, 학년제가 도입됨에 따라 교사의 업무를 학업성취도에 맞추어 나누고 단일한 교육과정을 배울 수 있는 비슷한 또래의 학생들에게 집중함으로써 더 큰 효율성을 모색했다. 같은 교실에 있는 모든 학생에게 같은 과목을 같은 방법과 같은 속도로 가르칠 수 있다면 더할 나위 없이 좋은 교육을 할 수 있다고 보았다. 따라서 학년제 학교는 개혁가들에게 평등한 것으로 보였다. 학생이 누구이든 어떤 수준이든 같은 교실 안에 앉아 있는 학생이라면 동일한 교육과정을 학습할 수 있을 것이라고 보았기 때문이다.

물론 효율적인 성과에는 항상 부작용이 뒤따르기 마련이다. 학년제에 따른 엄격한 교육과정의 획일화된 적용은 '학업 실패'라는 새로운 범주를 파생시켰기 때문이다. 교육사가 타이악과 쿠반(Tyack & Cuban, 1995)에 따르면, 20세기 초반 미국의 도시 학교 학생들은 대략 1/3 정도까지 진급하지 못했다.

> 교육사가 타이악과 쿠반(1995)에 따르면 지난 한 세기 동안 학교교육을 개혁하고자 하는 크고 작은 시도가 지속되어 왔다.
>
> - 무학년제 학교를 만드는 것
> - 시간과 공간, 학생 수를 유동적인 것으로 보고 획일적인 수업 시간과 교실, 학급의 인원을 다양하게 만드는 것
> - 전문화된 교과목을 중 · 고등학교의 핵심 교육과정으로 넣거나 초등학교에 소개하는 것
> - 교사들이 분리된 교실에서 고립된 개인으로 일하기보다 팀으로 일하도록 격려하는 것
>
> 그럼에도 불구하고 학교교육은 사람들이 생각하는 '진짜 학교'의 기본 틀에서 벗어나지 않았다. 학교교육의 기본 틀은 한번 확립되면 오랫동안 지속된다. 관례화된 제도들은 복잡한 업무들을 조직하는 수단으로 부가 노력을 절감할 수 있는 도구가 된다.

일반적으로 오늘날 학교에서는 시간 이수에 따른 진급제를 따르고 있다. 이런 제도하에서는 학교가 요구하는 일정한 수준 이상 출석하고 학년이 넘어가면 진급하는 것이 어느 정도 관례로 되어 있다. 그러나 학년 진급과 관련하여 이러한 관례와는 다른 형태의 운영 방식을 취하고 있는 학교 또한 종종 찾아볼 수 있다. 예컨대, 미국의 메트스쿨은 주 정부에서 정한 평가 기준을 따르지 않고 자체적으로 합의한 평가 기준을 적용하는데, 일정 수준에 도달하지 못한 학생에게는 과감하게 유급을 적용하기도 한다(Cooper, 1994). 학습에 있어서 자율적인 측면을 장려하는 대신, 그 책무성에 관해서는 보다 엄격하게 시행하는 것이다. 이러한 경우 연령별로 구분되는 현재의 학년별 수업과는 다른 모습을 보여 주기도 한다. 즉, 학생의 특성별로 여러 연령대의 학생들이 동일한 수업에 출석하기도 한다.

이러한 예가 극대화된 사례는 핀란드에서 찾아볼 수 있다. 핀란드는 1990년대 중반에 이르러서 연령별 반 편성 체계가 반이 없는 체계로 대체되었다(Sahlberg, 2011). 따라서 엄격한 의미에서 일반계 중등학교에서는 학급이나 학년 구분이 없다. 이러한 유연한 학년제 운영은 서구의 중등학교에서는 흔히 볼 수 있다. 이러한 특징은 소위 선택 교육과정의 운영과 맞물려 있다. 선택 교육과정에서는 학생들이 개인별 능력이나 진로에 따라 교과목을 수강할 수 있도록 되어 있다. 최근 우리나라의 일반계 고등학교 무학년제도 유연하게 교육과정을 운영하고자 하는 흐름과 맞닿아 있다.

〈표 1-1〉 학년군 교육과정: 2015 개정 교육과정 사례

구분		1~2학년	3~4학년	5~6학년
교과(군)	국어	국어 448	408	408
	사회/도덕		272	272
	수학	수학 256	272	272
	과학/실과	바른 생활 128	204	340
	체육	슬기로운 생활 192	204	204
	예술(음악/미술)	즐거운 생활 384	272	272
	영어		136	204
	소계	**1,408**	**1,768**	**1,972**
창의적 체험활동		336 안전한 생활 (64)	204	204
학년군별 총 수업 시간 수		**1,744**	**1,972**	**2,176**

* 이 표에서 1시간 수업은 40분을 원칙으로 하되, 기후 및 계절, 학생의 발달 정도, 학습 내용의 성격, 학교 실정 등을 고려하여 탄력적으로 편성 · 운영할 수 있다.
* 학년군 및 교과(군)별 시간 배당은 연간 34주를 기준으로 한 2년간의 기준 수업 시수를 나타낸 것이다.
* 학년군별 총 수업 시간 수는 최소 수업 시수를 나타낸 것이다.
* 실과의 수업 시간은 5~6학년 과학/실과의 수업 시수에만 포함된 것이다.

최근 교육과정에서 적용하고 있는 '학년 간 상호 연계와 협력을 통해 학교 교육과정을 유연하게 편성 · 운영할 수 있도록 설정한' 학년군제 또한 연령에 따른 학년제가 가지고 있는 획일성에서 탈피하고자 하는 시도라고 볼 수 있으나 기본적으로 학년제를 기반으로 하는 교육과정 운영의 관례에서 크게 벗어나지는 않는다.

학년군에 따른 운영 방식을 잘 보여 주는 예로는 비학년제 공립학교가 있는데, 이 학교에서는 다연령 집단화로 모든 아동이 정해진 일정 내에 기본적인 것을 학습할 수 있도록 고도로 개별화된 교수-학습 방법을 사용한다. 각 학생은 자신의 수준에 맞는 속도로 학습할 수 있고 대부분의 아동이 과목별로 매우 다른 속도로 진보해 나가는 것을 볼 수 있는데, 2학년이 3학년과 4학년의 수학을 공부할 수 있으나 읽기에서는 여전히 어려움을 겪을 수도 있다. 이 프로그램은 전형적으로 3학년이나 4학년 말에는 모든 아동이 기본적인 것을 성취할 수 있도록 하는 것을 목표로 설정하고 있다. 어떤 학교는 학생들을 무선적으로 1~3학년 또는 1~4학년에 배치하고 어떤 학교는 2~3학년 학생들을 다양하게 조합하여 다연령 집단을 구성하기도 한다.

경험학습의 인정 여부를 보면 학교 밖 경험학습의 불인정 일반 학교와는 달리 학교 밖 경험학습을 인정한다

혁신적인 학교 교육과정 운영 중 학교 밖 경험학습을 가장 특징 있게 보여 주는 사항으로 인턴십 과정을 쉽게 찾아볼 수 있다. 인턴십 과정은 학생의 학교 밖 체험학습을 학교 교육과정의 이수 학점으로 인정하는 시스템이다. 여기서 말하는 학교 밖 체험학습은 학생이 그들의 일상생활에서 겪는 모든 경험을 말하는 것이 아니고, 바깥 사회에 있는 직업 조직이나 일터 혹은 연수기관 등에서 어느 정도 체계적으로 자신의 학습에 보낸 시간과 노력을 의미한다. 평생교육에서는 이러한 체험학습을 학교와 같은 획일적이고 고정된 방식으로부터 그 형식을 탈피하였다고 해서 무형식 학습(nonformal learning)이라고 일컫기도 하는데, 이는 구조화되지 않은 삶의 경험을 통해 자연스럽게 이루어지는 무형식 학습과는 구분한다.

우리나라의 '네트워크 스쿨(network school)'과 같이 학생들이 거주하고 있는 도시 전체를 하나의 학교로 보고 학생의 학습 문제에 접근하고자 하는 '도시를 학교로(City As a School)' 혹은 '벽 없는 학교(School Without Wall)' 운동은 경험학습을 학교 교육과정을 이수하는 또 하나의 방식으로 인정하고자 하는 대표적 대안교육 프로그램이라고 할 수 있다. 이러한 프로그램은 학습 자원을 교과서나 교사로 한정 짓지 않고 주변의 생태적인 네트워크에서 찾는 것인데, 이러한 형태의 대안학교 운영 방식은 미국 필라델피아의 'Parkway Program'이나 뉴욕의 'City As School'과 같은 학교 형태에서 잘 찾아볼 수 있다(Conley, 2002).

이러한 운동의 확산은 출석제와 마찬가지로 학생의 교육과정 이수 방식에 대한 인증 방식, 즉 졸업필수학점 이수제도를 졸업필수능력 성취제도로 대치하는 대안적 교육과정 이수 방식에 대한 요구와 연동되어 있다고 볼 수 있다. 뿐만 아니라 이러한 이수 방식의 변화는 일반 정규학교에서 받아들이고 있는 출석에 따른 이수 방식을 보다 유연하게 정착시키고 있다는 점에 관해서도 주목해 볼 필요가 있다. 즉, 그것은 수업에의 출석이 학습자의 학습 경험과 일치한다는 가정은 학생의 학습 관리를 용이하게 하기 위한 행정 편의주의에서 나온 것으로, 시대의 요구에 더 이상 맞지 않고 반드시 받아들여야 하는 교육과정 운영 방식이 아니라는 생각에서 비롯되었다고 볼 수 있다.

교과 교육과정에 비해 융합 교육과정의 비중이 크다

대안학교 가운데에는 교육과정의 운영 방식에 있어 다양성을 추구하면서 동시에 교과 내용을 기존의 교과 양식이나 국가나 주 수준의 교육과정 틀에서 벗어나 해당 학교가 추구하고자 하는 이념이나 목표에 알맞도록 새롭게 제시하는 노력 또한 찾아볼 수 있다. 예컨대, Core Knowledge Schools이나 The International Baccalaureate를 실시하는 학교들이 여기에 해당한다 (Conley, 2002). 교과 내용의 재구성에서 대안적인 교육의 의미를 찾고자 하는 학교들은 흔히 해당 학교가 소속된 연합체가 자체적으로 합의하여 구성한 교육과정 지침을 따른다. 이러한 교육과정 지침이 국가 단위나 주 수준에서 발행된 교육과정 틀과 비교하여 어느 정도 다른지 혹은 유사한지에 관한 것은 따로 조사해 볼 사안이지만 대안적 교육과정의 수용에 대해서는 상당히 허용적이다.

대안교육 프로그램 중에는 프로젝트나 체험학습 등 통합적 교수 방식에 따른 수업으로 진행되는 경우가 많은데, 이 경우 교과 지식은 교과별보다는 통합된 방식으로 구성된다. 따라서 일반 학교에서 수용하고 있는 전형적인 교과목의 틀을 유지하지는 않지만, 일반적으로 통용되는 교과 영역에서 크게 벗어나지는 않는다.

제 2 장

형식적 교육과정과 무형식 학습의 과정

Lectures on Curriculum Studies and Process of Education

책가방도 버려둔 채 달아나는 학생을 따라가 보지만 붙잡아 교실에 앉혀 놔도 마음이 떠난 아이를 잡아 둘 재간이 없다. 20평도 안 되는 교실에 앉아 있는 학생과 교사와의 거리는 끝 간 데 없이 멀다. 하루가 다르게 달라지는 학생들의 수업 태도를 보면서 "힘들어서 못해 먹겠다."라는 푸념을 하는 교사들이 늘어난다. 최근 서울의 ○○ 중학교 김모 교사는 지난달 말 5교시 수업 시간에 잠자는 학생을 깨웠다가 봉변을 당했다. 여러 번 채근한 뒤에 고개를 겨우 든 남학생은 한동안 대꾸도 하지 않다가 눈을 희번덕거리며 "씨!" 하고 내뱉더니 책상을 차고 일어났다. 한참 꾸지람을 들은 학생은 "교실 뒤쪽에 서 있으라."는 말에 벽과 문을 잇달아 발로 차면서 수업을 방해했다.

–2000년 6월 김용택의 '무너지는 교실, 좌절하는 교사!' 중

1. 학교교육과 진정성

일반적으로 어떤 일이 '바로 그것'답지 못하고 이상과 실제가 서로 괴리된다고 느낄 때 우리는 흔히 그 일이 얼마나 진정성 있는 일인가 하고 되묻는다. 자신이 현재 하고 있는 일이 자신의 본연의 모습, 즉 자신의 정체성과 괴리가 있다고 느낄 경우 우리는 그 일의 진정성에 대해 문제시한다. 이처럼 어떤 일을 하면서 무슨 이유에서이건 그 일 자체가 가지는 내재적인 동기와 과정에 몰입하지 못하고 겉으로 그런 체하면서 자신에게 정직하지 못한 경우 우리는 그 일이 갖는 진정성에 관해 의문시한다.

이러한 진정성에 대한 의문은 오늘날 학교 수업의 현실을 접할 때 종종 느낄 수 있다. 일반 조직에서는 일의 수행과정이 표준화되고 절차화되어 있어

구성원들의 자의적인 행동이나 의견에 따라 업무의 내용이 쉽사리 좌지우지 되지 않는다. 이에 비하여 학교 수업은 구성원들이 그때그때 처하게 되는 형편이나 생각에 따라 진행과정이 크게 영향을 받기 때문에 말 그대로 인사처리 조직(people-processing organization)의 속성이 강하다. 동일한 내용과 방법의 수업이더라도 당일 교사의 컨디션 또는 학급 분위기에 따라 그 질이 크게 달라질 수 있다. 그리고 참여자들의 참여 의지와 헌신이 뒷받침되지 않으면 수업의 전개는 쉽게 와해되기도 한다. 실제로 학생들이 수업에 참여하게 되는 직접적인 동기를 보면 학교는 학생들이 무엇인가를 배우기 위해 오는 공간이라기보다는 의무적으로 가지 않으면 안 되는 공간으로 비추어지기도 한다. 따라서 수업에서 교사가 맞부딪쳐야 하는 가장 큰 과제는 학생들에게서 어떻게 참여와 몰입을 지속적으로 이끌어 낼 수 있을 것인가 하는 것이다.

설상가상으로 오늘날 학교교육을 바라보는 바깥세상의 분위기 또한 예전 같지 않고, 빠르게 변화해 가는 디지털 환경 속에서 속도의 현란함과 풍요로움 그리고 떠받침에 익숙한 새로운 세대의 아이들 또한 크게 변화되지 않은 아날로그적인 학교 환경에 적응하기란 쉽지 않다. 특히 사교육이 팽창함으로 말미암아 학교교육의 '지체 현상'까지도 공공연히 거론되기도 한다. 급기야 몇 해 전에는 교실 수업을 둘러싸고 발생하는 여러 가지 복합적인 일탈 현상을 두고 우리 사회는 공교육 붕괴라는 사회적 문제로 비화시켜 다루기까지 하였다.

교육 연구에서는 그동안 학교 수업의 진정성에 관해 지적해 왔고 진정성 회복을 위한 방안들을 다양하게 탐색해 왔다. 학교교육에서의 진정성에 대한 의문은 비록 최근에 더욱 불거져 나왔지만 뒤돌아보면 그리 낯선 것만은 아니다. 역사적으로 보면 학교교육의 진정성은 공교육의 확산과 더불어 끊임없이 제기되어 왔다. 일례로, 18세기 말에 나온 서양의 교육사 문헌을 보면 당시 도시화를 겪으면서 자리 잡은 공교육에서 교사의 권위가 학생들에게 통할 수 있을 것인가를 놓고 고민해 온 흔적을 발견할 수 있다(Vanderstraeten,

2007). 그것은 학생이 속해 있는 공동체와 관계 없는 직업인으로서의 교사가 어떻게 학생들을 통제하고 가르칠 수 있을지에 대한 우려에서 비롯된 것이다. 그리고 이러한 고민은 오늘날까지도 학교 상황에서 수없이 재현되고 있다. 이러한 맥락에서 교육의 진정성이라는 주장은 당 시대와 사회를 풍미하는 지배적인 담론을 통해 다양한 방식으로 반복해서 제기되어 왔다. 이것이 적어도 공교육의 역사가 한두 세기를 훌쩍 넘는 서양의 사정인 것을 보면 그 역사가 상대적으로 짧은 우리에게 시사해 주는 바가 적지 않다.

학교 수업의 진정성 문제는 다각도에서 다루어 볼 수 있는 주제이다. 현대사회에서 진정성(authenticity) 문제를 본격적으로 제기한 것은 실존주의 현상학자 하이데거의 저서(Heidegger, 1998)에서 찾아볼 수 있다. 하이데거에 따르면 진정성이란 '현존재(Dasein)'라는 존재 양식인데, 이는 인간이 자기 실존에 대한 자유와 책임을 인식한다는 것을 의미하는 것이다. 여기서 하이데거는 현대인들의 삶에 만연해 있는 참된 삶과 거짓된 삶의 이중성을 지적하고자 하였다.

학교교육과 관련하여 진정성 문제는 비교적 최근에 이른바 상황학습론에서 제기된 바 있는데, 여기서는 학교교육을 통해 이루어지는 학습이 지식의 실제 맥락으로부터 추상화되는 것을 비판하고 있다(Brown, Collins, & Duguid, 1989). 즉, 실제 맥락에서 유리된 채 경험하는 추상화된 지식의 학습은 학습에서의 진정성을 결여하고 있다는 점을 꼬집어 비판하고 있다. 학교 학습에서 전제로 하고 있는 개념의 획득이나 사고를 인지과정이라는 추상화되고 단일한 체계로 환원시켜 간주하도록 함으로써 그를 둘러싼 우리의 활동이나 지각 그리고 동기 등 총체적인 실천의 양상을 체계적으로 그리고 주변적인 요인으로 간과했다는 것이다.

보다 일찍이 소위 신교육사회학이라고 일컫는 수업 연구에서는 수업을 투입과 산출이라는 교수-학습의 과정으로 이해하기보다는 상호작용으로서의 사회적 행위로 보아야 한다는 논지를 강조해 왔다. 여기에서는 수업에서 학생들이 경험하는 많은 행위 가운데에는 학습의 범주로 볼 수 있는 행위만큼이나 의례적 수행 활동의 특성, 예컨대 감정노동으로서의 수업 활동, '학생으로서 행동하기(studenting)' '거짓 참여(mock participation)'라고 볼 수 있는 행동들을 찾아볼 수 있다는 점을 보여 주면서 학교 수업에서의 진정성 문제를 다룬 바 있다(Atkinson & Delamont, 1990; Bloome, Puro, & Theodorou, 1989; Fenstermacher, 1986).

진정성 문제를 잘 이해할 수 있는 또 다른 관점 가운데에는 연극에의 비유가 있을 수 있다. 일반적으로 어떤 상황이나 행동이 현실이 아니고 꾸며진 것이라는 것을 말할 때 우리는 이를 연극 또는 연기라고 일컫는다. 실제로 교실 수업을 관찰할 때마다 필자에게 떠오르는 한 가지 은유가 있다면 그것은 연극이라는 이미지이다. 여느 연극이 다 그렇듯이, 배우는 정해진 시간까지 연극 대본에서 지시하는 대사와 행동을 관객을 대상으로 전개해 나가는데, 수업 시간에 나타나는 교사나 학생의 행동에서도 그러한 연극적인 모습을 찾아볼 수 있다.

즉, 연극이 성공적으로 이루어지기 위해 배우와 관객 사이에 지켜야 할 암묵적인 규칙이 있는 것처럼 교실 수업에서 교사와 학생이 따라야 할 암묵적인 규칙이 있기 마련이다. 그리고 수업은 그러한 암묵적인 규칙에서 벗어나지 않는 한도 내에서 진행된다. 예컨대, 교사는 대본에 없는 즉흥적인 대사와 행위를 동원하여 학생들의 주위를 환기시키기도 하고, 학생들은 그러한 교사의 연기에 적극적으로 동참하며 수업 분위기를 한층 고조시켜 나가기도 한다. 학교 수업에서 교사가 자신이 가르칠 내용을 다 가르쳤기 때문에 다음 시간으로 넘어간다고 하는 것은 있을 수 없다. 마찬가지로 이를 학생 입장에서 보면 학교에서 학생들이 한 시간의 수업을 마치고 다음 수업으로 넘어갈 수 있는 것은 그들이 해당 내용을 다 배웠기 때문이 아니다. 그보다 그들은 단지 예정된 시간이 되었기 때문에 다음 시간에 배울 내용을 다루게 된다. 이와 같이 수업이 정해진 외부의 규칙을 지키는 것으로 진행되어 참여자들의 행동에 있어서 안과 밖이 서로 겉돈다는 생각이 들 때 연극이라는 비유는 더욱 설득력을 갖는다.

더욱이 교사나 학생이 자신의 정체성 형성과 어떤 관련이 있는지 파악조차 못한 채 지식이나 기술을 가르치거나 배울 때, 또는 실제 사용 맥락과 유리된 채 전달되는 지식과 기술을 접할 때 그 상황이 더욱 참(authentic)되지 않게 느껴질 것은 분명하다. 아마도 학교교육이 학습이라는 명분하에 수행되어야 한다면 학생들이 진정한 학습과 학교 학습 사이에 괴리를 느낄 수밖에 없고, 따라서 학교 수업을 연극에 빗댄 비유는 적절하다고 볼 수 있다. 뿐만 아니라 학교에서 이루어지는 교육이 학교태(schooling)라는 독특한 속성을 유지하는 데 급급하다는 인상을 주게 된다면 이 또한 연극으로서의 학교 수업의 이미지를 더욱 설득력 있게 할 것이다.

이처럼 어떤 일에 종사함에 있어서 진정성이 문제시되는 경우 연극적 비유에 의한 설명이 적절할 수 있다. 그러나 이 장에서 연극적 비유에서 출발하여 학교 수업에 관해 되짚어 보고자 하는 것은 연극이 현실 그 자체가 아닌 현실의 모사이고 따라서 그 일의 진정성이 떨어질 수 밖에 없다는 바로 그 이유 때문만은 아니다. 보다 중요한 것은 현대사회에서 서로 간의 익명성이 더욱 커지고 사회 영역이 서로 이질적인 영역으로 다양하게 분화됨[1)]에 따라 익명적인 다수를 상대해야 하고 또 수행해야 할 역할이 다양화되어, 많은 일상이 보다 더 인위적으로 이루어지지 않으면 안 되는 연극과 같은 현실이 되어 가고 있다는 사실이다. 이 장에서는 이러한 연극적 상황으로 파악될 수 있는 현상들이 생활 세계가 제도적인 차원들과 괴리되면서 비롯된 현실이라는 점을 부각시켜, 학교교육과 학교 밖 생활 세계에서 이루어지는 학습의 특징을 대비시켜 살펴본다. 또한 생활 세계에서의 경험을 회복하는 방안으로 공동체주의에 관해 알아보고자 한다.

감정노동

현대 세계에서 진정성과 가식성 간의 구분은 사실상 무의미해졌다고 할 정도로, 우리의 삶은 상호작용에 있어서 자아의 표정과 행위의 관리를 요구하는 익명적 상황의 연속이다. 혹쉴드(Hochschild)는 그의 저서 『The Managed Heart: Commercialization of Human Feeling』(1983)에서 서비스업이 확대됨에 따라 파생되는 새로운 차원의 노동을 감정노동으로 개념화하면서 자아의 감정까지도 어떻게 상품화할 수 있는 자원으로 바뀌었는지, 시장에서 사람들이 그 자원을 어떻게 활용하는지, 그리고 감정을 상품으로 판다는 것이 개인에게 어떤 의미인지를 보여 주었다. 즉, 혹쉴드는 왜 항공사들이 승무원들에게 미소 짓는 방법이나 상냥한 목소리 톤을 훈련시키는지, 그리고 그것이 회사의 이익과 어떻게 연관되는지 보여 주고 있다. 혹쉴드의 주장은 일찍이 미시사회학자들이 공공장소에서 마주친 낯선 사람에 대해 시선을 처리하는 에티켓조차도 면대면 상호작용의 특성에서 비롯되는 행위라고 예리하게 분석한 것을 응용한 결과에 기반을 두고 있다.

감정노동은 훌륭한 직업적 미덕일 수도 있고, 사랑으로부터 오는 행위일 수도 있다. 그러나 어떤 조건하에서 감정노동은 역효과를 낳을 수도 있다. 이것은 바로 사람이 자신의 목적이 아닌 다른 사람의 목적을 위하여 감정노동을 할 때, 그리고 자신의 작업 조건이 감정노동을 효과적으로 발휘하지 못하게 할 때 일어난다. 시험 점수를 올리기 위해서 표준화된 지식을 가르치는 것, 교실 아이들과의 관계나 동료와의 관계를 위한 시간을 갖기보다는 외부에서 부과된 작업에 압도되는 것 등은 감정노동이 스트레스가 되게 하고 동기를 제거하며 사기를 떨어뜨린다.

2. 현대사회 세계의 이중성과 연극성

앞서 언급한 바와 같이, 학교 학습의 진정성 문제를 논의하기 위해 학교 수업을 연극 상황에 빗댄 것은 그리 낯선 비유가 아니다. 소위 연극적 분석 방법(dramaturgy)은 사회학자 고프먼(I. Goffman)이 일상생활에서 사람들 사이에 일어나는 면대면 상황이 갖는 독특한 속성들을 보여 주기 위해 사용한 데에서 비롯된 것으로, 현대 일상생활의 비진정성 문제를 분석적으로 잘 보여 주고 있다. 고프먼(1959)은 그의 저서 『일상생활에서의 자아표현(The Presentation of Self in Everyday Life)』에서 일상생활의 주체인 개인들이 가지고 있는 자아 개념을 무대 위에서의 연기 행위에 빗대어 설명하고자 하였다. 그는 여기서 무대 위의 연기자가 성공적인 연기를 위해 사용해야 하는 기술과 현대의 일상생활을 살아가야 하는 개인들이 익명의 다수 앞에서 자신을 운신하기 위해 사용해야 하는 기술 사이에 모종의 유사성이 있다는 점에 주목하였다. 사회 영역이 분화되고 전문화됨에 따라 사람들은 사회적으로 부여된 역할과 자신의 정체성 간의 괴리를 느끼는데, 여기서 공식적인 역할이 수행되어야 할 상황과 자기 본연의 정체성이 드러나는 상황이 분리되어 존재한다는 것이다.

고프먼은 일상의 현실에서 나타나는 이러한 이중적인 상황을 무대라는 공간과 무대가 아닌 공간에 비유하여 이해하고자 하였다. 즉, 연극 무대는 전면 영역(front region)으로, 그리고 연극을 준비하는 곳은 후면 영역(back region)으로 이해할 수 있다. 전면 영역은 공식적인 업무가 이루어지며 사람들은 각자에게 부여된 역할 수행에 애쓰는 상황을 가리킨다. 전면 영역에서 사람들은 자기 자신이 다른 사람들에게 어떻게 보이는가에 대해 줄곧 신경 쓰는데, 이를 인상 관리(impression management)라고 할 수 있다. 이러한 유형의 행동은 매우 자연스러워 일상 속에서 전형화되고 당연시되어 있어 심사숙고하여 나온 경우보다는 즉흥적인 경우가 많지만 알고 보면 그것에 나름대로 계산이 깔려 있다. 예를 들어, 교사들은 학년 초 처음 마주한 학생들에게 자신이 결코 만만한 상대는 아니라는 것을 보여 주려고 애써 노력하기도 한다. 단호한 말씨, 교직에 대한 자신의 신념을 보여 주는 듯한 표현, 공식적인 복장 등은 교사의 전문성을 보여 주는 인상 관리의 예이다.

후면 영역은 연기자에게 주어진 연기와 관련된 곳이지만, 연기자의 연기에 의해 조성된 인상과는 전혀 일치하지 않는 장소이다. 이곳은 연기자가 어떤 하나의 상황을 그 이상으로 표현하는 연기력을 애써서 길러 내는 곳이다. 부연하면, 후면 영역은 환상과 인상이 공개적으로 구성되는 곳이라는 의미를 담고 있다. 이곳에서는 전면에서의 무대 장치와 개인 소품을 연극이 끝난 뒤에 완전히 분해한 채로 보관한다. 이곳에서 연기자는 무대 전면으로 드나들 수 있고 자신의 대사와 연기를 미리 연습할 수 있으며 자신의 배역에 맞지 않는 행동을 해 볼 수도 있다.

전면과 후면으로 대비되는 두 영역은 서로 이분법적으로 구분할 수 있을 만큼 각각의 영역에서 일어나는 행위들이 서로 대조적인 모습을 띠고 있다. 일상적 상황에서 경험할 수 있는 이러한 분리는 공식적으로 내건 목표가 있는 조직이나 제도적인 상황에서 흔히 찾아볼 수 있다. 마찬가지로, 일상의 장면에서 전면 영역과 후면 영역은 흔히 발견 가능한데, 예컨대 수업 상황은 전면 영역에 해당하며, 휴식 시간은 후면 영역이라 할 수 있다. 이러한 이분법적 비유를 염두에 두고, 이하 내용에서는 학교에서 경험할 수 있는 공식적인 측면과 비공식적인 측면의 특징, 그리고 더 나아가 학교의 제도적 상황 속에서 경험할 수 있는 교육의 제반 특징과 학교 밖 생활 세계에서 경험하는 학습의 양태가 서로 어떻게 대비될 수 있는지에 관해 살펴보겠다.

3. 학교 안 교육과정(課程)과 학교 밖 교육의 과정(過程)

1) 학교 학습과 경험학습

학교에서는 공식적으로 배우도록 되어 있는 것과 학생들이 실제로 경험하는 것 사이에 상당한 괴리가 있지만, 학교 밖 사회 영역에서는 공식적으로 경험하는 것과 비공식적으로 경험하는 것 사이의 괴리가 학교교육에서만큼 크지는 않다. 예컨대, 학교는 공식적 교육과정을 정당화하기 위해 학생들에게 일상에서의 경험과 교육과정 속에서의 학습 경험이 다른 것이라는 생각을 암암리에 주입한다(Becker, 1972). 그리고 이를 정당화하기 위해 학교와 같은 형식 교육기관에서는 학습의 의미가 경험의 의미와는 별도의 것이라고 생각하는 가치관과 관행을 조장하기도 한다. 일반 사람들도 이러한 괴리에 관해서는 일면 암묵적으로 인식하고 있고, 따라서 한편으로는 학교 교육과정의 무의미성에 관해 비판적 태도를 취하면서도 다른 한편으로는 학교 교육과정을 어떻게 구성하면 학교 밖 영역에서의 배움과 같은 내용이 되도록, 즉 학습과 경험이 일치되도록 할 수 있을까 탐색한다. 현대의 많은 학교개혁 운동은 일면 이러한 노력의 일환으로 추진되었다고 볼 수 있는데, 그러한 노력은 학교교육의 구조 자체를 이해하지 않는 한 성공으로 귀착되기 쉽지 않다(Tyack & Cuban, 1995; Tyack & Tobin, 1994).

경험과 학습을 구분하는 관점은 학교교육이 보편화됨에 따라 오늘날 사람들이 학습을 바라보는 생각에도 영향을 미쳤다. 형식화된 학습은 우리가 살아가면서 무형식적인 경험에서 성취되는 학습과는 달리 학교교육과 같이 보다 추상화되고 정형화된 경험에 의해 이루어지는 학습을 말한다. 예컨대, 학습에 관해서 사람들이 상식적으로 생각하는 전형적인 특징이란 다음과 같이 탈상황적이며 규범적이고 개인적인 사태를 가리킨다. 첫째, 학습한다는 것은 개인적으로 일어나는 과정이라는 점에서 개인의 문제이다. 둘째, 학습에는 시작과 종료가 있다. 셋째, 학습 활동과 다른 활동 간에는 분명한 구분이 있다. 넷째, 학습은 의도된 교수(instruction)의 결과이다.

이러한 가정 위에서 우리는 학습을 하기 위해서 바깥세상과 단절된 공간을 마련하고 그 안에 모여서 수업을 받거나 모종의 활동에 전념한다. 예컨대, 이러닝(e-learning) 체제의 교육 방식은 교육과 학습에 대해 우리가 가지고 있는 가정을 단적으로 드러내는 좋은 예라고 할 수 있다. 이러닝의 조건하에서 학생들은 배우고자 하는 지식, 정보를 자신의 방에서 원하는 시간에 공부할 수 있다. 학교 시간에 맞추어 공간을 이동해야 할 번거로움도 없고 자신의 스케줄에 맞게 시간을 아낄 수 있어 새로운 지식을 학습하는 데 효율적임에 틀림없다. 결국 공부는 자신과의 싸움이며 자신만의 몫이기 때문이다.

레즈닉(Resnick, 1987)은 학교 학습과 학교 밖 학습 사이의 전이를 어렵게 만드는 단절을 다음과 같이 지적한 바 있다.

> 첫째, 학교에서는 학습이 개인적인 성취의 문제인 양 간주하는 반면, 실제 대부분의 학교 밖 학습은 타인과의 관계와 협력을 기반으로 해서 일어난다.[2)] 둘째, 학교에서의 학습에서는 순수한 지적 활동을 요구하는 반면, 실제로 학교 밖에서 경험할 수 있는 학습은 구체적인 활동의 일환으로 일어나며 여기에는 활동의 수단이나 도구 등이 결부되어 있다. 셋째, 학교에서는 추상적 지식이나 일반화된 이론적 지식을 다루는 반면, 학교 밖 학습은 맥락적 사고와 그것의 활용 능력으로 되어 있다.

예컨대, 학생들이 수셈을 배울 때 따라 하도록 계획한 알고리즘은 처음에 정보를 줄 뿐 일단 자신들이 배운 수셈의 원리를 터득한 학생들에게는 별 의미가 없다. 그다음에 학생들은 정상적인 절차에 따라 수셈을 처리하기보다는 수셈을 재빨리 처리해 내는 모종의 기법 같은 것들을 개발한다. 정상적인 절차라는 것은 어디까지나 교과서에 쓰인 말일 뿐, 학교에서의 요령이라는 것을 잘 터득한 학생이라면 대부분 교과서의 그러한 지침을 자신이 매번 받아들여야 할 것으로 생각하지 않을 것이다. 또한 어떤 내용에서는 학생들이 암기하기 쉽도록 변형하여 연습하는 것을 종종 목격할 수 있는데 이 역시 그와 비슷한 경우에 해당한다. 이는 학교의 경우 시간이 학습의 성패를 결정하는 중요한 요인으로 간주되기 때문인데, 예컨대 학교 수학에서는 문제를 푸는 시간이 중요하지만 수학자들의 경우 문제를 푸는 데 걸린 시간이 그의 학문적 성과의 성패를 결정하는 핵심적인 변수는 아니다. 그러한 차이에 관해서는 누구나 상식적으로 인식할 수 있으나 교육과정을 둘러싼 제반 시스템에 의해 공고히 재생산된다. 극단적으로는 학교 학습 자체만을 위한 실천, 가령 공부 방법에 관한 노하우와 실천을 전문적으로 다루는 직업이 하나의 사회 영역으로 파생되어 해당 교과와 관련된 학문 공동체나 전문 영역과는 상관없이 발전하기도 한다.

학교에서 학생들이 경험하는 시간과 관련해서도 마찬가지이다. 학교 교육과정에서 의미하는 학습 시간과 학교 밖에서 우리가 경험하는 배움에서의 시간 개념은 서로 다르다. 학교에서 학습 시간이라고 하는 것은 한 개인이 경험한 배움의 시간과는 관계가 없다. 예컨대, 학교에서 학생들이 어떤 내용에 대해 다 배웠기 때문에 다음 내용으로 넘어간다는 말은 사실상 어불성설이다. 학생들이 다음 시간에 다른 교과 내용을 다루기 시작하는 것은 이전 시간에 배울 내용을 다 배워서라기보다는 단지 교육과정이 제시한 시간이 되었기 때문이다. 교사의 지도안에 나와 있는 학습의 시작과 종료는 어디까지나 교사가 수업을 진행하는 데 있어서 필요로 하는 일정일 뿐 학생들의 학습 시간과 직접적으로는 관련이 없다. 학년제 개념도 마찬가지이다. 학생들은 일 년이 지나면 다음 단계의 교육과정으로 넘어가도록 되어 있는데, 이는 그들이 등록한 기간이 지났다는 것을 의미하는 것으로, 그 단계에서 배워야 할 것들을 다 배웠다는 것을 의미하는 것은 아니다.

결국 학생들이 학교 수업을 통해 배우는 것은 교과 내용이 지향하는 모종의 지식을 실어 나르는 매체, 즉 '학교 교과'를 통해 전달되는 학교태(schooling)라고 할 수 있다. 이러한 관점에서 본다면 과학 교과의 경우 학생들이 실제로 경험하는 것은 '학교 과학'이며, 이는 '전문 영역으로서의 과학'과는 다르다는 비판도 매우 설득력 있게 들린다. 실제로 한 개인이 전문 과학자가 되기 위해 밟아 나가야 할 교육과정의 시작은 대학원에서부터라고 한 연구 결과도 우리는 유심히 되새겨 볼 필요가 있다(Lave & Wenger, 2000).[3] 여기서 단절된 영역이라고 지적한 것은 그 두 영역이 서로 무관하다는 것을 의미하지는 않는다.

다만, 여기서 그 두 영역 간의 단절성에 관해 지적하는 것은 그것들이 서로 다르다는 점을 분명히 하기 위해서이다. 사실 우리는 두 영역 간의 유사성(resemblance)과 관련해서 오랫동안 학교 문화에 대하여 편견을 가지고 있으며 그 결과 단절성을 종종 잊고 있다. 학교에서 배우는 과학 교과와 과학 간에는 일종의 가족 유사성이 있다고 할 수 있으나, 이것이 양자가 동일함을 의미하는 것은 아니다. 양자 간 유사성 때문에 전이 가능성이 있기도 하고 그렇지 못하기도 하다. 무엇이 전이 가능한 것들인지에 관해서는 어디까지나 개연적인 사실만 있을 뿐이다. 그렇다면 학교를 통해서 학생들이 경험하는 교육의과정은 무엇일까? 교과라고 하는 교육과정은 그러한 활동의 소재라고 할 수 있다. 교과 내용들이 전이 가능성이 없다는 의미에서가 아니다. 학교 교과는 분명히 전이 가능한 내용들의 체계이다. 그러나 그것들이 전이 가능한 것은 어디까지나 이차적인 의미에서이다. 그에 우선하여 일차적으로 전이 가능한 것은 학생들의 정체성과 경쟁력이다. 학교에서 배운 많은 지식이 바깥세상에서 그 효력을 발휘할 수 있는 것도 그러한 정체성과 경쟁력에 기초해서이다.

2) 잠재적 교육과정과 하위 문화

지식의 생산을 둘러싼 제반 사회적 조건에서 일어난 변화가 교육과정이라는 제도적 속성에 관해 반성할 수 있는 여지를 확대시켜 주었다는 사실을 통해 다른 한편으로는 그것이 생활 세계와의 차별성을 보다 명확하게 해 주었다고 생각해 볼 수도 있다. 그러나 여느 공간이 그렇듯이 학교는 생활 세계와는 확연히 구분되는 시스템적인 시공간인 동시에 그 자체가 그 안에서 머물고 있는 교사나 학생에게 자신들의 의미를 생산하는 또 다른 생활 세계이다. 그 공간은 생활 세계와 분리되어 작동하는 세계가 아니고 교묘히 맞물려 실제 세계를 구성한다. 더욱이 지식의 생산과 전달에 있어서 새로운 조건이 발전하면 할수록 전통적인 교육의 모습에서 발견할 수 있는 국지적 공동체성이나 일상성은 그와의 차별성이 더욱 분명해짐에 따라 더욱 부각될 것이다. 학교가 사회적 기능과 개인들에게 부여하는 의미가 무엇인지 알기 위해서는 학교의 이러한 이중적인 구조에 관해 살펴볼 필요가 있다.

다시 말하면, 학교 학습에서 일상적인 생활 세계의 모습 또한 발견 가능하다는 것이다. 우선, 학교 교실이라고 하는 제도가 가진 특성이 교사나 학생들의 교실 수업 내에서의 일상적 활동에 어떻게 스며들어 있는가를 보기 위해서는 교실에서 발견 가능한 일상적 활동의 특성에 대해 짚고 넘어갈 필요가 있다. 교실 수업 활동은 교사에게는 교과 지식을 어떻게 가르칠 것인가의 문제로, 그리고 학생들에게는 어떻게 그러한 지식을 배우고 익힐 것인가 하는 관심사로 볼 수 있다. 이러한 관심사에서 보면 수업 행위는 무엇무엇을 하기 위한 하나의 방법이다. 한편, 교실 수업은 다른 무엇의 방법 이상의 의미를 갖기도 하는데, 그것은 하나의 문화적 행동 양식이고, 교실은 그러한 활동이 벌어지는 공간이다. 여기서 일상성이란 일상적 활동과 일상적 사유 혹은 상식적 지식에 의해 구성되는 세계와 그 특성을 말한다. 즉, 특별한 의미를 부여하지 않고 매번 의식하지 않고 되풀이하는 일을 우리는 일상이라고 말한다.

이러한 일상성은 어떤 일에 있어서 그 두드러진 측면 혹은 특별한 일과는 거리가 있다. 예컨대, 어떤 제도적 기관이 공식적 업무로 표방한 일과 실제로 하는 일 사이에는 크든 작든 격차가 있기 마련이다. 법정의 경우 재판 심리나 법의 집행 이외에 기다리고 질서를 유지하는 데에 많은 시간과 노력이 허비되는 것처럼, 교실의 경우는 성인기에 있는 한 개인이 다수의 다른 개인을 통제하는 데 많은 시간을 들이게 되는 것이다. 일상성에 대한 관심은 공식적 일에 대한 관심이라기보다는 실제로 일어나는 일에 대한 관심이다. 다음 인용문에서 학교에서 흔히 목격할 수 있는 일상성을 잘 엿볼 수 있다.

> 학교는 아이들이 낙제도 하고 급제도 하고, 재미있는 이야깃거리도 생기고, 어쩌다 기발한 생각도 하게 되고, 기술도 배우는 곳이다. 그런가 하면 학교는 아이들이 자리에 앉아 있기도 하고, 기다리기도 하고, 손을 들기도 하고, 숙제를 받기도 하고, 줄지어 서기도 하고, 연필을 깎기도 하는 곳이다. 학교에서 아이들은 친구도 만나고 원수도 만나며, 상상을 펼치기도 하고, 서로 오해를 사기도 한다. 그런가 하면 학교는 아이들이 하품을 틀어 막기도 하고, 책상 위에 칼로 이름을 새기기도 하고, 우유 값을 거두기도 하고, 공부 시간과 노는 시간이 구분되어 있는 곳이기도 하다. 입에 오르내리는 면(소위 '하이라이트')이나 그렇지 않고 숨어 있는 면(소위 '루틴')이나 할 것 없이, 학교의 생활은 우리 모두에게 잘 알려져 있다. 그러나 우리는 입에 오르내리는 면보다 숨어 있는 면에 더 주의를 기울일 필요가 있다. 교육에 관심을 둔 사람들이 오늘날까지 비교적 이러한 면을 소홀히 보아 왔다는 이유만으로도 충분히 그렇게 말할 수 있을 것이다(Jackson, 1968, p. 4: 이홍우, 1977, pp. 298-299에서 재인용).

여기서 묘사된 학교의 일상은 앞서 언급한 후면 영역의 특징을 잘 드러내 주는데, 흔히 이러한 특징을 가리켜 이른바 잠재적 교육과정이라고 일컫는

다. 잠재적 교육과정이 가진 무형식 학습의 특징은 다음과 같이 정리할 수 있다.

첫째, 형식교육은 그 특성상 학생들로 하여금 공식적 교육과정과 잠재적 교육과정이라는 이원화된 경험을 갖도록 조장한다. 그리고 교육이 형식화되는 정도에 따라서 그 두 차원의 경험 사이의 괴리는 심화될 것이다. 형식교육은 공식적 교육과정을 내세우는 공간이며, 공식적 교육과정이 있다면 잠재적 교육과정은 반드시 그에 수반될 수밖에 없기 때문이다. 그런데 무형식 '교육' 상황이란 공식적 교육과정이 존재하지 않는다는 것을 말한다.

둘째, 무형식 학습은 생활 세계 어디에나 존재한다. 형식교육에서는 형식적인 학습만이 일어난다고 보는 것은 지나치게 단순화된 논리에 지나지 않는다. 무형식 학습은 형식교육의 상황에서도 찾아볼 수 있다. 잠재적 교육과정은 일면 형식교육에서 파생되는 무형식 학습을 개념화한 것으로 볼 수 있다. 문제는 형식교육에서는 무형식 학습 또는 진정한 의미의 학습이 일어난다거나 그렇지 않다가 아니라 어떤 종류의 학습이 일어나느냐 하는 것이다.

역설적이게도, 학교는 공식적 교육과정 측면에서 보면 매우 비효과적인 체제이지만, 소위 잠재적 교육과정의 측면에서 보면 매우 효과적인 제도이다. 일반적으로 학생들은 그들의 경험이 공식 문화에서 요구하는 가치나 경험으로부터 이탈될 때 하위 문화를 형성하게 된다. 우리는 공식 문화에서의 경험 가운데 일부를 학습이라는 성취 행위로 범주화한다.

반면, 하위 문화에서의 경험은 그 어떠한 것도 그러한 지위를 획득하지 못하며, 학습이 아니라 오히려 일탈 행위로 간주된다. 학업 실패가 되풀이되고 부진아 내지는 성적 나쁜 아이로 낙인찍히며, 이는 곧 학생의 '자아 정체성'을 형성한다. 그들은 자신들이 학교에서 하위 그룹의 하나라는 인상을 되풀이하여 제시하는 상황들에 익숙해지며, 자신이 원하든 강요되었든 상관없이 자아 정체성을 받아들이게 된다. 부정적인 자아 정체성에 익숙해지는 동안, 그들은 주어진 학교생활에 적응할 뿐만 아니라 나름대로 자신들의 경험을 충족시켜 줄 모종의 학습 활동을 모색한다. 자신에 대한 발전적 경험을 얻지 못하고 재미도 볼 수 없는 학생들로서는 그래도 어쨌든 정해진 기간 동안은 자신이 원하든 그렇지 않든 학교에 출석하고 졸업장을 따야 한다. 흥미를 찾기 힘든 조직에서 이탈될 수 없다면, 그 안에서 무언가로부터 특별한 흥미나 관심거리를 찾음으로써 학교에 나갈 구실 혹은 타협점을 모색하게 된다. 이때의 흥미나 관심거리는 주어지는 것이 아니고 얼마든지 개발 가능한 것이다.

그럼으로써 그들은 부정적인 자아 혹은 상실감을 맛본 자아에서 탈피하여 안전, 애정, 소속감, 그래서 결국에는 나름대로 자아 만족을 경험하게 된다. 학생들이 학교 조직으로부터 벗어나 또 다른 조직, 즉 강력한 규범 체계를 세우고 따르는 특정 모임을 구성하고자 하는 것이나, 공식적 교육과정이 의도한 바와 다르게 엉뚱한 놀이를 하는 것과 같은 행동 습성을 바깥 사회로부터 학교 안으로 들여오거나 새롭게 개발하여 유행시키는 것 등은 바로 이러한 데에서 연유한다. 그러나 학교에서의 하위 문화에 속한 학생 구성원들은 아직까지는 사회학에서 말하는 소위 공동체에서의 질서에 결정적인 영향을 미칠 정도로 '결정적 대중(critical mass)'의 수준에까지는 이르지 못한다.

어떤 조직에서 공식 문화와 하위 문화 간의 괴리가 작을수록 구성원들이 실제로 경험하는 것과 그들이 학습의 결과로 생각하는 것 사이의 괴리는 작을 것이다. 반대로 어떤 조직에서는 우리가 그 조직 안에서 하고 있다고 믿는 것과 그 안에서 많은 시간 동안 실지로 경험하는 것 간의 괴리가 현저하게 드러나 보이기도 한다. 잠재적 교육과정에 관하여 보고된 연구(Willis, 1977)에서 찾아볼 수 있듯이, 학생의 하위 문화가 지나치게 커질 경우 학교의 공식 문화를 지배할 수도 있다.

우리 주위에서 흔히 볼 수 있듯이, 대학과 대학원 간의 문화적 차이는 이러한 이중성을 극적으로 잘 드러내 준다. 예컨대, 대학 학부에서는 형식교육의 면모가 강하게 나타나는 반면, 대학원에서는 보다 비형식적인 교육의 특성을 통해 공동체에서의 실천적인 면모가 훨씬 더 두드러져 보인다(Traweek,

1988). 그것은 학부 교육이 해당 전공 또는 학문 영역과 관련된 공동체에 소속된 구성원들을 재생산하는 기제라고 단정할 수는 없으나, 대학원 교육은 분명히 그러한 기제와 관련이 있기 때문이다.

학생과 교수의 관계에서도 마찬가지이다. 학부 교육에서는 교수자와 학습자 간의 상호작용이 대부분 개설강좌를 통해 이루어진다. 대개의 경우 개설강좌가 끝나는 동시에 교수와 학생 간의 공식적인 관계, 수강생들 간의 공식적인 관계는 끝난다. 반면, 대학원에서 개설강좌는 공동 참여가 지속될 수 있도록 하기 위한 하나의 필요조건에 불과하다. 대학원의 구성원들 간 상호작용은 대부분 강의실 밖에서 이루어지는 경우가 많으며, 이를 통해 서로 간에 자신들이 함께 동일한 과제를 추구하고 있다는 확신을 주는 등 유대감을 확인한다. 동일한 과제를 함께 추구하고 있다는 감각을 지속적으로 서로 확인하는 일은 해당 공동체뿐만 아니라 그 안에 속한 구성원들이 지속 가능한 발전을 해 나가는 데 있어서 매우 중요하다.

나아가 그들이 하는 일이 자신들이 기대하는 방식으로 나아가고 있는지에 대한 타당성의 준거 또한 구성원들 간의 상호작용 안에서 구현되기도 한다. 강좌 수업을 개설하고 신청하여 출석하는 등의 일련의 실천과정은 사실상 제도적 조직이 제시하는 규칙을 이용하여 공동 참여가 더욱 활발히 일어날 수 있도록 도와주는 기능을 수행한다. 또한 지도교수나 선배·동료들이 암묵적으로 공유하고 있는 평은 그야말로 수행평가의 전형을 보여 준다. 논문을 쓰고 일자리를 얻게 되는 과정에서 그것이 적지 않은 영향을 미칠 수도 있다. 학부과정에서 학생들에 대한 평가는 기말 성적이라는 제도화된 형태로 구체화된다. 그러나 대학원에서의 성적은 학생들에 대한 평가 결과 중 일부에 불과하거나, 심지어는 교수가 하는 학생에 대한 평가에 큰 영향을 미치지 못하기도 한다. 경험의 우선성으로 보았을 때 공동체성은 구성원들에 대해 일차적 영향력을 가지며, 제도적 구속력은 이차적이다.

잠재적 교육과정

잠재적 교육과정이란 학교의 물리적 조건, 제도 및 행정적 조직, 사회적 및 심리적 상황을 통하여 학교에서는 계획한 바 없으나 학교생활을 하는 동안에 학생들이 은연중에 가지게 되는 경험을 지칭한다.

- 표면적 교육과정은 학교에 의해서 의도적으로 조직되고 가르쳐지는 반면, 잠재적 교육과정은 학교에 의해서 의도되지는 않았지만 학교생활을 하는 동안에 은연중에 배우게 된다.
- 표면적 교육과정이 주로 지적인 것과 관련된 반면, 잠재적 교육과정은 주로 비지적인 것과 관련된다.
- 표면적 교육과정이 주로 교과와 관련이 있다면, 잠재적 교육과정은 주로 학교의 문화 풍토와 관련이 있다.
- 표면적 교육과정은 단기적으로 배우며 어느 정도 일시적인 경향이 있는 반면, 잠재적 교육과정은 장기적 · 반복적으로 배우며 보다 항구성을 가지고 있다.
- 표면적 교육과정은 주로 교사의 지적 기능의 영향을 받는 반면, 잠재적 교육과정은 주로 교사의 인격적 감화를 받는다.
- 표면적 교육과정은 주로 바람직한 내용인 데 반하여, 잠재적 교육과정은 바람직한 것뿐만 아니라 바람직하지 못한 것도 포함한다.
- 표면적 교육과정과 잠재적 교육과정이 서로 조화되고 상보적인 관계에 있을 때 학생 행동에 강력한 영향을 미칠 수 있다.
- 잠재적 교육과정을 찾아내어 그것을 계획한다고 하여도 표면적 교육과정과 잠재적 교육과정의 구조는 변하지 않는다.
- 표면적 교육과정은 자체의 잠재적 기능이 있다.

4. 제도적 역할의 수행과 상호 의존적 관계의 실천

교육에 있어서 형식성이 미치는 효력은 역할의 수행에서도 잘 드러난다. 우선, 학교에서 교사와 학생이라는 제도가 규정해 놓은 역할 관계는 구성원들의 행동 양식을 통제하는 규범일 뿐만 아니라 그들이 하는 일의 성격에까지 영향을 미친다. 최성욱(2004)은 스승과 제자의 관계는 교사와 학생의 관계를 유지시키는 학교라는 제도적 여건에 종속되지 않는 자율적인 방식으로 그 자체를 유지하고 발전시킨다고 지적한 바 있다. 교사라는 역할은 그의 상대방인 학생에 대하여 성립된 규범적 기능을 담당한다. 학교 수업에서는 서로가 서로에 대해서만 상호작용이 일어나는 이분법적인 질서가 기본적인 원리로 작동한다. 교사는 교사라는 제도적 역할을, 학생들은 학생이라는 사회적 역할을 충실히 수행하는 경험을 한다. 이는 학교에서 교사와 학생이라는 역할의 분리가 오랫동안 일상화되었기 때문에 자연스럽게 여겨지는 것이지 사실은 매우 독특하다.

예를 들면, 수업 시간에 학생들은 한 집단의 일원으로서의 적절한 행위가 무엇인가에 관해 경험한다. 이는 학교 수업에서 흔히 볼 수 있는 상호작용 활동인 교사와 학생 간에 주고받는 질문과 대답에서도 마찬가지이다(Mehan, 1979). 질문과 대답을 통해 교사와 학생은 가치 있다고 판단되는 지식을 가르치고 배운다. 그런데 교사와 학생 사이에 어떤 내용을 중심으로 해서 질문과 대답을 주고받는 동안 그들은 학급이라고 하는 집단생활의 규범을 지켜 나가려는 성향을 보인다. 예컨대, 질문과 대답을 주고받는 동안 학생들은 일반적으로 급우들 가운데서 튀지 않도록 자신의 행동을 조심스레 내비치는 것을 볼 수 있다. 만약 자신이 궁금하다고 여겨지는 내용에 관해 교사를 끈질기게 물고 늘어진다거나 그날 수업 내용에 관해 자신이 이미 다 알고 있다는 불만을 토로한다면 다른 급우들로부터 따돌림을 받을 것이고, 교사에게도 큰 골

칫거리가 될 것이다. 적당한 수준에서 다른 급우들의 눈치를 보면서 수업 진도의 보조를 맞추는 것이 중요하다. 뿐만 아니라 그 질문에 대한 정답이 이미 교사에게 주어져 있다는 사실을 암묵적으로 알고 있기 때문에 학생들은 언제 어떻게 그 정답을 누설할 것인지를 교사가 그 답을 표명하는 수준과 속도에 맞추어 나간다. 이는 학교 수업 상황을 경험해 본 사람이라면 누구나 알 수 있는 자연스러운 일이다.

분명한 것은 제도적 역할이 무언가를 정말로 가르치고 배우는 절차로서 수행해야 하는 일이라는 것은 개연적이지만, 그동안 학생들은 공공 영역에서 적절한 행동이 무엇인지 암묵적으로 살펴 나가야 하는 사회적 행동 양식으로부터 벗어날 수 없다는 사실이다. 혹자는 이에 대해 제도적 역할이 반드시 있어야 하는 핵심적인 일이고 스승과 제자의 역할은 단지 부수적으로 일어나는 일이라고 생각할 수도 있다. 그럼에도 불구하고 일단 수업이 시작되면 수업 내 상호작용은 교사 대 학생이 일대일 대응이 되어 일어날 수밖에 없다. 그것은 곧 학생 개개인은 개별적인 학습자로서 부각되기 어렵다는 것을 뜻한다. 학생 개개인은 서로 수업 내용과 관련해서 수준도 다르고 관심도 다르지만 수업의 시작과 함께 동질 집단의 한 구성원으로서만 자신을 드러낼 수밖에 없다.

이와는 달리, 학교 밖 어떤 분야에서 전문 기술이나 지식을 배우려는 초보자는 자신의 학습을 위해 보다 적극적이어야 한다. 왜냐하면 그가 배우고자 하는 아무런 적극적인 행위도 취하지 않는다면, 학교와는 달리 누구도 가르쳐 주는 법이 없기 때문이다. 어떤 분야이든 가르치는 일만을 자신의 업무로 하는 사람은 따로 없다. 다만, 초보자보다 수준이 높은 모든 이, 즉 고참은 상황에 따라 초보자를 가르치는 역할을 수행한다. 물론 어떤 경우에 있어서 고참과 신참은 스승과 제자라는 관계를 맺기도 한다. 그러나 이때 스승은 가르치는 일만 하는 사람은 아니다. 그는 그가 수행해 나가는 일을 지속적으로 하면서 '모종의 상황'에서 그의 상대격인 제자에게 무언가를 지시하거나 종용하고 체크함으로써 그를 가르치는 일에 참여하게 된다. 그가 하는 일 가운데에서 어디까지가 자신의 일이고 어디까지가 제자를 가르치는 일인지 구분하기란 명확하지 않고, 그것은 어디까지나 상황에 따라 결정될 뿐이다(Lave & Wenger, 2000).

한 공동체 내에서 그 구성원들이 목표로 하고 있는 실천 활동을 해 가면서 서로 간의 관계를 유지하는 생태학적인 특징은 초보자나 신참들에게 그 무엇보다도 강력한 교육적인 힘으로 작용한다. 이는 고참이 신참을 그들의 일상적 실천 장면과 별도로 시간과 공간을 구분하고 일부러 구성한 교육 내용을 교육시킨다는 것을 의미하지 않는다. 고참이나 선배가 지나온 삶의 궤적, 그것이 큰길이든 아주 세부적인 길이든 상관없이 그들이 지나온 길들의 패턴은 신참들에게는 고스란히 그들이 거쳐야 할 실질적인 교육과정(virtual curriculum)이 된다(Lave & Wenger, 2000). 그러한 교육과정은 공동체에 갓 들어온 신참들에게 매우 궁금한 사안이기도 하다. 그들은 그러한 교육과정을 견지하고 참조해 가면서 자신의 위치가 어디쯤 있으며 앞으로 가게 될 경로가 무엇인지에 관해 예상한다. 자신의 진로나 역량과 관련해 딜레마적인 문제에 빠졌을 때 그러한 교육과정은 문제를 해결하는 데 있어 가장 효과적인 실천적 가이드로 작용하기도 한다.

이러한 모습은 학교 외 생활 세계에서만 발견할 수 있는 것은 아니다. 학습자가 실질적으로 참조하는 교육의 과정(過程)으로서의 교육과정(敎育課程)은 학교에서 학생들이 경험하는 일상에도 내재되어 있다. 고등학교에 갓 들어온 신입생이나 상급학교 진학을 준비하는 학생들에게 선배들이 겪은 준비과정이나 그러한 과정을 지켜본 교사들은 훌륭한 멘토의 역할을 하게 된다. 그리고 그들의 멘토링은 학생들로 하여금 자신들이 앞으로 무엇을 해야 하며 무엇을 하지 말아야 하는지를 알려 주는 좌표 역할을 한다. 소위 좋은 학교로 평판이 나 있는 학교는 그 평판이 교육과정 운영 면에서의 차별성이나 학생의 우수성에서 비롯된 것으로 볼 수도 있지만, 다른 한편으로는 그 조직 안에서 교육의 과정이 암묵적으로 수행되고 있으며 그 과정이 학교 문화 또는 면학 풍토로 정착되어 있는 것을 볼 수 있다.

반면, 학교라는 곳에서 교사는 다른 세계와는 달리 가르치는 일을 주 업무로 한다. 일반적으로 한 공동체에서 가장 훌륭하게 업무를 수행한 것으로 인정받은 사람은 장차 그 공동체 내에서 보다 핵심적인 역할을 담당하게 된다. 그러나 학교에서는 공부를 잘하는 것이 곧 교사가 된다는 것을 의미하지는 않는다. 학생으로서 학교에서 부과한 과제를 열심히 해서 좋은 결과를 얻는다는 것과 학교를 둘러싼 관련 공동체에서의 지위, 관리직이나 전문직과 같은이 중요한 직책을 맡게 된다는 것은 직접적으로든 간접적으로든 서로 관련 없는 별개의 일이다.

로티(Lortie, 1975)의 지적대로, 고등학교를 졸업하는 사람이 교사들과 직접 접촉하는 시간은 평균 1만 3,000시간 정도여서 학생이 일찌감치 교수(teaching) 업무를 암묵적으로 접한다는 사실 또한 무시할 수 없다. 어느 정도 학력을 가지고 있는 현대의 시민들이라면 교직 전문성을 갖추게 되는 교육을 상당 부분 이미 받았다고 할 수 있다.

교사가 관료화된 역할에서 벗어나 학생과 동등하게 공동체의 참여자로서 그리고 멘토로서의 역할을 회복하는 것이 얼마나 중요한지가 어느 교사의 다음 고백에서 잘 엿보인다.

> 이러한 원리를 교사의 수업에 적용해 본다면 교사는 입시 구조의 한계 내에서 이러한 현실을 무시하지 않으면서도 최대한 자신의 수업을 통해 아이들에게 '배움의 기쁨'을 맛보게 해 주려는 노력을 한다. 물론 이러한 '배움의 기쁨'은 교사 자신이 자신의 교과에 대한 안목과 경외감, 삶으로 살아 냄 등이 있어야 기본 에너지가 나온다. 그리고 이러한 자신에 대한 안목과 경외감, 삶과의 일치가 아이들 가운데서 일어나도록 하기 위해서는 그 아이들과 어떤 관계를 맺을 것인지, 그리고 어떠한 수업 방법을 통

해 그것을 실현할 것인지 하는 고민으로 이어지게 된다. 또한 이렇게 아이들이 배움의 기쁨을 접하고 누리는과정은 개인 차원에서만 이루어지는 것이 아니라 상호 협력 속에서 함께 이루어지기 때문에 자연스럽게 학습공동체를 지향하게 된다. 그리고 이러한 교사들은 끊임없이 자신의 수업을 성찰하고 자신의 부족한 부분을 메우기 위한 몸부림을 치기 때문에 당연히 성장할 수밖에 없다

–'어느 교사의 이야기' 중에서

이러한 수업의 본질을 위한 노력은 겉으로 보기에는 학교폭력 문제와 거리가 멀어 보이지만 사실은 학교폭력 문제와 매우 깊은 연관성을 가지고 있다. 학생들은 대부분의 시간을 학교에서 수업을 하면서 보내기 때문에 수업을 통해 무엇을 배우고 느끼느냐 하는 것은 그들의 생활 전체에 큰 영향을 미친다. 따라서 현재와 같은 입시 경쟁 체제하에서도 개별 교사들의 수업이 변할 때 학교폭력 문제도 상당히 개선될 수 있을 것이다.

5. 결과에 대한 평가와 과정으로서의 평가

평가는 학교에서나 학교 밖 세계에서 공히 이루어지고 있는 중요한 일 가운데 하나이다. 학교에서는 체계적인 시험을 통해 평가를 받지만, 학교 밖 사회의 어떤 분야에서 개인이 자신의 업무 수행 능력을 체계적으로 고안된 시험을 통해 평가받는 경우는 드물다. 다만, 그들도 일상의 업무에서 지속적으로 그리고 암묵적으로 수행되는 평가를 피할 수는 없다.

어떤 분야에 들어가 자신들의 전문 지식이나 기술을 배워 나가는 초보자들이 하는 모든 일은 곧 동일한 영역에서 일하는 다른 모든 사람이 하는 일이기도 하다. 이 경우, 초보자들의 수행 능력을 관찰할 수 있는 지위에 있는 사람

들은 초보자들이 자신들의 과제를 어떻게 수행하는지를 현장에서 즉각적으로 관찰할 수 있다. 여기서 평가를 하는 사람들은 초보자들을 평가하기 위해 특별히 고안된 평가 방법을 사용하지 않으며, 따라서 그러한 방법에 관해 따로 훈련을 받지도 않는다. 평가자는 초보자가 하는 업무나 과제에 관해 잘 알 뿐만 아니라 초보자 입장에서 본다면 그 업무나 과제를 성공적으로 해냄으로써 만족시켜야 하는 대상이기도 하다. 이러한 학교 밖 세계에서는 공식적인 평가와 실제로 이루어지는 평가 사이에서 발생할 수 있는 괴리가 그리 크지 않다. 평가자 자신이 곧 초보자들이 배워 나가게 될 실제 세계의 일부분이고, 따라서 그들이 일상의 작업 현장에서 초보자들에게 요구하는 것이 곧 평가의 내용이기 때문이다. 이렇게 놓고 볼 때, 학교에서의 평가와 학교 밖에서의 평가 사이에 다음과 같은 흥미로운 차이를 발견할 수 있다.

첫째, 초보자는 자신이 준비되었다고 느끼는 어느 때이고 평가를 받을 수 있다. 초보자는 자신이 어떤 중요한 기술을 숙달했다는 것을 다른 사람들과 스스로에게 확인받고자 테스트를 하거나 받기를 원한다. 반면, 학교에서의 테스트는 미리 알려 준 시기를 두고 실시된다. 학생들은 주어진 시간 안에 시험을 보고 그 결과에 따라 상을 받기도 하고 꾸중을 듣기도 한다. 그러나 학교 밖 어떤 분야에서 일어나는 학습자에 대한 테스트는 일상적인 일들로 이루어져 있으므로 어떤 업무를 수행할 수 있다는 자신의 생각을 밝힘으로써 재량껏 테스트에 임하게 된다. 누군가가 그에게 기회를 주고 초보자와 평가자가 함께 그 결과를 지켜볼 수 있다. 이미 초보자는 어느 수준이 성공이고 어느 정도가 실패를 가늠하는 기준인가 하는 감각을 가지고 있기 때문에 테스트를 통해 스스로 점수를 매기고 결과를 해석하게 된다. 제도적으로 설사 평가라는 형식적 장치가 있다 하더라도, 그 평가 결과는 총체적으로 작동하는 수행평가의 일부에 불과할 뿐이다. 혹은 수행자에 대해 평가를 내리는 데 있어서 한 가지 단서로 활용될 뿐이다.

둘째, 테스트는 일상적인 과제의 수행으로 이루어져 있으므로 초보자는 그 일을 성공적으로 수행하게 될 때까지 몇 번이고 반복할 수 있다. 일정 기간을 두고 본 시험의 결과인 성적이 매번 누적되어 평균으로 매겨지는 학교와는 달리, 학교 밖 세계에서는 오직 마지막 테스트 결과만이 유효하다. 테스트는 반복될 수 있고 학습자 자신이 준비되었다고 느낄 때 응할 수 있으므로 학교에서의 전통적인 테스트에 비해 초보자의 불안도는 낮은 편이다. 따라서 한 번의 테스트 결과는 그다지 치명적이지 않다.

셋째, 초보자의 수행과정은 현장에서 지속적으로 관찰됨에 따라 동료들로부터 모종의 평판을 받게 된다. 구성원들 간에 공유하게 되는 이러한 평판 또한 평가의 내용이기도 하다.

넷째, 학교 밖 어떤 분야에서의 테스트는 기술적인 부분에만 제한되는 것이 아니다. 여기에는 전문 지식이나 기술과 관련된 더욱 포괄적인 지식과 기술, 사회적 관계나 정서적인 면모까지도 포함된다. 예컨대, 학교에서 한 학생이 받게 되는 수학 시험 성적은 그와 수학 교사의 관계와 직접적으로는 상관이 없다. 혹은 학생의 향후 발전 가능성이라든지 막대한 노력에 따른 향상 정도는 시험 결과에 반영되지 않는다. 학교에서의 평가에서는 공식적 교육과정으로 제시한 한정적인 지식이나 기술의 재생산 여부 혹은 재생산해 내는 시간이 중요한 기준으로 작용한다.

다섯째, 학교 학습이 개인적인 차원의 문제인 것처럼 학교에서의 평가도 개인적인 차원에서만 이루어진다. 예컨대, 학생들은 시험장에서 책상에 앉아 끙끙거리며 그들이 암기하고 연습한 지식을 적용하여 문제를 푼다. 이때 만약 옆 사람과 협동한답시고 문제의 의미에 관해 또는 그 해법에 관해 상의한다면 그것은 부정행위로 간주되기 마련이다.

우리가 학교교육을 소위 불활성화된 지식을 가르치는 것으로, 그리고 학교 지식을 배우는 개인들에게 의미를 주지 못하는 것으로 흔히 느끼는 이유 역시 바로 여기에 있다. 학교 수업은 실천의 즉각성이 인위적으로 정교하게 통제된 상황이다. 여기서 지식이 불활성화된 것이라고 하는 것은 곧 학교 지식을 통해 실행해 가는 실천이 어떤 측면에서 보면 해당 경험이 바로 그 경험이 게끔 간주하도록 만드는 '즉각적' 특성을 상실했다는 의미이기도 하다.

물론 어떤 실천이 가진 즉각성을 통제한다고 해서 그 상황으로부터 즉각성이 완전히 배제되는 것은 아니다. 다만, 실천의 즉각성을 통제함으로써 애초에 의도했던 성격의 활동이 아닌 다른 성격의 활동으로 달라질 가능성이 크다. 즉, 문제는 학교교육에서 실천의 즉각성이 유지되는지 또는 배제되는지가 아니라 그러한 즉각성이 나타내는 성격이 무엇이냐, 즉 어떤 종류의 실천이냐 하는 것이다. 다시 말하면, 그러한 실천의 성격은 학교 내에서의 그러한 독특한 실천이 전체 사회 안에서, 그리고 행위자 자신에게 어떤 의미를 갖느냐에 따라 결정된다.

예컨대, 다음은 한 초등학교의 수행평가에서 관찰된 내용이다. 학생들은 주어진 시간 내에 교실 앞쪽에 놓여 있는 현미경을 조작하여 세포의 단위를 확인하고 시험지에 적게 되어 있다. 현미경을 적절히 조작하고 세포의 기본 단위를 확인하는 데 필요한 지식이 있는지 여부를 평가하도록 되어 있다. 이러한 상황에서 실험의 전후 맥락에 관한 지식, 실험을 통해 도달하고자 하는 실험 결과에 대한 지식, 그리고 그 밖의 여러 가지 지식이 그 상황에서 즉각적으로 의미 있게 사용되어야 한다는 점에서 본다면, 이러한 평가 방식은 불활성적인 지식의 습득으로 이어질 수밖에 없다. 여기서 학습의 성패는 주어진 시간 동안에 순발력이나 재생산 가능성을 보여 주느냐에 달려 있다. 그러나 학교 밖 일의 과정에서 이루어지게 되는 평가의 상당 부분은 교육 내용에 얼마나 숙달되어 있는가를 확인하는 것 이상의 문제이다.

학교에서의 평가와는 달리, 한 전문 분야에서 흔히 볼 수 있는 초보자의 능력에 대한 평가는 그가 개인적으로 가지고 있다고 판단되는 능력을 측정하는 것 이상의 문제로 훨씬 포괄적이다. 그를 옆에서 지켜본 고참이나 스승의 입장에서는 그가 당장에는 그다지 성공적인 수행 능력을 보여 주지 못한다 하더라도 향후 도달하게 될 잠재 가능성을 그에 대한 평가의 일부로 고려해 넣을 수도 있다. 혹은 조직 내 구성원들 간의 사회적 관계, 즉 고참이나 스승과의 관계, 다른 동료들과의 관계도 테스트 결과에 총체적으로 포함되기도 한다. 이러한 경우, 평가 결과에 어디까지가 포함되고 어디까지가 포함되지 않는지 구분하기란 매우 애매모호하다. 맥락적인 요인들이 무수히 많이 작용하는 수행 내 평가에 있어서 그 평가 척도를 명시화하기란 쉽지 어렵다.

교육 평가는 학생의 학습 결과를 점검함으로써 더 나은 학습을 할 수 있도록 평가 결과가 학습으로 선순환되는 기능을 해야 하는 내재적 평가를 지향해야 한다. 즉, 내재적 교육 평가는 궁극적으로 학생의 더 나은 학습을 목표로 한다. 반면, 교육 이외의 다른 목표, 예컨대 명성, 부, 지위 등의 목표를 얼마나 성취했는지에 따라 학습과정을 평가한다면 그것은 외재적 평가라고 할 수 있다. 더 나아가 평가 결과 자체가 교육 평가의 목표가 된다면 그것 또한 외재적 평가라고 할 수 있다. 그러나 학업성취도로 일관된 우리 사회의 현행 교육 평가는 교육적 기능보다는 상벌의 기능, 그리고 교육과 다른 가치의 획득에 기여하는 외재적 평가의 기능을 수행하고 있다.

한편, 등급과 시험 점수를 지나치게 강조하다 보니, 정작 우리의 학교는 왜 학생을 평가해야 하는지 잊어버린 듯하다. 학생들이 더 많이 배울 수 있도록, 그래서 자신의 자존감을 더 높일 수 있도록 하는 바로 그 목적을 말이다. 성적표에 단순히 점수나 등급을 기록해 주는 것이 학생들에게 자신의 능력을 향상시키는 법을 알려 주는 것은 아니다. 물론 학교에서의 평가를 통해 학생 개개인으로 하여금 자신의 배움을 뒤돌아보고 점검하며 자신의 공부를 어떻게 하면 더 향상시킬 수 있는지에 관한 여러 가지 일이 학교에서 전혀 일어나지 않는 것은 아니다. 학교 성적에 대한 교사의 상벌이나 기대, 간헐적인 상담과 조언은 암묵적으로 평가 본래의 목적을 실현하기 위해 벌어지는 일들이다. 그러나 이러한 일들은 학업성취 결과인 성적에 비하면 매우 부차적인 차원에서 경험할 수 있는 것이다.

더욱이 우리 학교에서의 평가는 학생 자신의 배움이나 능력을 향상시키는 데 도움이 되는 하나의 단계 또는과정이라는 것에 그 일차적인 목적이 있음에도 불구하고 상대평가라는 줄 세우기로부터 자유롭지 못하다. 만약 교사가 그 단원을 배운 학생 모두가 좋은 점수를 받도록 시험 문항을 출제했다면 평가 업무에 관한 한 실패한 것으로 인식되기 마련이다. 또한 다양한 활동을 포함하는 내용으로 공들여 개발한 교과서는 진도 나가기의 대상이 되거나, 문제풀이용 참고서에 밀려 외면되기도 한다. 교육적 진단의 성격이 강조되어야 할 시험은 학생의 서열을 매기는 수단이 되어 변별력을 높이기 위해 선행학습을 해야만 풀 수 있는 내용을 평가하기도 한다. 남에게 폐를 끼치지 않는 것이나 남을 배려하는 것의 학습이 이루어질 기회를 만들기는 쉽지 않다. 외재적 평가가 과도하게 스트레스를 주는 것은 학생 측뿐만 아니라 교사 측에 대해서도 마찬가지이다.

시험 점수를 올리기 위해서 표준화 지식을 가르치는 것, 교실 아이들과의 관계나 동료와의 관계를 위한 시간을 갖기보다는 외부에 의해 부과된 작업에 압도되는 것 등은 정서적 노동이 스트레스가 되게 하고 동기를 제거하며 사기를 떨어뜨린다. 일이 너무 많고 학생을 적절하게 보살필 시간이 없으면, 끊임없이 정부에 의해 비판받고, 동료와 함께 작업할 기회가 거의 없으며, 변화를 혼자서 감당해야 할 때 진정으로 낙관적이고 열정적이기가 어렵다 (Hargreaves, 2011).

6. 관료제 조직과 공식적 교육과정

이상에서 학교교육에 대해 제기할 수 있는 진정성 문제는 현행 학교교육의 모습과 학교 밖 교육의 모습의 이중성에서 비롯된다고 볼 수 있다. 즉, 오늘날 학교교육을 바라보는 사람들의 시각에는 그들이 학교 밖 생활 세계에서 경험하고 있는 학습에 대한 의미가 암묵적으로 전제되어 있으며, 따라서 학교교육은 일상의 삶과의 관련성, 즉 '의미'가 결여된 행태로 파악될 수밖에 없다. 이와 같이 학교교육에 있어서 진정성 문제가 불거져 나올 수 있는 것은 여러 원인을 손꼽을 수 있지만 그 가운데 하나로 현대 학교 조직의 관료화를 들 수 있다. 구성원들 간 관계에서 서로 간의 익명성이 더욱 확대되고 교사나 학교의 업무는 전문화됨에 따라 조직이 부여한 역할 수행의 비중이 커지고 결국 업무는 조직 자체의 재생산을 위한 기능으로 변질되어 간다는 것이다 (Merz & Furman, 1997).

관료제로서의 조직

관료제라는 말은 1745년 드 구르네(de Gournay)가 처음으로 사용했다. 그는 사무실과 사무용 책상이라는 두 가지 뜻을 가진 'bureau'라는 단어에다 '지배하다(rule)'라는 뜻을 가진 희랍어 'cracy'를 합성시킴으로써 '관료제(bureaucracy)'라는 용어를 만들었다. 이 단어는 처음에는 정부 관료들에게만 사용되었지만 점차 대규모 조직에까지 확대되었다(Giddens, 1991). 독일의 사회학자 막스 베버(Max Weber)에 의하면 현대의 모든 조직은 본질상 관료제 성격을 띠고 있다. 그에 말에 따르면, 관료제란 조직이 시간과 공간을 통해 안정된 방식으로 인간의 행위와 그들이 만들어 내는 재화를 조정하는 방식이다. 이러한 관료제의 특징은 다음과 같다.

- 명료한 권위의 위계가 존재하고 조직의 업무는 공식적인 임무로 분배된다.
- 조직의 모든 수준에서 성문화된 규칙이 관료들의 업무 수행을 통제한다.
- 관료들은 전일제로 고용되며 봉급을 받는다.
- 조직 내 관료의 업무와 조직 밖에서의 생활은 분리된다.
- 조직에 속하는 그 누구도 조직에서 사용하는 자원을 소유할 수 없다.

이러한 맥락에서 장학 이론가인 서지오반니(Sergiovanni, 1994)는 오늘날 학교교육에서 진정성을 구현하기 위한 노력의 성패는 학교 조직에서 어떻게 공동체성을 회복할 것인가에 있다고 보고 있다. 그는 현대의 학교가 많은 대가를 치르면서 관료화된 조직의 형태 안에 숨어 있다고 본다. 나아가 현대 사회에서의 끊임없는 변화를 자연스럽게 수용할 수 있는 조직의 체제는 예견 가능한 안정과 변화무쌍한 역동성을 견지할 수 있는 적절한 유대에 기초해야 한다고 보는데 공동체성의 회복이 곧 그에 대한 대답이라는 것이다.

공동체성의 회복이 교육의 성패에 영향을 미치는 중요한 핵심 관건이라는 것은 오래전부터 제기되어 왔다. 듀이(Dewey, 1916)는 20세기 전후 산업사회의 제반 조건이 무르익을 무렵, 개인들이 서로의 경험을 전달하고 공유하는 원리로서의 교육에 관해 제시한 바 있다. 여기서 그는 개인들 간 다양한 관심을 공유하는 데서 우러나오는 자유롭게 균등한 상호 교섭의 조건으로서 민주주의라는 행위 양식을 제시하였다. 듀이의 관심은 역동적으로 변화하던 당시의 사회 질서 속에서 새로운 공동체의 실천 양식을 탐색하는 것이었고, 따라서 그는 교육이 그러한 실천을 잘 보여 주는 사회적 형태이며 학교가 바로 그에 대한 실험장이라고 생각하였다.

근대 이후 발전해 온 합리적인 제도로서 조직은 근대 전후를 관통하여 지속되어 온 공동체성을 회복하기 위해 노력하고 있다. 그러나 다른 한편으로는 표준화되고 합리화된 운영 절차를 담고 있는 어떠한 제도적 조직도 정도의 차이는 있겠지만 공동체성을 그 안에 숨기고 있다는 점 또한 부정할 수 없다. 아리스토텔레스는 인간의 공동체를 자연의 창조로 보았다. 그만큼 인간은 존재론적으로나 인식론적으로 공동체를 떠나 존립 가능하지 않은 사회적인 동물이다. 공동체성은 우리의 사고나 가치 그리고 실천 방식에 의미를 부여하는 보편적인 삶의 양식이다.

이는 학교 조직의 경우에도 마찬가지이다. 현대 공교육기관인 초·중등학교는 그 구성원들의 행태로 볼 때 제도적 조직의 특성을 더 현저하게 드러내는데 표준화된 교육과정 운영에서뿐만 아니라 교사–학생, 교육과정, 평가 등에서 그러하다. 학교의 구성원들은 수업을 통해 교사와 학생이라는 제도적 역할에 부여된 규칙을 암묵적으로 수행한다. 실지로, 앞에서 논의한 현대의 학교 시스템에서 찾아볼 수 있는 공식 문화로부터 하위 문화가 이탈한다거나 혹은 공식적 교육과정으로부터 잠재적 교육과정이 파생되어 나온다는 것 또한 근대 관료화된 조직과 공동체 간의 괴리를 잘 보여 주는 예라고 할 수 있다.

이 장에서는 오늘날 학교교육에 대해 제기되는 진정성 문제가 교육에 대하여 일반인들이 갖고 있는 문화적인 신념이나 관념, 즉 교수–학습 또는 투입–산출 모형과 학교 수업을 연관 지어 이해하고자 하는 시각과 학교교육의 실상 간의 괴리에서 비롯되었다고 보았다. 그리고 교육에 관해서 일반인들이 갖고 있는 문화적인 신념이나 관념 가운데 많은 부분은 생활 세계에서 경험하는 교육의 비제도적·무형식적 속성에 대한 경험에서 나온 것으로 볼 수 있다.

후주

1) 사회학자들은 종종 근대 세계를 두고 개인이 거쳐 가는 영역이 근대 이전의 공동체적으로 통합된 영역과 다르게 전문화되고 분화되었다는 점을 상기시킨다(Giddens, 1991). 예컨대, 슈츠(Schutz, 1970)는 다양하게 분화되어 이질적인 현실을 복합적 현실이라고 보고 이 개념을 통해 그가 살고 있던 사회의 시대적 특성을 반영하였다.

2) 학습과 경험의 일치에 관해서는 듀이(Dewey, 1916)의 논의를 들 수 있다. 듀이에 따르면 오랫동안 서구에서 경험이라는 개념은 이성과 경험이라는 이원론적인 사고로 인해 제대로 인식되지 못했다. 여기서 그가 말하는 경험이란 이성이나 사고, 이론과의 대조어로서가 아닌 인간의 사고와 행위의 기본 전제로서의 경험을 가리킨다.

흔히 사회구성주의에서 협력을 통한 학습은 방법적인 원리의 의미로 통용되고 있다. 그러나 여기서 학습이 타인과의 관계와 협력에 기반을 두고 있다는 것은 단순히 방법적 원리로서의 의미를 말하는 것이 아닌 인식론적인 의미를 말한다. 타인과의 협력이 학습의 효과성을 보다 높일 수 있다고 말하는 것과 타인과의 협력이 바로 그 경험에 학습의 지위를 부여해 준다고 말하는 것은 서로 동일하지 않다. 다시 말해, 타인과의 관계와 협력은 인식 자체의 성립을 가능하게 하는 조건, 즉 유의미한 경험과 학습의 내재적 조건이다.

3) 예컨대, 학교 과학과 과학에는 분명히 서로 유사성이 존재한다. 그리고 유사성이라고 일컫는 만큼 양자 사이에는 이질성 또한 존재한다. 여기서 말하는 과학을 과학이라는 텍스트로 국한하지 않고 그 텍스트를 가지고 실제로 하는 일들의 속성, 즉 학교 학습에서 과학을 배우는 것과 과학공동체에서 업무로서 과학이라는 범주에 속한 일들을 처리해 나가는 것 사이의 차이를 생각해 보면 좀 더 명확해질 수 있다.

제 3 장

지식과 경험: 교육과정 구성의 기본 요소

Lectures on Curriculum Studies and Process of Education

1. 상황주의 패러다임과 실천: 실천공동체? 공동체적 실천!

상황학습론이 교수-학습 연구에서 대두된 이래 세월이 꽤 흘렀다. 상황학습론은 1970년대 이후 아동 발달 연구에서 출발하였다. 아동 발달 연구에서는 사회문화적 맥락이 아이가 무엇을 할 수 있고 무엇을 할 수 없는지에 직접적으로 연관되어 있는 내생적인 변인이라는 점을 여러 연구를 통해 밝히고자 하였다. 당연히 여기에서 주역은 비고츠키(Vygotsky)주의 학자들이었다. 그들은 생태심리학이나 문화심리학을 배경으로 하여 피아제(Piaget)의 연구에 전제되어 있는 구조주의적인 가정들을 정면으로 반박하고자 하였다. 그들은 아이의 반응이나 생각 등으로 표출되는 인지 구조는 일관적이지만 상황적이고 역동적이라는 점을 보여 주고자 하였다. 이후 많은 발달 연구는 정태적이고 선형적으로 변화해 가는 인지 구조의 특징보다는 아이가 살아가는 상황들에서 나타나는 미시적이고 다양한 인지의 양상을 보여 주었다.

상황학습에 관한 많은 연구는 1980년대 이후부터 미국 서부 지역 대학과 연구소를 중심으로 활발히 전개되었는데, 비고츠키주의 심리학자들이 이 지역 대학들을 연고로 해서 서로 교류하였기 때문이었다. 그들은 소위 미시적인 사회이론들과 융합하여 활동이론(activity theory)을 만들어 내기도 하였다.

특히 미국 서부 지역을 중심으로 상황인지 또는 상황학습 연구의 커뮤니티가 형성된 것은 소위 미시사회학과 같은 히피사회학의 영향도 무시할 수 없다. 전통적으로 심리학을 배경으로 하는 교수-학습 연구에서는 상황 맥락을 학습이나 발달의 내생 변인으로 보는 데 한계가 있을 수밖에 없었다. 한편, 실리콘밸리를 중심으로 인지과학 등의 학제 간 연구들에서는 상호작용과 맥락에 관한 연구가 한창이었고 여기에 미시사회학 연구들이 가세하였다. 여기서 히피사회학은 정향성과 규범을 토대로 하는 기존 사회학과는 반대로

'일상'을 현실의 토대라고 보고 그래서 세상을 뒤집어 보려고 한 성향 때문에 붙여진 이름이다.

이러한 미시적 접근, 특히 상징적 상호작용과 민속방법론은 방법론적 상황주의 그리고 일상생활의 실천 복원이라는 기치하에 미시적인 상황 분석을 통해 사회나 조직, 일 등이 어떻게 존속되어 가는지를 보여 주었다. 그들에 따르면 실천의 상황은 그 자체로 이미 구조화된 사회이고 조직이며 업무의 처리과정이다. 그리고 상황과 일, 상황과 사회 질서는 서로 분리된 것이 아니라 상황을 만들어 가는 것 자체가 곧 그 일이고 업무이고 사회 질서이다. 여기서 상황은 실천에 의해 만들어지고 실천 안에서 일궈 가는 시간과 공간의 엮음새를 말한다. 학습이론에서 상황주의 패러다임은 사회적 상호작용과 상황의 실제적인 엮음새에 관한 이들 연구의 통찰에 힘입은 바가 크다.

상황학습과 실천공동체론은 이러한 배경에서 나왔다. 체화 인지(embodied cognition), 분산 인지(distributed cognition) 등 상황 인지(situated cognition)에 관한 연구들이 쏟아져 나왔으나, 정작 '상황적 경험은 언제 학습이라는 지위를 얻게 되는가'에 관해서는 여전히 모호하였다. 왜냐하면 우리의 사고나 경험이 상황 맥락에 기반을 두고 있다는 점에 대해서는 충분히 동의할 수 있지만, 그렇다고 해서 모든 상황적 경험이 곧 학습이라고 볼 수는 없었기 때문이다. 물론 우리의 경험이 어떻게 상황적인가 하는 것 또한 명쾌하게 해명된 것은 아니었다. 더욱이 모든 경험을 학습이라고 해석하는 것 또한 일상 어법에도 맞지 않는다. 대부분의 학습관에는 바람직한 변화라고 하는 모종의 규범적인 의미가 함축되어 있기 때문이다.

상황학습 연구자들 사이에서 부각된 과제는 우리의 경험이 어떻게 가변적이고 즉흥적인 상황 맥락을 넘어서서 일관성을 찾아 나가는가에 대한 해답을 모색하는 것이었다. 여기서 '우리의 경험은 어떻게 일관성을 찾아 나가는가'라는 질문을 거꾸로 뒤집어 보면, '우리의 경험은 어떻게 변화해 가는가'라는 질문이 되기도 한다. 모든 경험은 상황적인 경험이지만 우리의 경험은 그러한 가운데에서도 항상성을 유지해 나가기 때문이다. 상황주의 관점은 개인 내에서의 일관된 항상성이 존재하며, 이러한 항상성이 가변적인 상황에 앞서 선행한다는 규범주의적인 관점과 학습을 바라보는 데 있어서 서로 대척점을 이루고 있다. 우리 경험의 상황성에 관해 살펴보는 가운데 경험의 항상성, 즉 정체성(identity)의 존재가 문제시된 것이다. 그리고 경험의 항상성을 생성, 유지 및 복원해 가기 위해 주변과 어떻게 협상(negotiation)해 가는가 그리고 그 결과 우리의 경험은 어떻게 변화해 가는가 하는 문제로 다루기 시작했다. 이러한 관점에 따르면 협상된 경험을 기반으로 하여 참여의 정체성, 즉 역량이 생겨난다.

오늘날 실천공동체(communities of practice: CoP)는 네트워크 학습이나 조직학습의 모형을 의미하는 것으로도 알려져 있고 학습의 생태계로 통용되기도 한다. 더욱이 실천공동체와 같은 상황학습의 '이론'화는 교육이론에서는 성공적인 모형으로 자리 잡아 왔다. 오늘날 상황주의 패러다임 안에서도 실천공동체에의 참여과정은 상황학습의 전형으로 받아들여졌으며, 여기서는 상황학습론과 실천공동체론을 동의어로 간주하기도 한다. 상황주의 패러다임의 관점에서 보면 실천공동체를 이론적 모형으로 상정하는 이들은 실천(practice)에 관해 면밀히 살펴보는 것은 배제한 채 '공동체에서의 학습' 또는 '지식 조직에서의 학습'이라는 전략만을 취하고자 하였다.

경험과 상호작용의 어떤 양상을 가리켜 공동체라고 한다는 점에서 모든 공동체는 무형의 공동체(intangible community) 또는 상상의 공동체이다. 무형이고 상상의 산물이지만 구성원들로 하여금 공유하는 객체로서 실재한다고 믿게끔 하는 장치이기도 하다. 이러한 실재감은 참여자들 사이에 경험이 정체성 수준에서 함께 생겨나야만 가능하다. 예를 들어, 어느 학교에서 교사들 사이에 전문 학습공동체를 조직했다고 해서 곧바로 학습공동체가 조성되는 것은 아니다. 어떤 집단이 공동체 수준으로 자리 잡았다면 조직은 별도의 시간, 별도의 프로그램을 통해서가 아니라 일상에 널리 편재되어 구성원들에게 영향을 미칠 수 있는 힘을 발휘해야 한다. 학습공동체의 존재를 확인하는 시간은 쉬는 시간이 될 수도 있고 점심시간에 모여 잡담하는 시간이 될 수도 있다. 그것은 긴 시간일 수도 있고 찰나의 시간일 수도 있다.

상황주의 패러다임에서 보면 실천공동체는 '공동체 실천을 통한 학습'으로 보는 것이 더 적절하다. 실천공동체라는 개념은 모든 개별적인 행위나 경험을 자칫 집단 층위의 활동으로 환원시키는 한계를 갖고 있기 때문이다. 물론 공동체로의 환원은 학습 행위를 바라보는 이해의 폭을 협소하게 만드는 약점을 안고 있다. 뒷부분에서 살펴보겠지만, 모든 실천에는 다른 사람과의 상호작용이 관여되어 있는 만큼 개개의 실천을 면밀히 살펴보는 것으로도 충분히 공동체에 관한 의미를 찾아볼 수 있다. 그보다 상황주의 패러다임에서는 우리의 앎이나 학습의 문제를 실천으로 보기 시작하였다는 점을 분명히 하고자 하였다.

실천공동체론은 상황학습에 관한 한 이론일 뿐 상황주의 학습이론 전체를 대표하지 않는다. 상황주의 학습이론은 하나의 이론이 아닌 하나의 패러다임이라고 할 정도로 그 스펙트럼이 광범위하고 그 관심이 훨씬 근원적인 질문에서 출발한다. 물론 상황주의 패러다임에 해당되는 연구 전체 지형도를 정리하기란 그리 어렵지 않다. 심리학에서는 비고츠키 발달이론과 생태심리학이, 사회학에서는 상징적 상호작용과 민속방법론이, 그리고 실천에 관한 여러 철학적 배경과 사회인류학이 만나 학습 연구에서 상황주의 패러다임을 제시하였다(Nicolini, 2012). 최근에는 앞서 언급한 지적인 뿌리들이 혼종되어 나온 활동이론도 실천공동체론만큼이나 상황주의 학습이론 패러다임에서 큰 비중을 차지하고 있다. 상황주의 패러다임에서 활동이론은 갈등론의 입장보다는 기본적으로 협력 또는 조화론의 입장을 전제로 하고 있다.

> 활동이론이란 사회문화적 활동이론(cultural historical activity theory: CHAT)으로 통용되고 있는, 개인이나 조직에 있어서 학습과 변화를 설명하는 이론을 말한다. 활동이론에서 중요하게 생각해 보아야 할 점은 개인이든 조직이든 상관없이 사람들의 사고와 행위는 활동 시스템에 의해 동기화된다고 보았다는 점이다. 여기서 활동 시스템은 개인의 심리적인 이유나 사회 구조의 질서보다 더 근원적이다. 주체는 도구와 규칙, 공동체와 역할 및 분업으로 매개되어 객체와 상호작용한다. 이때 주체의 활동은 객체로부터 직접적으로 유도되고 비롯된다. 활동이론의 관점에서 보면 우리가 학습한다는 것은 어떤 지식을 습득했다든가 어떤 경험을 했다는 문제가 아니라 우리를 둘러싼 활동 시스템의 변동, 즉 시스템의 확장을 의미한다. 한 개인의 학습이나 변화는 그가 도구와 관계를 맺는 방식의 변화, 사람들과의 관계에서 분업과 역할에서의 변화, 규칙의 변화, 그리고 나아가 그가 속한 공동체의 변화와 맞물려 있다. 활동 시스템이 의미하는 것이 무엇인지 혼동스럽다면 '상황'을 떠올려도 좋을 듯하다.
>
> 목공일을 익힌다는 것은 목공 기술을 체득하는 것 이상의 변화를 말한다. 그것은 작업 현장, 즉 각종 도구와 배치, 그것들의 활용, 일의 순서, 일의 진행과정에서 무엇을 중요하게 보아야 하는지와 무엇을 간과해도 좋은지, 심지어 여기저기 널브러져 있는 목공 자재와 톱밥, 고심분투했던 작업의 흔적 등, 현장 상황과의 관계, 상황을 대하는 방식, 상황과 상호작용하는 양상의 변화를 뜻한다.

상황주의 패러다임에서 경험과 지식 그리고 학습을 어떻게 보는지는 대체로 다음과 같이 정리해 볼 수 있다.

• 경험은 그 지식이 다루고 있는 객체뿐만 아니라 상황으로 분산되어 있

다. 따라서 모든 경험은 우선적으로 개념이나 표상으로 매개되지 않은 직접적인 경험이고, 그렇기에 즉흥적이고 생성적인 성격을 띤다.

- 상황은 우리가 대면하는 대상이면서 또한 그 안에 거주하는 공간이다. 따라서 직접 경험으로서 지적인 경험은 객체 또는 이를 둘러싼 타자들, 즉 상황과 직접적으로 상호작용하는 가운데 비롯된다. 동시에 그것은 상황의 흐름으로 전개된다.
- 문제해결 과정에서 실제로 작동하는 추론은 정황적인 단서와 자원을 동원하는 만큼 상황적이다.
- 학습은 직접적인 경험을 기반으로 하는 만큼 이해나 사고의 문제가 아니라 지각과 행위, 더 나아가 정서나 감성의 문제이다.
- 모든 경험은 비매개적인 직접 경험이며, 동시에 타자들과의 공유 및 재생산 가능성을 전제로 하는 만큼 그것의 학습에는 타자와의 조율과 타협, 복종과 모델링 등이 관여한다.
- 우리 경험을 이끄는 활동 시스템으로서의 상황, 즉 즉각적이면서 미시적인 환경을 구성하기 위해서는 자신을 포지셔닝 하는 행위, 즉 참여 행위가 요구된다.
- 학습은 개인 내적인 구조의 변화가 아니라 개인과 상황의 관계 양상의 흐름이다.

이상의 사항보다 더 상위의 전제는 모든 행위는 협상과 조율의 상황적 행위이고, 모든 사고는 협상과 조율의 상황적 사고이며, 따라서 모든 학습 또한 협상과 조율의 상황학습이라는 것이다. 바로 이 점이 상황주의 학습이론으로서는 곤혹스러운 지점이다. 대체로 교육이론에서 학습은 규범적인 차원에서 그 위상에 걸맞는 어떤 경험 또는 행위의 양식을 의미하는 것이기 때문이다. 예컨대, 국문학과 학생들이 시를 반복해서 외우고 있는 상황을 가정해 보자. 이들이 하고 있는 것은 암기에 따른 학습인가, 아니면 낭송이라는 실천을 기반으로 한 상황학습인가?

또 하나의 상위 전제는 모든 경험은 실천을 기반으로 한다는 것이다 (Gherardi, 2008; Schatzki, 2001). 앞서 제시한 상황주의 속성들은 실천의 속성이기도 하다. 맥락과 실천은 동전의 양면과도 같아서 의미가 성립하기 위해서 없어선 안 될 두 축이라고 볼 수 있다. 실천과 맥락은 서로를 구성하는 것으로 볼 수 있기 때문이다. 독서를 한다는 것은 이야기의 맥락, 즉 행간의 의미를 발견한다는 것을 말하며 여기에는 독서 행위가 수반되지 않으면 안 된다. 우리가 어떤 행위를 실천이라 할 때 그것은 대체로 다음과 같은 특징을 함축하고 있다.

- 실제적인 행위가 관여되어 있고 그만큼 상황 변용적이다.
- 일회적 경험이 아닌 반복되는 만큼 패턴화되어 있으며 일상적(routine)이다.
- 누군가와 공유 가능한 방식으로 재생산되는 만큼 사적(private)이 아닌 공적(public)이다.
- '그 일에 관여하는 동안' 주체와 주체, 주체와 객체를 한데 엮어 가는 만큼 구체적이다.

상황학습을 우리에게 좀 더 친숙한 개념으로 바꾸어 생각해 보면 실천에 기반을 둔 학습(learning by practice)이라고 할 수 있다. 이하 내용에서는 관련된 기본적인 전제와 더불어 몇 가지 예를 통해 경험이 어떻게 상황적인 실천을 기반으로 하여 학습되는지에 대해 이야기해 보고자 한다.

2. 경험은 어떻게 상황으로 대상화, 분산되는가

1) 지식의 도구성과 객체의 어포던스

상황주의에 따르면 모든 지식은 도구의 속성을 지닌다. 여기서 도구라 함은 어떠어떠한 일을 하기 위해 동원되는 수단을 의미한다. 지식은 그것이 명시적 지식이든 암묵적 지식이든 도구로 볼 수 있다. 개념적인 지식조차도 우리가 그 지식을 활용하는 것은 마치 도구처럼 부리는 것과 다름없다. 우리는 실용주의적 의미에서 지식은 도구라는 말을 자주 사용한다. 상황주의에서 말하는 도구성은 우리가 어떤 일을 도모해 나가는 데 있어서 닥치는 상황에 대하여 '실제적인' 방식으로 행위를 가한다는 의미를 함축하고 있다.

지식의 도구성이 무엇을 의미하는지 이해한다면 상황을 학습한다는 것이 무엇을 의미하는지 좀 더 쉽게 파악할 수 있다. 지식이 어떻게 도구성을 띠게 되는지에 관해서 이해하기 위해서는 지식은 일단 익히고 나면 그것이 지향하고자 하는 객체 대상과 구분되지 않는 방식으로 우리에게 경험된다는 점에 관해서 되짚어 볼 필요가 있다. 메를로 퐁티(Merleau-Ponty, 1962)는 시각장애인의 지팡이, 예를 들어 도구의 비가시성에 관해 논증한 바 있다. 어느 한 시각장애인에게 지팡이를 주면서 그것이 어떤지 이야기해 보게 하자. 그는 무겁다든지, 너무 길다든지, 표면이 매끄럽다든지 등 그 지팡이의 생김새에 관해 다양하게 이야기할 것이다. 그러나 그가 그것을 자신의 도구로 전유화(appropriation), 즉 자신 몸의 연장(extension)처럼 마음대로 사용하기 시작하면서부터는 그 자체에 대해서는 지각하지 못한다. 이때 지팡이는 그에게 손으로 전달되는 대상의 느낌, 예컨대 커브 길이나 눈앞의 장애물 등의 대상으로 느껴진다. 이와 마찬가지로 어떠한 도구도 일단 그 사용법이 터득되기 시작하면 그것의 존재는 마치 없는 것처럼 투명하게 된다.

우리가 문제를 해결할 때 동원하는 지식이나 기술도 하나의 도구로 볼 수 있다. 지식이나 기술은 우리가 그것을 익히기 전에는 가시적인 존재이지만 일단 체득하고 그것을 자유자재로 사용하기 시작하면 그것의 존재에 관해서는 따로 의식하지 못한다. 어떤 지식이나 기술을 자유자재로 사용할 만큼 터득한 상황을 보면, 사용자가 그 지식이나 기술을 있는 그대로 적용하기에 급급하거나 그것에 얽매이지 않고 상황에 맞게 유연하게 그것을 부릴 수 있게 되었다는 것을 쉽게 떠올릴 수 있다. 아이러니하게도, 지식이나 기술을 터득했다는 것은 그것에 의해 규제를 받는다는 것과 동시에 그로부터 자유롭게 되었다는 것의 이중적인 의미를 함축하고 있다.

아무리 고차원적인 지식 내지는 기술이라도 일단 그것이 행위자에 의해 터득되면 그것은 당사자에게 상황 안에서 직접 경험되는 대상이 된다. 예컨대, 터득된 상태에서 바이올린과 연주곡은 연주자에게 손끝과 귓가에서 즉각적인 반응을 불러일으키는 느낌의 대상이다. 익숙해진 말은 즉각적이고 즉흥적으로 구사된다. 또한 목판에 못을 박을 때 목수의 손놀림은 사실상 망치와 하나가 된 듯 현란하다. 전문의들은 흑백 필름 속에서 폐렴 증상이 얼마나 진척되었는지를 '본다'. 상황과 머릿속 간의 상호작용이 아닌 상황과 상황으로 열려져 있는 지각 또는 행위의 양태로 그 관계 양상이 변화하는 것이다. 여기서 사물은 사유되는 대상이 아니라 보고 듣고 말하고 사용하는 등 행위의 대상이다.

상황주의 패러다임 가운데 한 이론인 활동이론에 따르면, 지식을 체득한다는 것은 그것을 도구로 활용할 수 있도록 전유화하는 것이면서 동시에 객체, 즉 사물, 말, 문제 상황이 띠고 있는 질(quality) 또는 맥락의 결에 따라 지각과 행위가 이끌려 간다는 의미를 담고 있다. 폴라니(Polanyi, 1958)는 객체에 의해 유발되는 내재적 동기를 '실천 안에의 거주(dwelling in a practice)'라는 개념으로 설명하기도 하였다. 당사자의 관점에서 보았을 때 그가 참여하고 있는 실천은 지적일 뿐만 아니라 심미적이고 윤리적인 애착의 대상이 되기도 한다. 여기에서 지식을 체득한다는 것, 다시 말해서 학습이란 객체의 질을 따라 지각하고 반응할 수 있게 됨, 즉 역량의 발달을 뜻한다.

이때 상호작용은 직접적인 경험과 행위로 전개되는 만큼 비매개화된 지각과 실천적 · 실제적 행위 그리고 정서의 양태로 표출된다. 여기서 비매개화된 지각이라 함은 객체를 향하는 우리의 지각이 지식이나 표상에 의해 매개되지 않고 즉각적으로 이루어지는 것을 뜻한다. 그리고 객체든 상황이든 그것과의 상호작용이 실제적인 행위의 양태를 띤다는 것은 어느 경우에도 우리의 사고와 행위는 규칙을 따르지 않고 객체의 질성을 따른다는 말이다. 예컨대, 문제 상황에 봉착했을 때 우리는 일단 어떤 조치를 취하고 그 결과로 나타나는 상황을 봐서 다음의 행위를 선택하고 결정한다. 물론 이러한 과정은 하나하나의 분절된 절차가 아닌 순환적이고 총체적인 흐름으로 일어난다. 일상의 실천은 습속이나 전통과 같이 그 안에 거주하는 사용자에 대해 자동적으로 행위를 이끄는 처방전과도 같은 역할을 한다. 이러한 습속이나 전통으로 인해 우리는 매번 맞닥뜨리는 상황이나 객체에 대해서 새롭게 규정하고 계획을 세울 필요 없이 안정된 방식으로 살아갈 수 있다.

2) 일의 선후관계 그리고 경험의 흐름으로서의 상황

상황주의 패러다임에서 말하는 상황이란 우리 행위와 추론의 국지적 환경을 말한다. 이와 관련해서 상황주의 학습이론에서 상정하는 질문은 상황적 관심과 태도가 상황 변수들을 어떻게 시간적으로 구조화해 가는가이다. 상황주의는 기본적으로 초월자의 관점이 아닌 상호 주관적이라는 의미에서의 당사자적 관점을 취한다. 상황에 몰입되어 있는 당사자라면 상황 초월적이 아니라 상황적으로 생각하고 행위할 수밖에 없다. 이를 도식으로 표현하면 [그림 3-1]과 같다.

이런 점에서 행위를 통해 의미를 형성해 나간다는 것에는 상황적 추론의

그림 3-1 상황주의 관점의 도식

또 다른 작동 방식인 '애씀(effort)'이 소요되어야 한다. 앞서 설명한 대로 문제를 해결하고 의미를 창출하는 데에는 시간성의 전개라는 상황적 흐름이 필요하며, 이것은 '지금 여기'라는 현재의 무한한 흐름 속에 끝없이 열린 결론을 가지고 전개되는 행위의 예측 불가능성을 전제로 한다. 우리가 만나는 매 순간의 상황은 그것이 비록 반복된 일상의 것이라 할지라도 언제나 긴장과 낯섦을 갖고 있다. 이것은 우리가 만나는 '지금 여기'라는 순간은 과거의 경험에 반영되어 구현된 고유하고 개별화된 '현재'이기 때문이다. 따라서 문제 상황에 봉착하고 이를 해결하기 위해 추론이 일어나는 경우, 시간의 흐름 가운데 지난 경험을 반추하고 미래의 기대를 반영하며 끝없이 새로운 선택과 결정을 해야 하는 순간에 놓이게 된다.

그런데 일상의 대부분의 상황에서는 이러한 긴장과 새로움을 의식하지 못한 채로 대부분의 일을 처리해 나간다. 그리고 그러한 가운데 기존의 인지 구조와 위배되는 문제 상황에 부딪히게 되었을 때에 흔히 반성이나 성찰이 일어난다. 듀이(Dewey, 1931)는 애씀이 동원되는 이러한 경험이 바로 학습이 일어나는 순간이라고 설명하였다.

학교 수업에서 쉽게 찾아볼 수 있는 수업 조직 방식인 교사와 학생 간의 질문-대답-평가의 순환과정은 상황의 구성이 어떻게 참여자들의 주의를 한데로 집중시키는지를 잘 보여 주는 예이다. 특정 학생에게 던진 교사의 질문은 그 학생으로 하여금 옴짝달싹하지 못하게 어떻게 답변을 찾아야 할지 궁리하도록 만드는 등 상황을 돌변시킨다. 질문 이전에 어떤 이야기가 오고 갔는지, 교사가 원하는 대답이 무엇인지, 나의 대답이 어떻게 하면 전후 맥락에서 벗어나지 않을 수 있는지, 또는 앞서 대답한 학생과 어떻게 차별된 의견의 답변을 할 수 있을지 순간 궁리하게 만든다.

교사의 질문이 학생의 반응을 상황적으로 구조화하는 기능은 개인에 그치지 않는다. 상황의 돌변이 불러일으키는 영향력은 그 질문을 떠안은 학생에게만 일어나는 것에 그치지 않는다. 예를 들어, 영석이에게 한 질문은 그에게만 해당되지 않는다. 나머지 학생에게는 자신이 지목당한 것은 아니지만 교사가 영석이에게 한 질문이 자신들에게 온 질문이기도 하다. 다음 차례가 자신이 될 수도 있다는 것을 알기 때문이다. 이러한 양상으로 인해 한 학생에게 한 교사의 질문은 학생 개개인을 하나의 정체성으로 엮는 효과를 갖는다. 이처럼 학급에서 우리라는 실천공동체는 매 상황 구성된다.

상황의 흐름이 어떻게 다음을 추론시키는지는 퍼즐 풀이에 비유해 보면 쉽게 이해할 수 있다. 퍼즐을 맞추어 가는 것은 이전과 차후 그리고 현재까지의 전체와 현재 눈앞에 벌어지는 부분 간의 연관성을 매 상황 견주어 가는 탐색의 과정이다. 그것은 마치 우리가 책을 읽을 때에 문장 하나하나에 주목할 뿐만 아니라 그것이 지금까지의 흐름, 즉 문맥과 어떻게 연관되는지를 동시에 탐색하는 이치와도 같다. 각각의 조각들이 갖는 연관성이 하나의 상황적 조건을 만들고, 또 그렇게 만들어진 조건은 또 다른 맥락이 되어 다음 퍼즐 조각으로 어떤 것을 선택해야 할지에 직접적으로 영향을 주는 등의 방식으로 퍼즐 풀이의 과정 전체를 형성해 나간다. 예컨대, 퍼즐 조각들 사이에 빈 공간이 그때그때 즉각적으로 나타나는 것은 우리에게 '무언가 있어야 할 것'이라는 기대감을 바탕으로 소위 현상학적 장(phenomenal field)을 가시화해서 다음 행위를 동기화하도록 하는 조건으로 작용하여 전체와 부분의 연관성을 추론하게 한다(Garfinkel, 1967).

이러한 행위의 속성은 맥락의 흐름에 의하여 구체화되어 생겨난다. 이것은 무한한 퍼즐 풀이 게임의 기술일 수도 있으며, 똑같은 게임이 언제나 새로울 수 있는 이유이기도 하다. 즉, 그때 그 상황이 가진 다양한 경우의 수가 비록 그 게임의 규칙이 하나일지라도 새로운 연관성을 추론하도록 하는 동인으로 작용하는 것이다. 따라서 매번 경험되는 다음 상황은 항상 '처음처럼'의 정서를 띤다. 그리고 그러한 예측 불가능한 긴장감이 다음 행위에 대한 추론을 유발한다.

문제를 해결해 나가는 동안 그리고 도모한 일을 수행하는 과정에서 다양한 상황적 추론이 유발된다. 이러한 추론은 다음 상황에 대한 기대감, 이전의 상황에 따른 행위로 인해 매번 낯선 현장성 때문에 생기는 것으로, 상황 맥락을 성립시키는 기반으로서 시간성(temporality)의 속성을 잘 보여 준다. 여기서 시간성이란 우리 행위에 총체성을 부여하는 구조화의 원천으로서, 우리가 행위를 해 나가는 데 있어 테두리로 작용하며 행위를 유발해 나간다. 이러한 시간성이 행위의 테두리로 작용할 수 있는 것은 사고에 선행하여 경험되는 정서적 기대감을 동반하기 때문이다. 여기에서는 이전의 경험이나 상황에 대한 예견과 같은 개인 이해의 지평이 행위 전반에 작용하며 우리의 행위의 방향성으로 작동하게 된다. 이것은 행위자의 상황이 유발한 이전 경험에서 비롯된 막연한 결과에 대한 우려나 기대와 같은 요인들이 고려된 우연적인 상황의 산물인 것이다(손민호, 조현영, 2014). 이처럼 실천이 엮어 가는 시간의 흐름은 일이나 경험, 학습 등의 과정을 결정짓는 상황의 속성을 잘 보여 준다.

3. 경험은 어떻게 맥락적으로 학습되는가

1) 경험의 학습에서 실천공동체는 어떻게 경험되는가

감각적 지식과 같은 경험의 학습은 통상적으로 암묵지의 습득으로 볼 수 있다. 커피를 만드는 바리스타 기술은 바리스타 교육 프로그램에 한동안 참여하는 과정에서 생겨난다. 바리스타 고수들이 교수자로 참여해서 수련생들에게 자신들의 기법을 전달해 준다. 그러한 기법은 커피를 추출해 내는 기술과 맛을 감별하는 능력 등으로 구성된다. 수련과정에 참여하는 수련생의 경험을 재구성할 수 있다면 바리스타의 기술이 어떻게 해서 생겨날 수 있는 것인지, 즉 감각적 지식이 어떻게 학습되는지 알 수 있을 것이다. 쓰고 시큼하기만 한 비슷비슷한 맛의 커피콩들이 어떻게 수십 가지의 커피로 분류될 수 있는지, 콩이라는 자연의 식물성 자재가 어떻게 커피라는 사회문화적 소비재를 둘러싼 문화적 기호의 대상로 둔갑할 수 있는지 그 과정에 관여하는 수많은 실천을 통해 암묵지가 어떻게 습득되는지를 이해할 수 있을 것이다.

일반적으로 암묵지를 습득하기 위한 부단한 연마와 연습은 흔히 '무맥락적이고' 개인적인 상황이라고 간주하는 경향이 있다. 그러나 모든 연습에는 일정 부분 시연의 성격이 있다. 여기서 시연이라 함은 누군가를 염두에 둔 연습이라는 의미이다. 예컨대, 다가올 연주회를 준비하면서 연습에 임하는 경우가 그렇다. 도자기 만드는 법을 마스터를 따라 열심히 연습하는 도제는 어떠한가? 도자기 흙을 빚는 연습도 시연에 해당하는가? 모든 연습에는 타자의 현존(co-presence)이 직접적으로 또는 간접적으로 결부된다는 점에 대해 되짚어 볼 필요가 있다(Wenger, 1998). 상징적 상호작용주의자들에 따르면 개인의 머릿속 사고조차 실제 대화의 시뮬레이션이다. 우리 안의 사고의 흐름은 독백체(monologue)라고 생각되지만 대화체(dialogue)의 성격을 훨씬 더 갖는다는 것이다. 어떤 사안을 두고 우리가 머릿속으로 어떤 생각을 정리해 나가면서 말들을 만들어 이어 나가는 경우를 떠올려 보면, 이 지적이 의미하는 바를 충분히 이해할 수 있다. 비록 혼자 생각을 하는 것이지만 거기에는 주체적 자아(I)와 객체적 자아(me) 간의 대화체가 스며들어 있다. 이런 점에서 비고츠키주의자들은 우리의 사고는 어떤 개념이나 의미의 내면화가 아닌 상호작용의 내면화로 나타나는 양상이라고 주장하였다.

시연의 수행과 같이, 즉 감각적 지식이 맥락적으로 습득된다는 것은 다음과 같은 의미에서라고 할 수 있다. 이 모든 감각적 지식은 '동료 등 다른 사람들과의 상호작용이 가능한 방식으로' 구성된다는 것이다. 다소 추상적으로 정리하자면, 이 모든 과정에는 실천이 관여되어야 하고 실천은 상호 행위적인 속성을 기반으로 하기 때문이다. 상호 행위적인 측면들은 대개 상황적이고 주변적이어서 당연시되고 간과되기 마련이다. 왜냐하면 커피의 맛과 향에 관해 익힐 때 학습자의 주의는 온통 객체 대상, 즉 커피 자체에만 집중된다고 생각하기 때문이다. 따라서 커피 맛의 판별이라는 암묵지가 생겨나는 조건으로 학습자와 객체 대상 간의 상호작용만을 생각하기 쉽다.

한편, 여러 연구 결과에 따르면 상호작용은 대상 객체와의 상호작용에 국한되지 않는다. 일례로, 시카고의 사회학자 베커(Becker)는 '마리화나 흡연자 되기'라는 연구를 통해서 마리화나 상용자가 되는 것은 하나의 학습과정을 통해서라는 점을 설득력 있게 간파하였다. 마리화나의 소위 '뽕 가는' 기분을 맛보게 되는 것은 화학 물질 때문만은 아니다. 그는 초심자가 노련한 흡연자 등 동료들과 그 경험을 암묵적으로 맞춰 가는 가운데 그러한 기분을 맛보게 된다는 점을 발견하였다. 사실상 우리의 경험은 사물 객체가 아닌 경험 객체와의 상호작용의 결과이다.

그러한 객체를 마주하는 이 일과 연관되어 있는 사람들과의 상호작용 또한 객체에 관한 지식이나 그것을 다루는 기술에 스며들어 있다. 우선, '누가' 그렇게 하느냐의 문제가 암묵적으로 개입된다는 것이다. 신참의 경우 누가 그의 교수자가 될 것인가는 이미 공동체 안에서 상황적으로 설정되어 있다. 덕분에 고참이 하는 말이나 행동 양식들을 자신이 배워야 할 지식의 전형으로 받아들여 그것을 모방하고 따르려고 한다. 이때 초심자는 어떠한 의심도 유보한 채 고참의 행태를 따르고자 한다. 고참의 지시나 경험이 설령 당장 따르기도, 그리고 자신의 경험으로 받아들이기도 힘든 부분이 있더라도 신참은 일단 자신의 판단을 유보한 채 그를 믿고 따르려는 태도를 취한다. 실천공동체가 학습의 기제로 작동할 수 있는 데에는 집단 정서, 즉 에토스(ethos)가 기반이 되기 때문이다. 웽거(Wenger, 1998)가 그의 저서에서 실천공동체론이 네트워크 학습론과는 다르다고 역설한 것도 바로 이러한 학습의 정서적 속성 때문이다. 이러한 정서는 자신과 자신이 동일시하고자 하는 공동체의 전형 간의 차이를 서로 맞춰 나가고자 하는 태도에서 시작된다. 참여를 통해 형성하는 정체성은 동일시(identification)의 기제가 작동하면서 비롯되는 산물이다.

상호작용의 객체, 즉 커피의 맛을 판별해 내는 능력에는 혀끝에 체화된 암묵지뿐만 아니라 공동체가 공유하는 방식으로 객체화하는 능력도 요구된다. 물론 그 양자는 분리될 수 없는 하나지만 설명의 편의상 구분하자면 그렇다. 윈치(Winch)는 기계공이 기계를 수리할 수 있게 되었다는 것은 다른 기계공이 기계를 수리하는 것을 동일하게 할 줄 알게 되었다는 것을 의미한다고 말한 바 있다. 학습 경험이 어떻게 생겨나는 것인가에 대한 시사점을 제시해 준 많은 질적인 사회학 연구는 학습 경험에서의 당연시된 측면을 그러한 사회적 상호작용에서 발견하고 있다. 암묵지를 개인적인 지식이 아닌 인격적인 지식이라고 지칭하는 것도 바로 이러한 연유, 즉 사적(private)이면서도 공적인(public) 성격 때문이다.

정체성의 범주와 그것의 형성 역시 암묵지와 그것의 학습 양상과 유사하다고 한다면, 암묵지 학습의 이중구속에 관한 앞선 해석은 여기에도 동일하게 적용해 볼 수 있다. 모든 멤버십 범주는 특정한 공동체가 아닌 실천의 성운(constellation)으로서 성립한다고 말하는 것이 더 정확하다. 익명의 다수로 된 공동체를 전제로 해서 성립하는 것이다. 예컨대, 아버지들의 실천공동체가 존재한다고 말하는 것은 어색한 표현이다. 그러나 아버지라는 정체성 범주는 비슷한 처지에 놓인 익명의 다수가 공유한다고 보는 실천의 양상과의 연관성하에서 성립한다. 마치 밤에 육안으로 비치는 일곱 개의 서로 인접한 별자리를 하나의 북두칠성으로 보는 것과 같이, 실체로서 존재하지는 않지만 의미로서 존재한다는 말이다.

마찬가지로 암 환자라는 실천공동체는 형식적으로 존재하지 않지만, 물론 암 환자 협회 같은 제도화된 조직이 있을지는 모르겠지만, 암 환자라는 정체성 범주는 실제로 존재한다. 누군가 암 환자가 된다는 것은 그 사람의 몸이 암에 걸렸다는 것 이상의 의미를 갖는다. 그는 자신의 질병이나 세상을 어떻게 바라보고, 암 환자로서 자신의 삶을 어떻게 살아가야 하는지, 자신이 걸린 질병과 관련해서 어떻게 먹고 어떻게 대응해 가야 하는지 등을 자신이 겪어 보지 못한 사람들의 경험들과 함께 서서히 익혀 간다. 그들의 전형을 암묵적으로 받아들인 것이고 그런 만큼 암 환자라는 범주는 그의 정체성의 일부로 자리 잡게 된다. 암 환자로서의 정체성은 질병에 대한 대응 전략의 일환으로 형성되는 것이기도 하고 사회적 대응 전략으로 생겨나는 것이기도 하다. 이러한 정체성은 실제적으로 우리가 그 실천에 참여하는 만큼만 상황화되어 나타나는 전형이다.

2) 연습은 어떻게 상황 의존적인가

대부분의 학습은 지식이나 경험의 숙달과 관련이 있다. 아이들은 구구셈을 익히기 위해서 셈법의 숫자들을 무한히 반복해서 읊는다. 시험을 앞두고 교과서에 나오는 개념을 익히기 위해서 암기도 하고 그 개념이 응용된 문제를 풀어 보기도 하는 공부에서도 반복 연습은 필수이다. K팝 악보를 보고 그것을 피아노로 연주하기 위해서는 피아노 건반을 두드리는 연습을 수없이 반복해야 한다. 전문 목공이나 전문 연주자의 기량에 도달하기 위해서는 1만 시간의 연습이 필요하다고 한다(Sennett, 2008).

연습이 어떻게 상황적으로 경험되는 것인지 짚어 보기에 앞서 전문가들의 실천이 어떻게 상황 관리(situated management)와 같은 특징을 보이는지 살펴볼 필요가 있다. 다음은 실제 진료 상황의 시뮬레이션인 가상의 진료 상황에서의 문진 장면이다. 여기에서 의사는 환자와의 상호작용 과정에서 환자의 개별적이고 모호한 신체 증상을 자연스럽게 하나의 의학적 사실에 연관시켜 진단 내리고 있다.

〈에피소드〉

의사(SD): 전혀 없으시고요. 예, 음…… 그 검은색 변. 검은색 말고는 뭐…… 점액질이라든지 그런 거는 섞여 나오지 않았나요?

환자(P): 점액질이요?

SD: 네. 뭐 하얗게 뭐 다른 물질이 섞여 나온 건 아니에요?

P: 글쎄요. 그런 건 잘 모르겠네요.

SD: 그런 건 모르겠고요. 설사 같은 건 하세요?

P: 아니요.

SD: 안 하시고요. 혹시 배가 아프세요?

P: 아, 가끔.

SD: 어디가 아프세요?

P: 글쎄요. 명치 근처에서 아픈가? 그런 게 좀 있었어요.

SD: 명치 근처요. 어…… 언제부터 그러셨어요?

P: 글쎄요. 정확하게는 잘 모르겠고요. 몇 달 된 거 같아요.

SD: 몇 달 전부터요. 어떻게 아프세요? 쓰린 느낌이에요? 아니면은……

P: 쓰릴 때도 있어요.

SD: 아, 쓰린 느낌이세요?

P: 예. 쓰릴 때도 있어요.

SD: 아, 그게 식사랑 연관이 있는 거 같나요? 밥을 먹으면 괜찮다든지, 뭐 밥을 먹으면 더 아프다든지…….

P: 예. 쓰린 거는…… 에…… 그런…… 밥 먹기 전엔 좀 쓰리다가 먹고 나면 좀 괜찮아지는 거 같기도 하고.

……

SD: 예, 알겠습니다. 통증이 명치 부위에 있다고 하셨잖아요. 통증이

뭐…… 다른 쪽으로 뻗친다든지 그런 느낌은 없으세요?

P: 뻗친다고요?

SD: 예. 뭐…… 여기가 아프다가 등이 또 아프다든지.

P: 아니요. 그런 거 모르겠는데…….

SD: 그런 건 모르시겠고요. 메스꺼우세요, 좀?

P: 가끔 그럴 때가 좀 있었던 거 같아요.

출처: 조현영(2015).

이런 상황에서 의사는 환자에게 질문을 하고 그에 대한 환자의 대답을 다시 한 번 반복하며 확인한다. 그것은 환자의 대답을 스스로 재확인하는 혼잣말처럼 보이지만, 그 공간 안에 있는 누구든지 들을 수 있다. 그런데 한 가지 흥미로운 사실은 의사가 환자의 애매하고 불확실한 대답을 다시 말하는 과정에서 의미를 한정시키는 방식으로 재구성하여 말하고 있다는 것이다. 예컨대, 통증의 양상을 묻는 질문에 "쓰릴 때도 있어요."라고 말하는 환자의 대답에 대해서 의사는 "쓰린 느낌이세요."라고 환자의 통증이 쓰린 느낌이라고 단정지어 말한다. 환자가 '쓰릴 때도 있다'고 말한 것에는 문법상 그렇지 않은 느낌일 때도 있다는 의미가 내포되어 있을 것이다.

여기서 의사는 이에 대해 더 이상 구체적으로 묻지 않고, 통증의 양상을 쓰린 느낌으로 한정 지어 버린다. 환자는 의사의 이러한 말에 어떠한 반박도 하지 않는다. 마찬가지로 통증의 부위도 환자는 "명치 근처에서 아픈가?"라고 대답하며 통증 부위의 경계를 애매모호하고 불확실하게 대답한다. 의사는 잠시 뒤 신체 진찰이 이루어지는 상황에서 통증의 부위를 이야기할 때, "통증이 명치 부위에 있다고 하셨잖아요."라고 단정 짓고 다음 질문을 이어 간다. 마찬가지로 환자는 이에 대해 어떠한 반박도 하지 않으며, 오히려 다음의 신체 진찰 상황에서는 '정확히 명치 부위'에서 강한 통증을 호소한다. '상황'에서 나타난 환자의 애매모호한 설명 방식과는 달리 이어지는 상황에서 환자의 복부 통증은 매우 자명한 증상인 것처럼 보인다.

의사가 환자의 말을 재구성하여 말하는 방식은 단순한 혼잣말로 보이지만, 이것은 환자의 대답에 대한 의미를 확정 짓는 중요한 역할을 한다. 환자가 '명치 근처'라고 통증의 경계 부위를 모호하게 말한 뒤, 다음 대화에서 의사가 '명치 부위'라고 경계를 한정 지어 말했을 경우, 앞선 대화에서는 환자가 어떠한 언급도 없이 다음 대화가 이어진다. 이것은 직접적으로 대답을 하지는 않았지만 의사가 명치 부위로 한정한 것에 큰 이견이 없다는 것을 암묵적으로 인정한 것이 된다.

의사의 지나가는 듯한 말들에 대한 환자의 인정 혹은 거절의 입장 표명은 다음 대화에서 이 문제에 대한 협상을 계속 할 것인지, 아니면 다음의 문제로 넘어가도 되는지의 국면 전환 여부를 결정한다. 또한 이러한 방식의 발화는 환자의 대답을 다시 한 번 상기시키면서 다음 발화의 내용을 떠올리기 위한 시간적 여유를 제공하기도 한다. 자연스러운 진료 상황에서 대화와 대화 사이, 행위와 행위 사이의 공백이 너무 길다면 이것은 매우 어색하거나 혹은 그 또한 어떠한 의미를 갖는 것으로 해석되기 쉽다.

따라서 공백이 다른 의미를 갖는 것이 아니라면, 다음 행위를 탐색하는 중에도 그 상황을 자연스럽게 이어 가는 말이나 행동이 이루어져야 한다. 특히 임상 수행평가를 위한 가상의 진료 상황에서 학생 의사는 환자의 표준화된 말을 재구성하여 되묻는 방식을 통하여 진단에 필요한 증상들의 의미를 한정시켜 문제해결의 실마리를 찾아낼 뿐만 아니라 다음 발화 행위를 준비할 수 있는 시간을 확보해 나간다. 이러한 상호작용 방식은 전문가와 비전문가 사이의 비대칭적 상호작용 상황에서의 특징을 잘 보여 준다. 전문가는 환자의 진료라는 개별적이고 유사한 상황들 가운데서 어떻게든 진단과 처방이라는 방식으로 매우 그럴듯하게 문제를 해결해야 하는 처지에 놓인다. 따라서 의사는 어떠한 방식으로든 애매모호한 증상들을 자신이 처리할 수 있고 설명 가능한 문제로 재상정해야 하며, 이것은 상호작용이라는 담화의 과정을 통해 의사와 환자 간의 앞선 대화와 같이 이루어질 수 있다.

다시 말해서, 전문가는 문제 상황에서 자신을 둘러싼 상황 속에 놓인 다양한 자원, 즉 여기서는 환자의 말이나 환자와의 불평등한 권력 관계 등을 적절히 활용해 가면서 상황을 자신의 의도에 맞게 이끌어 간다. 즉, 차이의 간극을 좁히기 위해 상황적 요인들을 적재적소에 배치하는 전략을 통해 맥락의 유사함을 동일함으로 바꾸어 가는 것이다.

하이데거(Heidegger)는 '거리 제거'와 '방향 잡기'라는 두 가지 성격의 존재양식을 통해 상황 맥락의 운용 전략에 관해 설명한 바 있다(박찬국, 2014). 어떤 것을 하기 위해 필요한 도구를 사용하기 편리하게 가까이 두는 것은 '거리 제거'에 해당한다. 이는 익숙하고 능숙하다는 것을 뜻한다. 거리가 가까울수록 대상에 대한 의존도가 커짐에 따라 그 존재 자체를 인식하지 못할 정도로 비가시화되어 우리는 편안하고 익숙함을 느끼게 된다.

여기에서 거리 혹은 가시성은 결코 물리적 거리를 의미하는 것이 아니다. 이는 도구의 용도에 따라 매우 상황적이고 상대적으로 존재한다. 예를 들어, 우리가 못을 박고 있을 때 망치가 나에게서 2m밖에 떨어져 있지 않더라도 손을 뻗으면 닿을 수 있는 거리가 아니기 때문에 멀리 있는 것으로 여겨지는 것과 같은 이치이다. 뿐만 아니라 너무나 가깝고 익숙해서 그것이 가시화되지 않는 대상의 경우, 오히려 가시화된 다른 대상들에 비해 더욱 원거리로 느낄 수밖에 없다. 예를 들어, 내가 착용하고 있는 안경의 존재는 대화 중인 눈앞의 누군가보다 더욱 멀리 느껴질 수도 있다.

익숙하고 편안한 존재란 거리 제거와 동시에 방향을 잡는다는 성격을 지니고 있다. 도구의 거리를 제거하고 방향을 잡는 행위들은 상황의 흐름 속에서 연속적으로 발생한다. 벽에 못을 박기 위해서는 망치와 플라이어(일명 펜치라고 불리는 집게)가 필요하다. 망치와 플라이어는 행위자가 망치질을 하는 방식에 따라 서로 번갈아 가며 사용되기도 하고 동시에 사용되기도 한다. 망치와 플라이어는 다음에 이어질 행위에 따라 때론 망치가 더 잡기 쉬운 방식으로, 때론 플라이어가 더 잡기 쉬운 방식으로 거리를 두고 놓일 때 막힘없이 못을 박는 행위가 전개될 수 있다. 여기서 방향 잡기란 일의 전후 맥락 속에서 도구와 행위자 사이에 거리를 조절하는 행위를 가리킨다.

익숙하지 않은 길에서 자전거 타는 법을 익히는 과정을 예로 들어 보자. 평탄하고 고른 길을 자전거로 달릴 경우, 핸들을 잡는 방식과 페달을 밟는 방식과 같은 자전거 타기의 기능들은 매우 익숙하고 편안하여 크게 의식하고 애써야 하는 고려 대상이 아니니다. 그런데 요철을 넘어야 하는 상황과 같은 새로운 상황에 놓일 경우, 핸들을 느슨하게 잡기도 하고 세게 잡기도 하며 페달을 천천히 혹은 빠르게 밟기도 하면서 적절하게 조절해 가야만 한다. 또한 브레이크를 잡음과 동시에 요철을 넘어가면 펼쳐질 평탄한 길을 예측하고 브레이크를 서서히 풀며 페달을 힘차게 밟는 다음 행위를 도모하기도 한다. 여기서 자전거를 타는 데 필요한 기술이란 상황적 도구들을 때론 상황에 가깝게 끌어오고 때론 조금 멀리 둠으로써 상황에 적절하게 거리를 조절하는 것을 의미한다. 또한 다음에 펼쳐질 상황과 이전에 일어난 상황 가운데서 다음에 필요한 기능들을 활용하기 용이하도록 도구들의 활용 방향을 예측하고 준비시키는 과정이기도 하다.

한편, 여기서 방향을 잡는다는 것은 잔재주나 잔기술과 같은 변형된 행위를 의미함과 동시에 도구 자체가 가진 의미를 확장해 나간다는 의미를 함축한다. 좌측과 우측이라는 방향이 존재한다는 것은 정방향이라는 그것의 기준이 존재할 때에만 가능한 것이기 때문이다. 그리고 차이를 얼마만큼 알고 있는지는 결국 정방향이 어디인지를 더 정확히 숙지하게 되었음을 의미하는 것이기 때문이다. 우리가 그 대상에 변형된 다양한 행위를 가한다는 것은 대상 자체에 힘을 가하는 방식이라고 생각하기 쉽지만 사실은 그것을 둘러싼 상황들을 조율하는 방식을 취한다. 이는 본인이 하고자 하는 일에 걸림돌이 되는 저항 요인들을 재배치하는 활동이기도 하다. 이 과정은 모호함 속에서 끊임없이 해를 찾아가는 과정이기도 하여, 이 과정에서 겪는 실패의 경험들은 다양한 상황에 대한 경험이며 상황적 자원들을 활용해 보는 교육적 경험이라 할 수 있다. 이러한 경험은 모두 그 객체를 둘러싼 상황의 정서를 풍부하게 해 주는 의미로 남게 된다. 시행착오의 과정에서 느낀 그 어떤 사소한 경험들도 의미 없는 순간은 없으며, 상황적인 경험은 또 다른 실용적인 목적에 따라 동원될 수 있는 가능성을 잠재한 자원으로 남는다.

이러한 점에서 연습이란 완벽함에 대한 갈망 그리고 결코 성취될 수 없는 완벽함을 향한 긴장 가운데 수행되는 반복이자 동시에 부단히 쇄신하는 변화를 의미한다. 완벽하지 못한 상태(imperfection)가 만들어 내는 반복 연습과 변주는 그 상태로의 멈춤을 의미하기도 하지만 때로는 자기 안에서 새로운 스타일의 창출로 이끌기도 한다. 결국 지식이나 기술을 숙달하기 위해 임하는 연습은 상황 간 차이와 동일성을 반복적으로 경험하는 상황학습이다.

3) 경험은 어떻게 참여를 통해 공유되는가

사례: 실천으로서의 시각화

일부 가구와 같이 직접 조립하여 사용하도록 판매하는 물건들의 경우, 제조사는 소비자들의 조립을 돕기 위한 조립도를 함께 제공하기 마련이다. 최근 인터넷을 통한 정보의 공유 방식이 대중화되면서, 조립도 이외에도 직접 조립하는 과정을 사진으로 보여 주거나 동영상 자료를 올리는 방식으로 조립의 과정이나 전략들에 대한 정보를 공유하고 전달할 수 있는 방법이 다양해졌다. 이러한 자료들은 대체로 언어로 전달하는 것에 어려움이 있는 정보들을 시각화(visualization)함으로써 사용자가 보다 용이하게 제작과정을 따라할 수 있도록 한다. 그렇다면 이러한 시각화 자료들은 전달하고자 하는 지식이나 기술에 대한 정보를 얼마만큼 정확하고 풍부하게 제공할 수 있을까? [그림 3-2]는 조립식 가구로 유명한 I회사의 가구 조립도이다.

이 그림과 같은 가구 조립도에서는 순서대로 따라 하기만 하면 완성된 형

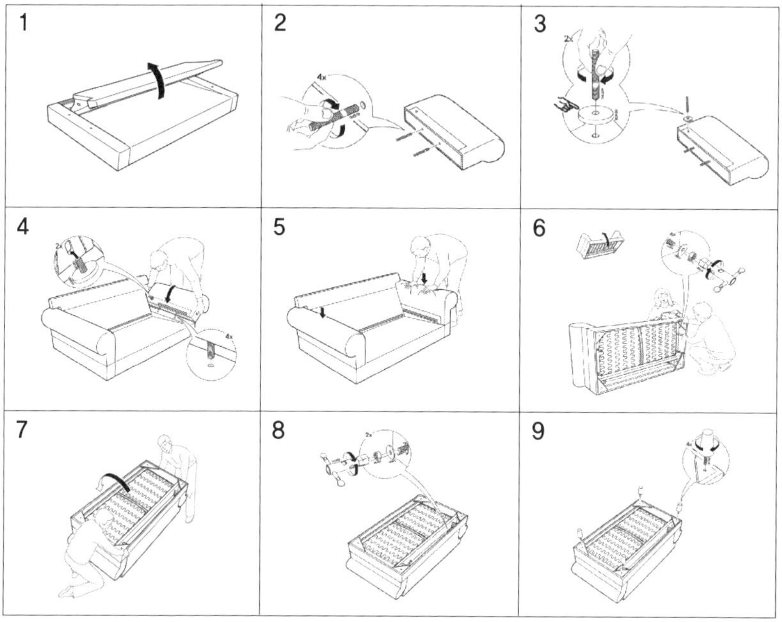

그림 3-2 I회사의 가구 조립도

태의 가구 조립이 가능하다고 설명한다. 조립도와 실제 조립과정은 얼마나 서로 매칭될 수 있을까? 분명 조립도는 언어의 정보 전달력이 가진 한계를 보완하고 좀 더 구체적인 정보를 제공하고 있음에 틀림없다. 각 단계의 그림은 과정상 필요한 조작의 방식을 가급적 시각화하여 전달하는 것에 목적을 둔다. 그럼에도 불구하고 조립도대로 따라 하고자 하는 사용자에게는 항상 조립도의 그림이 무엇을 의미하는지의 애매모호함이 뒤따른다. [그림 3-2]의 조립도에서 각 그림이 보여 주는 화살표의 방향이나 나사의 조립 순서는 분명하지 않다.

실제 조립과정에서 조립도에 나와 있는 그림들은 실제로 대상과 그림을 견주어 보고, 행위를 가하고, 조율하는 방식을 통해서 그 의미를 찾아가는 실천이 동반되어 있을 때에만 비로소 그 의미가 성취된다. 예컨대, 물건을 다루는 데 필요한 정교함이나 힘의 강도, 나사를 조이는 방향이나 각도 등은 사실 그림의 표현된 화살표만으로는 정보가 부족하다. 그리고 그것을 다루는 개인들의 조작 능력의 차이나 신체적 조건의 차이도 그 정보를 활용하고 해석하는 데서의 차이를 빚어낸다. 물론 이전 경험이나 배경지식들 역시 조립도의 그림을 파악하는 데 차이를 가져온다. 다시 말해서, 어떤 기술이나 경험을 담은 이러한 시각 자료는 그 자체로 어떠한 정보를 전달해 주지는 못한다. 사실상 각 단계의 시각화된 정보는 각 단계에서 필요로 하는 정보의 일부를 보여줄 뿐, 그것이 어떤 의미를 갖는지는 순전히 사용자의 역량에 달려 있다. 시각 자료를 통해 정보나 기술이 어떻게 전달되는지 이해하기 위해서는 사용자가 실제 상황에서 무엇을 어떻게 하는지 면밀히 살펴보아야 한다.

시각화 자료가 정보를 전달하는 데 제한적일 수밖에 없는 이유는 사람들이 통상 현상이나 대상 사물을 있는 그대로 보지 않는 데에서 찾아볼 수 있다. 누군가가 무엇을 보는지는 그의 관점이나 의도, 나아가 맥락에 따라 실용적으로 결정된다. 쉽게 말하자면, 사람들은 대상을 보고 싶은 대로 본다. 이러한 점에서 보면 시각화 자료가 이해나 경험의 변화로써 학습에 직접적으로 영향을 미친다는 것은 제한적인 범위 안에서 가능하다. 새로운 정보를 받아들인 학습의 결과로 애초에 자신이 본 것과 다른 것을 보게 되기 위해서는 시지각의 작동만으로는 충분치 않다. 여기에는 다른 지각 행위가 동반되어야만 한다.

다음은 5세 어린아이가 새로운 글자를 배우는 상황에서 관찰한 내용이다.

엄마: (알파벳 'P'를 그리며) 이렇게 '1'을 쓰고. 이렇게 'ᄀ'를 그리면 되는 거야.

아이: 알았어, 알았어. ('1'을 그리고 거기에 'ㅇ'를 붙인 형태의 그림을 그린다.)

엄마: 아니, ('1'을 그리고 우측 반원 형태의 모양을 반복적으로 그리면서) 이게 아니고 이거라고.

> 아이: 알았다고. (다시 '1'을 그리고 거기에 'ㅇ'를 붙인 형태의 그림을 그린다. 엄마 그림과 비교하면서 갸우뚱한 표정을 지으며 몇 개의 그림을 더 그려본다.)
>
> 엄마: 아니, 잘 봐. 동그라미까지 그리지 말고 여기서 멈추라고. 엄마 손을 잡아 봐. (손을 잡고 'P'를 함께 그려 준다.)
>
> 아이: 아…… 멈추라고? (다시 혼자서 반원을 주춤거리며 그려 보이면서 엄마의 그림과 비교해 본다.)

이 상황은 본다는 것이 대상을 있는 그대로 보기보다는 자신에게 익숙한 대로 보는 일이라는 걸 잘 보여 주는 예이다. 여기서 아이의 반응을 보면 아이에게 알파벳 'P'는 기존에 자신에게 익숙한 숫자 1과 동그라미의 조합으로 보였을 것이라는 점을 유추해 볼 수 있다. '아마도' 반원 형태의 표상을 한 번도 그려 본 적 없는 아이에게 그것은 인지하기조차 쉽지 않은 대상이다. 아이가 원으로 본 것을 반원으로 보기 시작한 것은 엄마의 손의 안내를 받으며 자신의 손으로 직접 반원을 그리면서부터이다. 아이가 마침내 완성한 'P'의 형상은 이해를 바꿈으로써 도달한 결과가 아니라 누군가와 호흡을 맞추며 직접 자신의 손을 움직여 차이를 발견한 실천의 산물이다. 즉, 손을 엄마와 함께 맞춰 보면서 아이가 다른 것을 보게 된 것이다. 엄마와의 협력 행위가 어떻게 아이의 시각에 다른 맥락을 제공하고 이에 따라 아이가 어떻게 다른 이해를 성취하게 되는지를 잘 보여 주는 예이다. 이처럼 상호작용의 행위는 매 순간 주체와 객체 사이의 적절한 이해의 가능성을 열어 주는 마중물을 제공한다.

어떤 경험의 전달에는 시연뿐만 아니라 말이 관여하기도 한다. 말을 통한 경험의 전달은 일상 어디에서나 목격되는 가장 전형적인 예이다. 이때 말은 경험의 내용을 전달하는 표상보다는 주의를 어디에 집중시켜야 할지 지시하거나 촉구하는 등의 행위에 가깝다. 여기서 말은 추상적이고 문어체적인 원거리어(distant language)보다는 구체적이고 대화체적이며 상황적인 근접어

(proximal language) 속성을 띤다. 실천으로서 근접어를 사용하고 있다는 점을 잘 보여 주는 대표적인 예는 상황지시어(indexicality)이다. 상황지시어의 활용은 우리의 사고와 행위가 얼마나 대상 맥락에 몰입(immersion)되어 그와 구분하기 어렵게 전개되는지를 잘 보여 준다. 가장 간단한 상황지시어는 '이' '그' '저'와 같은 형용사로 이러한 말들은 발화의 맥락을 참조해서만 그 의미를 알 수 있다.

일상에서 상황지시어와 같은 근접어의 사용은 매우 광범위하다. 화학 실험실의 한 상황에서 연구자가 조교에게 "이제 그 물 충분히 끓었어."라고 말한 경우를 생각해 보자. 예컨대, 이 말을 객관적인 표현으로 바꾸면 "한국 표준 시각 13시 57분에 H_2O가 섭씨 97.7℃로 가열되었다."라고 할 수 있다. 그러나 사람들은 그들의 생활공간에서 혹은 일을 해 나가는 과정에서 실지로는 그러한 객관적인 표현을 잘 사용하지 않는다. 구체적인 상황 안에 있는 사람들이라면 이미 상황 지시적인 표현으로 충분히 의미가 통용될 수 있다는 점을 알고 있다.

상황 지시적인 표현을 사용하는 것은 실제 상황에서 오히려 정확하고 객관적인 표현을 사용하는 것보다 안정성과 실용성을 보장해 준다. 예컨대, 사람들은 일의 진행을 잠시 멈추고 상황 지시적인 표현들에 대해 객관적으로 풀어 설명하거나 그것이 상대방에게 전달되었는지 확인하고 다시 진행되던 일로 돌아오는 방식을 취하지 않는다. 만약 그런 방식으로 사람들이 말을 해야 한다면 매 상황 하고자 하는 일이나 나누고자 하는 대화는 매끄럽게 전개되지 못할 것이다. 또한 참여자들 사이에 상황을 서로 공유했다고 당연시하고 따라서 근접어를 자유자재로 사용하게 되면 대상에 집중하는 주의의 초점이 좀 더 분명해질 수 있다.

삶에 더욱 가까운 말이 구사되었을 때 그 말은 활성화된 기능을 갖게 되면서 상황에 대한 조작 가능성이 더욱 커지고 따라서 하고자 하는 일을 더욱 성공적으로 이끌어 나갈 수 있다. 즉, 삶에 더 가까운 언어의 사용은 서로에게 공유된 지식이나 공감을 훨씬 효율적으로 이끌어 낼 수 있다. 나아가 이러한 삶에 가까운 언어의 사용은 일의 흐름을 훨씬 더 원활하게 한다. 이에 대해 세넷(Sennett, 2008)의 말을 빌려 표현하면, "표현 자체가 중요한 게 아니라 그렇게 상상을 동원하는 행위가 어떤 목적에 쓰이느냐 하는 것이" 중요하다(p. 309).

세넷(2008)은 그의 저서 『장인(The Craftman)』에서 손재주와 같은 기술의 숙달에 관해 상세히 설명하였다. 경험의 전달에서 근접어의 사용이 학습자로 하여금 어떻게 공감을 불러일으키는지와 관련해 세넷의 예를 좀 더 길게 인용해 보겠다.

상황 지시적인 말들이 유사한 것을 동일시하게 하는 힘으로서의 상상력을 어떻게 유발하는지(Lakoff & Johnson, 1980)에 대해 세넷은 자신의 경험을 예로 들어 설명한 바 있다. 고참을 따라 무심코 따라 하면서 배우는 행위에는 자신의 행위와 고참의 행위를 동일시하게 하는 상상력의 언어가 동원된다는 것이다. 한 예가 유럽에서 건너온 영어에 서툰 할머니가 그녀의 전통적인 요리법을 전달하고 그가 따라 하는 상황에 관한 세넷 자신의 경험 이야기이다. 그의 설명은 조리법에 관한 정확한 서술, 예컨대 들어가는 양념의 양을 나타내는 수치, 몇 도의 불에 그 고기를 익히는 정도를 정확히 표현한 서술보다 은유적인 표현들로 제시된 닭요리 레시피가 그것을 따라 요리를 배우는 참여자로 하여금 어떻게 상상을 일으키고 따라서 어떻게 그 기술을 좀 더 정확히 전달하는지 보여 준다.

> "네 아이가 여기 죽어 있다[닭을 가리킴]. 그 아이를 새 생명으로 준비시킨다[뼈를 발라냄]. 흙으로 그를 채운다[재료를 채워 넣음]. 조심하라! 그 아이가 너무 많이 먹으면 안 된다[재료를 가볍게 넣음]. 금빛 외투를 입힌다[익히기 전 노릇하게 그을림]. 목욕을 시킨다[삶을 국물을 준비함]. 이제 아이를 데우는 데 주의해야 한다! 어린아이는 햇볕을 너무 많이 쐬면 죽는다[가열 온도는 섭씨 130도]. 아이에게 보석을 달아 준다[조리가 끝나면 부

드러운 후추 소스를 뿌림]. 이게 내 조리법이다."(Sennett, 2008, p. 308)

이 인용문에서 보면 할머니의 요리 레시피는 비유와 그것이 지시하고자 하는 객관적인 표현([ ] 안)으로 되어 있다. 세넷은 객관적이고 정확한 전달방식보다 비유와 같은 근접어가 어떻게 경험을 더 정확히 전달할 수 있는지에 대해 다음과 같이 설명하고 있다.

> 공감하는 방식으로 이야기를 구성하다 보면 비유가 많이 동원된다. 여기서의 비유는 정확한 비유가 아닌 느슨한 비유이다. 비유가 느슨한 데는 이유가 있다. 닭의 힘줄을 자르는 것은 기술적으로 끈을 자르는 것과 비슷한데, 그렇다고 느낌이 아주 비슷한 것도 아니다. 이렇게 느슨한 비유를 쓰면, 읽는 이들에게 배움의 순간을 열어 준다. '똑같다'가 아닌 '비슷하다'고 하면, 힘줄을 자르는 바로 그 행위에 신경을 집중하도록 유도한다. 조리할 사람의 손과 뇌가 활발히 교류할 장이 열린다. 느슨한 비유는 정서적인 작용도 해서, 무슨 동작이나 행동을 처음으로 접하는 사람이 전에 해 봤던 것과 비슷하다는 말을 들으면 자신감이 생긴다(Sennett, 2008, p. 299).

무엇인가를 설명할 때 대상을 추상적인 것으로 두는 것이 아니라 대상을 보고자 하는 것으로 보는 상상의 맥락을 조정한다. 일단 현상학적 장이 '만들어지면' 상상이 가능해지고, 결국 그에 따라 과정 전체를 볼 수 있게 된다. 즉, 상황을 공유 가능하게 만들어 상상을 돕는다. 이렇게 근접어의 사용은 하고자 하는 일의 전체 과정에 대한 상을 상상할 수 있게 해 줌으로써 실천적인 참여를 이끌어 낼 수 있도록 한다.

처음 해 보는 일에 대해 기존의 방법과 '똑같이' 잘해야 한다고 생각하면, 행위자는 자신의 행위를 바라보고 있는 지시자의 눈치를 보게 되고 알 수 없는 기준에만 신경을 쓰게 된다. 결국 행위자는 처음 해 보는 행위 그 자체에 집중하지 못하고 다른 외부적 · 내부적 상황에 신경을 쓰게 되고 일을 망치게 된다. 하지만 느슨한 비유를 통해 행위자의 이전 경험과 연관시켜 주면 그에 대해서 동일성을 느끼고 정서적으로 이전에 해 봤다는 자신감을 가지고 불확실한 결과보다는 행위 그 자체에 집중할 수 있게 된다. 이를 느슨한 비유를 통해 처음 해 보는 일에 대해 망설이게 되는 사고를 경험적 동일성의 사고로 바꾸어 주며 동시에 행위 그 자체로 집중을 이끌었다는 점에서 사고와 행위의 극간을 해소했다고 표현했다.

활동이론에 따르면, 이야기는 하나의 사물과 같이 우리 행위의 대상이 된다. 이야기 또는 말도 하나의 객체이며 사물의 대상이 된다는 것이다. 말이 전유화되기 이전에는 언어적 기능인 의미에 초점이 맞추어지곤 하는데, 전유화가 되고 난 후부터는 말도 사물처럼 객체화되어 사용된다는 것이다. 여기서 말은 일을 가능하게 해 주는 매개물이기도 하며 그 자체가 일이기도 하다. 또한 일을 하는 사람들 사이에서 말은 목표에 어떻게 도달할 것인가를 위해서만 쓰이는 것이 아니라 그들의 정체성도 만들어 내며, 행위를 이끌거나 배제시키는 장치도 만들어 낸다. 여기서 이러한 동의를 이끌어 낼 수 있는 어포던스(affordance)는 말이다.

다음은 소크라테스와 사동이 서로 문답하는 방식으로 피타고라스 정리의 원리에 관해 가르치고 배우는 상황의 한 장면이다.

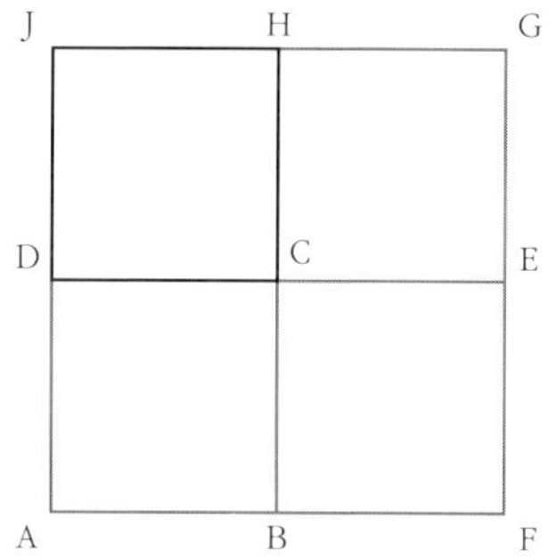

b40 소크라테스: 이제 이 구석과 이 구석을 연결하는 선분을 그어 보자. 이러한 선분은 이들 각 정사각형을 반으로 쪼개겠지?

사동: 예.

b41 소크라테스: 이러한 선분을 4개 그으면 사각형이 하나(BEHD) 생기겠지?

사동: 그렇습니다.

b42 소크라테스: 새로 생긴 이 사각형의 넓이는 얼마이겠니, 생각해 보렴.

사동: 잘 모르겠습니다.

b43 소크라테스: 정사각형이 4개 있었지. 각 선분은 각 정사각형을 반으로 쪼갰지?

사동: 예.

……

b49 소크라테스: 이 4자 넓이 정사각형의 구석 이쪽에서 저쪽으로 그은 선 말이냐?

사동: 예.

b50 소크라테스: 학자들은 이러한 선분을 '대각선'이라고 부르는데, 이 용어를 사용하기로 하면 이 대각선을 한 변으로 하는 정사각형이 처음 정사각형의 두 배가 된다는 것이 너의 생각이란 말이지?

사동: 그렇습니다, 소크라테스.

출처: 강완(1996).

이 대화에서 '이 구석과 이 구석을' '정사각형을 반으로 쪼개겠지.' '이러한 반 조각들이' '정사각형의 구석 이쪽에서 저쪽으로' '그 한 변은?—이것(DB)입니다.'라는 말들은 한편으로 보면 수학적 원리에 관한 설명을 담고 있다. 다른 한편으로 이러한 설명은 도형을 지시하거나 도형을 분할하는 가운데 병행되며 최소한의 지식에 익숙한 사람이라면 볼 수 있는 매우 상식적인 의미들로 구성된다. 즉, 교수자에 의해 유도된 지각의 구조에 따라 보고 확인하고 듣고 말하는 만큼 그 과정은 일상적이며 비매개적인 행위로 진행된다(조현영, 손민호, 2015).

여기서 교수자가 말을 통해 상황을 시지각화하는 실제적인 전략을 참여적 전유로 개념화해 볼 수 있다. 참여적 전유는 상황에 참여함으로써만 다루고자 하는 지식이 이해되고 활용된다는 점에서 지식을 내면화함으로써 그것을 다룰 수 있게 된다는 '내면화(internalization)'의 논리와는 상반된 의미를 담고 있다. 그것은 현장에서 다루는 정보들이나 지식들이 그 현장에 포함되어 있는 상황적인 말과 표현들로 드러나기 때문에 그 상황에 참여하여 그 의미를 이야기할 수밖에 없다는 의미이기도 하다(Hall & Nemirovsky, 2012).

지식을 전달하기 위해 동원된 이러한 전략들은 대개 말로 구사된다는 점에서 담화적 실천(discursive practice)이라 할 수 있다. 담화적 실천이란 말이 표상의 역할보다는 어떤 행위를 촉구하거나 지시하고 견제 · 조정하는 역할을 수행한다는 의미를 담고 있다. 수행적인 발화(performative utterance)의 기능은 '무엇을 중요한 것으로 보아야 하는지' '다음번에 비슷한 경우가 생겼을 때 무엇을 명심하면서 어떻게 동일시해야 하는지' 등의 수행적인 의미를 암묵적으로 전달해 준다.

실천 행위로서 말의 이러한 기능을 염두에 둔다면, 앞의 예에서 지식이 전달되는 기제는 시각화된 자료의 활용이나 지식을 전달해 주는 말이 아니라 교수자와 학습자 간에 질문과 대답을 주고받는 과정에서 유발된 지각의 구조화 과정이라고 할 수 있다. 교수자의 말 하나하나는 상황에 대한 지표 또는 지각 행위에 대한 지시로 작용해 그 의미가 사용자 사이에서 너무도 자명해서 누구라도 접근 가능한 일상의 통용어와 크게 다르지 않다. 어느 누구도 앞의 도형을 있는 그대로의 형상, 즉 객관적으로 볼 리가 만무하며, 교사의 지시에 따라 돌출되어 지각되는 부분만을 선별적으로 구조화해 볼 것이다. 즉, 학습자는 맥락적으로 지각을 이끄는 행위 유도의 상태, 즉 시청각의 상황 안에서 기대되는 것만을 보고 듣는 것이다.

시각 자료를 통한 경험의 전달이 어떻게 상황학습, 즉 실천에 의한 학습 또는 공유인지에 관해서 한 가지 예를 더 들어 보겠다. 굿윈(Goodwin, 1994)은 고고학자들이 무에서 유를 어떻게 성립시켜 나가는지와 관련해 그들의 작업을 미시적으로 분석한 바 있다. 고고학자들은 '맨땅'에서 일반 사람의 눈으로는 절대 보기 어려운 뭔가를 발견하여 선사의 유물과 자취를 찾아낸다. 마치 발견자의 판단이 관여될 여지조차 없을 만큼 명백한 발견의 과정이지만, 그 과정을 보면 그냥 발견이라고 하기가 어려울 정도로 해석과 일 등 전문가들의 실천이 관여되는 작업의 과정이다. 객관적으로 놓여 있는 사물이나 자취에 대한 발견이지만 전문가의 실천에 의해 재'구성'되는 만큼만 실재화되는 작업이다. 그의 분석은 전문가의 시지각이 실제적인 전략들을 통해 어떻게 대상을 운용 가능한 상태로 구성해 내는가를 보여 준다. 특히 그는 상황을 공유 가능하게 시각화하는 다음과 같은 실제적인 전략들에 관해 주목한다.

- 코딩 행위로서, 현상을 지식의 객체로 변환시키는 전략이다.
- 하이라이트하는 행위로서, 특정 측면들만을 부각시킴으로써 상황을 의도하는 현상학적 장으로 전환되도록 하는 전략이다.
- 사물을 표상화하는 전략인데, 이는 사물을 그 자체로 지식으로 지각하게끔 표상화하여 다루는 것을 말한다.[1)]

이러한 전략은 사물을 그 자체로서 지식으로 지각하게끔 표상화하여 조작할 수 있게 만드는 실천이다. 그것은 어떤 일을 해 나가는 데 있어서 어디서나 흔히 사용되는 방법이다. 따라서 지식을 자유자재로 부리기 위해 객체화하고 객체화된 대상을 다루는 행위에 대해 작용할 수 있는 조건을 마련해 주는 실제적인 전략이라고 이해해도 무방할 것이다. 이러한 전략이 지식이나 경험을 전달 가능하게 해 주는 것은 그것이 가진 시각적 기능이 아닌 수행적 기능으로 인해서이다. 이와 같은 점에서 시각 자료가 제 기능을 갖게 되는 것은 사물과 담화적 속성에 기반을 둘 수밖에 없는 상황적 실천을 통해서이다.

누군가에게 상황학습은 교육이론에서 별로 새삼스러울 것도 없는 익숙한 이론이라고 말할 수 있다. 가깝게는 실천기반학습(learning by doing), 반성적 실천(reflective practice)은 말할 나위 없거니와 좀 더 확대 해석해 보면 조직학습이나 공동체학습, 심지어는 학습생태계나 문제기반학습이나 생애학습 등까지 유사한 교육이론이라고 생각할 수 있기 때문이다. 예컨대, 숀(Schon) 등의 행위과학 연구자들은 전문가를 과학적 방법을 토대로 전문적인 지식과 기술을 상황에 적용하는 사람이 아닌 반성적 실천가, 즉 실천적인 행위 가운데 성찰을 통해 주어진 자원들을 동원하여 불확실한 문제 상황을 해결하는 브리콜리어(bricoleur)로 보았다. 이러한 통찰은 상황기반 프로그램을 통한 전문가 양성 관련 연구와 교육에 반영되어 왔다. 실천지에 관련된 수많은 연구 또한 여기에 해당한다. 혹은 이러한 여러 교육이론을 보다 체계적인 인식론을 제공하는 근본적인 교육이론이라고 본다면 그나마 그 평가는 우호적이라 할 수 있다.

만약 그런 평가가 있다고 한다면 상황학습이 기존의 교육이론과 차별성이 없다고 보는 태도는 상황학습을 교육과 학습 설계에 관한 거시적인 모델로 간주해 보는 데에서 비롯된다고 본다. 다시 말하면, '상황'을 참여자의 상황적인 관점이 아닌 초월적인 외부자의 관점으로 접근하는 순간, 상황주의 패러다임은 학습에 대해 아무런 새로운 이해와 새로운 설계 가능성을 제시해 주지 못한다. 그러한 관점을 취하는 순간 이미 상황주의 논점은 성립하지 않는다.

이는 마치 행간에 주목해야 하는 맥락 연구가 이야기 플롯을 중심으로 이루어져야 한다는 아이러니와도 같다. 상황주의 패러다임에서 보면 경험과 학습이 성립되는 포인트는 텍스트에 있지 않고 사태의 전후관계, 즉 맥락에 있다. 우리가 어떤 일을 성취할 수 있는 것은 그 일에 동원되는 지식이 아니라 일의 전후관계 속에서 '다음'을 찾아 나가는 '늘 현재'의 상황적인 추론 때문이다. 그러한 상황은 눈 깜빡할 사이에 지나치는 순간이지만 두툼한 의미(thick description)로 되어 있다는 말이다. 전개도가 어떤 일의 과정을 고스란히 보여 줄 것이라고 보는 것은 초월론적인 관점에서 비롯된 생각이다. 참여자적인 관점에서 보면 과정은 현재와 다음이라는 상황의 연속적인 반복이다. 전개도를 찾고자 하는 이들에게 상황주의 관점은 아무런 새로운 의미도 제시해 주지 않는 하찮은 이야깃거리로 여겨질 수 있다.

오랫동안 학습 연구에서는 맥락 변인들을 텍스트를 얻기 위한 주변적인 요인으로 간주하고 이를 체계적으로 배제하고자 하였다. 파블로프(Pavlov) 실험실에서 조건 반사라는 일반화된 원리를 도출해 내기 위해 실험을 둘러싼 일상에서 벌어진 것들이 어떻게 상황 변수들로 배제되었는지 상상해 볼 수 있다. 예컨대, 종을 울리면 '나오도록 되어 있는' 실험실 개의 타액 양은 예기치 못한 다양한 변수로 인해 개의 컨디션 등 실험 당시의 상황을 고려해 지속적으로 관리할 필요가 있었다. 피아제의 보존 실험에 동원된 아이는 실험자의 유도된 질문에 맞춰 '적절하게' 반응을 보이기도 하였는데, 그것은 연구 가설과는 연관 없는 주변적인 상황 변수로 처리되었다. 행동주의나 인지주의 패러다임에서 보면 조건 반사 그리고 보존 개념의 획득 여부는 학습을 이해하는 데 중요한 열쇠라고 할 수 있다. 그러나 그 실험실의 일상과 그 안에서의 실천이 그들 자신이 해야 할 일들을 어떻게 하고 있는지에 작용하는 방법, 그리고 학습을 이해하는 데 중요한 열쇠일 수 있다. 상황주의 학습에 관한 관심은 당연시된 상황들에서부터 출발한다.

상황학습은 말 그대로 매 상황에서의 구성, 즉 '현재'가 어떻게 '다음(next)'을 찾아 구성되는지에 그 주안점이 있는 만큼 교육이론으로서는 미니멀리즘(minimalism) 교수의 논리와 모형이 요구된다. 학습은 개념 이해와 같은 사고틀이나 경험이 변화하는 순간이 일어나기 이전에 일상에 분산 · 편재해 있는 만큼, 일의 흐름 전개도가 아닌 현재와 다음 사이에 벌어지는 경험의 양상이다. 학습 당사자가 경험하는 실제는 구조화된 상황의 반복이다. 예를 들어, 문제기반학습을 정보처리 관점에서 제시하는 설계안과 상황주의 관점에서 제시하는 설계안은 서로 다를 것으로 본다.

또한 실천으로서의 상황학습은 개념 지식에 관한 학습 역시 참여의 실천, 즉 몸과 사물을 통한 도구의 상호작용적인 사용을 통해서 이루어진다는 점을 말해 준다. 체화를 위한 학습 설계는 지식의 구조나 인지과정에 기초한 학습 설계와는 전혀 다른 접근이 요구된다(Abrahamson, 2009; Kirsh, 2013; Nishizaka, 2006; Pea, 1997). 초월론적인 관점의 전개도에 대해 참여적 관점은 분명 그것이 가질 수밖에 없는 실제와의 괴리를 되짚어 보게 할 수 있는 이야깃거리를 제공해 줄 것으로 본다. 문제기반학습 전개도와 그 전개에서 '당연시된 것들' 사이의 괴리, 실천기반학습 모형과 그 실천의 과정 사이의 괴리 등. 그러한 차이는 앎의 논리에서 처방된 설계도와 삶의 논리로 처방된 설계도 사이의 차이이기도 하다. 물론 실천공동체론에서는 앎의 논리가 아닌 삶의 논리로 처방된 학습의 설계도를 제시한 바 있다. 그러나 상황주의 학습에 관한 이해와 설계는 학습에 관한 좀 더 풍부한 이야깃거리를 제공해 주기 위해서 거시적인 조직 단위보다는 미시적인 실천 단위로 구체화될 필요가 있다.

후주

1) 이 말은 치즈를 수셈의 대상이면서 수셈의 단위로 보면서 조작한 예를 떠올려 보면 금세 이해할 수 있을 것이다. 마찬가지로 흙을 포함한 작업의 상황은 고고학적으로 지식화되어 의미가 만들어지고 공유된다.

제 4 장

구성주의 교수설계론

Lectures on Curriculum Studies and Process of Education

1. 새로운 패러다임

소위 사회구성주의의 등장과 함께 학습에 대한 새로운 관점으로서 상황주의 패러다임은 학교 안팎의 프로그램이나 교수과정에 관한 이해 및 설계에 적지 않은 영향을 미쳐 왔다. 오랜 교육학사의 과정에서 살펴볼 수 있듯이, 학습이론은 제반 교육 이론과 연구의 향방에 총체적으로 연동되어 왔다. 상황주의 학습이론은 한편으로는 이전 패러다임을 주도해 왔던 행동주의와 인지주의에 이어 제3의 패러다임이라고 평가받을 만큼 학습이나 경험 또는 행위의 변화에 대하여 새롭고 풍부한 이해를 가져다주고 있다.

그러나 다른 한편으로는 교수-학습을 바라보는 상황주의의 기본 시각이 연구공동체 다수에 의해 대체로 받아들여지고 있는가, 이에 따라 설계된 논리와 프로그램들이 실제 교육 현장에 투입되어 활용되고 있는가 등 교육이론을 주도하는 패러다임으로서 정착되었는가를 보면 그리 녹록치 않다. 실제로 상황주의 학습이론에 입각한 교수설계에서는 '머릿속 학습'을 지원하는 참된(authentic) 맥락 환경을 설계하는 데 그 무게중심이 치우쳐 있다.

교육 연구에서 상황주의 패러다임으로의 전환은 미미한 것으로만 치부하기에는 매우 포괄적인 이론적 배경에 그 바탕을 두고 있다. 현재 교육이론 내에서 회자되고 있는 상황주의 패러다임은 앞선 학습이론보다 훨씬 더 광범위하고 오래된 탐구의 전통, 예컨대 상황주의 후기 현상학을 비롯해서 듀이(Dewey) 등의 프래그머티즘, 사회적 상호작용에 관한 사회인류학, 사회적 실제(social practice)나 실천에 관한 공동체주의 철학 등을 원류로 하여, 보다 최근에는 체화 및 분산 인지를 다루는 인지과학의 관점 등을 통해서도 학습의 상황성에 대한 이론들을 제시하고 있다. 이러한 논의들은 이론과 실제, 이해와 처방, 사고와 행동의 구분이 더 이상 유효하지 않다고 여기며 실제에 보다

정합적으로 접근할 수 있는 통로를 발견하고자 하는 시도들이다.

연구자의 판단에는 상황학습이 여전히 난해한 이론적 논의들에 그친 채 현장의 교육설계에 괄목할 만한 변화를 주고 있지 못한 것은 결코 체계적이고 진일보된 이론적 전통이 부재한 탓 때문만은 아니라고 생각한다. 다만, 상황주의가 교육 현장에서 하나의 패러다임으로 자리 잡지 못한 난점이 다음의 두 가지에서 기인했다고 정리해 볼 수 있다.

첫 번째 난점은 상황주의 패러다임이 교육을 둘러싼 이원론적인 오랜 상식에 부합하지 않는다는 데에 있다. 상황주의는 몸과 마음, 육체와 정신, 사람과 인공물, 행위자와 상황, 경험과 지식, 자연과 사회, 이론과 실제 등 인위적인 이원론의 논리에서 벗어나 보다 자연스러운 일원론적 접근으로 다룰 수 있는 논리와 방법의 가능성에 관해 타진해 왔다. 이는 행동주의와 인지주의 패러다임을 기반으로 한 전통적인 인식론에 대한 전환적 관점으로, 상식에 대한 재고찰을 요한다. 상황 개념 역시 이러한 선상에서 보면 접근이 어려운 대상(object)이라고 할 수 있다. 예컨대, 전통적인 학교 학습 상황과 크게 다르지 않은 지금의 학교 현장의 수업 방식에서 지식은 여전히 전달되고 기억되어야 하는 머릿속 의미의 대상이라고 여겨진다. 그런데 상황주의 관점에서 지식은 결코 고정되어 존재하는 내면화의 대상이 아니라 실천의 과정에서 주체와 대상 간의 상호작용에서 생성되는 가변적 존재라는 것을 납득하기란 다소 어려울 수 있다. 혹은 일면 지식의 그러한 측면이 존재할 수 있겠지만, 그것은 학교 학습 상황과는 합치될 수 없는 학교 밖 학습의 장면이라고 학습의 범주를 구분 짓기도 한다. 나아가 그러한 어려움은 일회적이고 가변적이고 그 범위의 경계가 불명확한 상황 또는 맥락을 도대체 어떻게 객관화하여 연구할 수 있을 것인가 하는 곤혹스러움과 맞닿아 있다(이정모, 2010).

두 번째 난점은 상황주의 학습이론에 내재된 난해함과 복잡함은 학습을 이해하는 풍부한 지적 자산을 늘려 가는 데에는 도움을 줄 수 있으나 현실적으로 가용할 수 있는 처방적 모델을 제시해야 하는 교육설계에는 오히려 걸림돌이 된다는 시각에서 찾을 수 있다. 상황주의 관점에서 학습은 추상적 지식이나 표상의 습득보다는 상황에의 참여이다. 상황학습론의 한 대표적 이론은 레이브(Lave, 1993)의 실천공동체 참여론이다. 그는 상황적 실천을 재개념화하여 실천공동체(communities of practice)라는 이론적 모형을 제시하였는데, 여기서 상황학습이란 참여를 통한 학습 또는 더 나아가 '행함으로써의 학습(learning by doing)'을 어떻게 재규정할 수 있는지 보여 주었다. 그리고 이러한 논의들은 교육의 설계에 있어서 학습자의 지적인 참여를 어떻게 설계할 것인가 하는 질문으로 귀착되곤 하였다. 즉, 참여라는 메타포는 교수자와 학습자 사이 또는 학습자 사이에서 오가는 상호작용과 같은 이해의 공유 방식이나 참된 맥락으로서의 공동체를 설계하는 데 자세한 처방 지침을 던져 줄 수 있다고 본 것이다. 즉, 상황학습이 학습공동체와 동의어로 사용될 정도로 실천공동체에의 참여로서의 상황학습론은 크게 확산되어 왔다. 그러나 문제는 좀 더 미시적인 차원의 학습, 예컨대 수학의 문제풀이에서부터 매체를 교육적으로 설계하고자 할 때, 문제기반학습과 같은 특정 수업 형태에서 반영하고자 할 때, 혹은 국어 수업에서 시를 가르칠 때 상황주의 패러다임이 도대체 어떤 차별화된 설계안을 내놓을 수 있을지 명확히 제시하지 못하는 실정이다. 연구자가 보기에는 실천에의 참여 문제는 도외시된 채 공동체에의 참여만 부각된 것이다.

이 장은 상황학습론이 애초의 취지에서 벗어나지 않고 교수설계이론으로서 정립 가능한 방법을 탐색해 보고자 하는 문제의식에서 출발하였다. 그 가운데 한 가지 방법으로 이 장에서는 우리의 경험이나 학습에 있어서 실천의 측면을 드러냄으로써 상황학습론을 재고찰하고자 하였다. 상황기반 교육설계론이 상황학습론에서 상황성을 제대로 반영하지 못하는 이유 가운데 하나는 상황적 경험이 가진 실천의 특성을 충분히 고려하지 않은 데서 비롯되었다고 보았기 때문이다. 실천(practice)을 분석의 단위로 삼는 관점은 이분법적인 논리를 해소하면서 실제를 실제답게 이해하고 처방하고자 하는 데 기여해 왔다. 따라서 이하 내용에서는 상황주의 패러다임이 교수설계에 어떻게 총체적으로 다른 접근을 요구하는지를 실천주의 관점을 통해 정리해 보고자 하며, 이를 위하여 현행 상황학습을 기반으로 한 교수설계론의 한계를 지적하고 상황학습을 보다 잘 반영한 새로운 원리에 관해 탐색하고자 한다.

상황학습론은 하나의 패러다임인 만큼 그 내용을 자세히 들여다보면 여러 가지 접근의 다양성이나 시각차는 있을 수 있지만 소개의 수준에서 일반적으로 커다란 이론적 전제나 주장이 무엇인지 간단히 정리해 볼 수 있다. 브라운, 콜린스와 두구드(Brown, Collins, & Duguid, 1989)는 상황학습론에 대한 그러한 공통된 관심사를 다음과 같이 피력한다.

수 세기 동안, 교육적 실천을 이끌어 온 인식론은 주로 개념적 표상의 문제에 매달려 왔고, 그러한 표상은 인간 사고에 있어서 그 어느 것보다도 우선적이라는 가정하에 표상과 세계의 대상 간의 관련성을 파악해 왔다. 상황적 인식에 관한 이론에서는 활동과 지각이 비개념적 수준에서 개념화보다 중요하며 인식론적으로도 우선된다는 인식에 바탕하여 활동과 지각 문제에 연구의 초점을 더 맞춰야 한다는 점을 제기한다. 세계의 일차적 질서인 활동과 지각을 다루는 인식론에서는 개념적 표상에 의한 매개라는 지시성에 관한 고전적 문제를 간단히 해소한다.

결론적으로 말해, 우리는 활동에 대한 중요성과 학습을 문화화의 관점에서 바라볼 때 많은 일상적 교육 실천이 부적절한 인식론의 희생물이었다는 것을 알 수 있고, 새로운 인식론에서 어떻게 학습을 향상시킬 수 있을 것인가에 대한 중요한 단서와 교육에 대한 전적으로 새로운 관점을 발견할 수 있다(Brown et al., 1989, p. 41).

상황학습론은 지식과 앎의 원천으로서 활동과 상황 맥락이 교육학 연구에서 우선 관심사라는 점에 주목하게 하는 데 상당한 공헌을 하였다. 우리가 재차 의문시할 수 있는 것은 상황적 활동이 무엇인가 하는 점인데, 일반적으로 상황성은 우리의 행위와 연계되어 있기 때문에 사용자나 행위자는 이를 별 의문 없이 즉각적으로 알 수 있다. 가령, 대화 가운데 이, 저, 오늘, 내일, 그 사람, 이때 등의 맥락 지시적 표현들을 사용하는 것은 이를 잘 나타낸다. 이들 용어의 의미는 사용 맥락 안에 비추어 비로소 이해 가능하다. 이는 단지 맥락 지시적 표현들에 국한되지 않는다. 모든 언어의 경우 그 의미는 항상 비결정적이어서 제 사용 맥락에 비추어서만 제대로 이해 가능하다. 지식의 경우는 언어의 이러한 측면과 다름없다. 하나의 개념은 실제 그 사용 맥락을 통해서만 그 의미가 제대로 파악될 수 있다. 어떤 환경에서 되풀이하여 지속적으로 나타나는 측면들의 경우, 이는 그 안에서 행위가 발생 · 반복되는 순서를, 깁슨(Gibson, 1979)의 표현대로 '어포던스' 한다. 이런 경우는 행위의 맥락 지시성이 구조화된 상태를 일컫는 것으로, 일상(routines)과 같은 것이 그에 해당된다. 이와 같이 상황학습론은 지식이나 기억 등이 사람의 머릿속이나 신체 내부가 아닌 상황적 환경 안에 담겨져 있다는 점을 드러낸다. 브라운 등(Brown et al., 1989)은 다음과 같이 주장했다.

> 학습이 일어나는 활동과 맥락은 학습에 대하여 교육적으로 필요한 것이나 단지 배우는 내용과는 구분되는 중립적인 것이라는 점에서 부차적일 뿐이라고 파악할 수 있다. …… 그러나 지식이 발전하고 사용되는 데에 있어서 활동은 학습이나 사고 인식과 구분되거나 부차적인 것일 수 없다. 더욱이 활동은 중립적이지도 않다. 거꾸로 활동은 우리가 배우고 있는 내용의 일부이다. 우리는 활동을 통해 상황들을 구성해 가면서 지식을 생산해 낸다고 말할 수 있다. 이렇게 보면 학습과 사고 인식은 근본적으로 상황적이라 할 수 있다 (Brown et al., 1989, p. 32).

상황학습론은 우리가 학습이라고 일컬을 때 개인의 지식 또는 기술 습득 이상의 의미가 있음을 알려 준다. 즉, 우리가 학습한다는 것은 '사실상' 일종의 문화적 실천의 양상에서 벗어날 수 없다는 것이다. 상황학습론은 이러한 관점에서 학교교육론의 파행적 성격을 논의하는데, '지식 습득'과 같은 학습에 대한 기능주의 신화가 현재 학교교육의 실천 자체이기도 하지만 학교교육이 다시 그 신화를 재생산하는 기제 역할도 담당한다고 본다(Lave, 1990).

상황학습론에서는 비서구 사회나 전통 사회의 일상적 실천에서 발견할 수 있는 도제식 교육 형태에서 관찰된 바들을 토대로(Becker, 1972; Lave & Wenger, 1991), 실제 활동(authentic activity)의 처방을 제시한다. 여기서 말하는 실제 활동은 해당 실천공동체, 어른들의 직업 세계의 실천 양식, 즉 문화, 가령 수학자, 작가, 역사학자, 경제학자, 미술가의 공동체 문화 등을 가리킨다. 지식의 구조를 계열화하는 것이 아닌, 실제 활동의 환경 조성, 가령 공동체 내부 구성원 간의 상호작용, 실천공동체 간(예: 학교 학생들의 공동체와 대학 수학자들의 공동체 간)의 네트워크 구축, 시뮬레이션 설계 등이 실제 활동의 처방으로 제시된다.

로고프(Rogoff, 1988)와 같은 심리학자는 아이의 인지 발달 역시 암묵적이며 친밀한 협력에서 나오는 도제(apprenticeship) 성격에 가깝다고 보았다. 그에 따르면 아이들은 어떤 도구의 사용법을 그 사물 자체의 어포던스, 즉 사용 유도적인 속성을 통해서보다는 어른이나 마스터와의 암묵적인 협력을 통해서 익힌다. 그는 아이의 인지과정 역시 도구의 사용만큼 그에 앞선 도구 사용자와의 상호작용에 참여하면서 발달한다는 점을 주장하면서 아이들의 인지 발달이 소위 '인지적 도제' 과정이라고 규정하였다. 인지과정 역시 도구의 터득과정과 다르지 않고 타자와의 협력과 상호작용이 중요하게 개입되어 있다는 점을 보여 준 것이다. 사회구성주의라고도 일컫는 현대 교육이론에서 도제 모형은 크게 각광받고 있다. 학습자들의 학습 경험이 말로 전달될 수 없고 우리 행위와 지각이 구성해 내는 패턴이나 방식을 모델링하고 코칭을 하면서 공유할 수 있는 암묵적인 경험과 같은 성격이라는 점을 보여 준 것이다.

2. 상황성에 관한 이분법적 논리의 한계

여기에서는 상황학습을 이해하는 두 가지 관점을 제시하고 그에 대한 비판적 관점을 검토해 보고자 한다. 이는 이 장에서 제시하고자 하는 새로운 패러다임으로서 탈이분법적 상황학습을 이해하기 위한 전제가 될 것이다.

1) 지식의 내면화 과정으로서 학습과 환경적 조건으로서의 상황

상황학습을 이해하고 프로그램 설계에 접근하는 하나의 관점은 지식이나 기술을 구체적인 상황에 적용하고 이를 통해 지식을 내면화하는 학습의 과정으로 보는 관점이다. 여기에서 '상황(context)'이란 학습자의 내적 과정을 돕기 위한 다양한 외적 변인으로서, 학습자는 이러한 상황 맥락 안에서 지식을 구현해 봄으로써 자기 내부의 정신 능력을 함양할 수 있다. 이는 일반적으로 상황학습이라고 일컬을 때 인지적 사고의 결과인 지식의 체계를 그것이 사용되는 다양한 맥락에 적용시켜 보는 것이며, 이러한 과정이 행동과 인지의 산술적 종합으로서 하나의 일반화된 지식으로 종합되도록 하는 경험적 학습의 과정이라고 생각하는 방식을 의미한다. 이와 같은 상황학습 기반 교수-학습의 설계 방식은 다음과 같은 특성을 전제로 하고 있다.

첫째, 상황학습에서 상황이란 지식의 적용을 위한 다양한 학습의 외적인 환경과 맥락이다. 따라서 교사와 학습자, 과제, 수업 상황 등의 변인을 상황의 요소들로 세분화하여 그것들의 복잡성과 실제성을 어떻게 맥락에 반영시킬 수 있을지에 대하여 고민한다. 이러한 관점에서는 인위적으로 고안된 단순한 과제가 아닌 복잡하고 다양한 실제적 현실 세계와 같은 맥락의 중요성을 강조한다. 따라서 교실과 같은 학습의 장면이라는 제한된 환경 속에서도 가급적 지식이나 기능이 사용되는 실제적인 맥락을 함께 제시함으로써 학습자들이 비구조화된 문제, 답이 없는 열린 문제를 경험할 수 있도록 한다는 목적을 갖는다.

둘째, 지식이나 기술의 적용 맥락으로서 상황을 전제로 하는 상황학습 기반 수업은 단계별 절차에 따른 학습의 과정으로 설계 가능하다고 본다. 이러한 연구들은 대체로 문제해결을 위한 합리적 사고의 과정으로 학습목표의 설정과 변인에 대한 분석에 따른 계획하기 단계, 지식의 내용이나 구조적 측면에 따른 구체화하기 단계, 구체적 지도나 활동을 통해 문제해결 과정에 참여하는 실천하기 단계, 문제해결 방식에 대해 공유와 평가 및 피드백하기 단계를 제시하고 있다.

셋째, 상황학습 기반 수업의 설계는 학습자 중심의 수업을 목적으로 한다. 상황학습 기반 수업을 실시할 경우, 학생들의 수업 참여가 활발해지고 이와 함께 학생들의 능동성이 커지며, 교사의 수업 참여 방식도 달라진다. 이러한 연구들에서 교수자의 역할은 학습자들에게 지식을 적용할 다양한 맥락을 제공해 주는 것이며, 학습자들은 이러한 상황 맥락을 능동적이고 적극적으로 경험해 나감으로써 스스로 재구성해 나가는 것이 중요하다. 이러한 학습 설계는 대표적인 예로서 문제기반학습, 프로젝트 학습, 협력학습, 시뮬레이션 학습 등의 방식을 통해 제시되곤 한다. 이러한 경우 대부분 다양한 문제기반 학습(problem-based learning)의 환경을 학습자의 능동적이고 자기주도적인 태도를 바탕으로 경험하고 이를 통해 문제해결력이나 창의성, 감수성 등과 같은 고등 정신 기능을 함양하는 것을 목적으로 한다.

결국 이러한 관점에서 상황학습 기반 수업의 설계는 지식이나 기능을 인지적인 측면에 국한시켜 추상적으로 이해하는 것을 넘어서 실제로 특정 맥락에 적용하는 구체적이고 다양한 사례에 적용시켜 봄으로써, 교수자 중심의 지식 전달 수업에서 벗어나 삶의 맥락과 괴리되지 않는 실제적인 문제를 제공하여 학습자가 자기주도적으로 학습을 구성해 내면서 능동적인 문제해결력을 기르는 데 도움을 줄 수 있도록 한다.

2) 실천공동체와 사회적 참여

다음으로, 상황학습을 이해하는 또 다른 패러다임으로서 '사회적 참여'를 강조하는 관점이 있다. 이는 '해석적 관점(interpretive view)'이라고 정의하기도 한다(Lave, 1993). 이러한 관점은 학습자의 사회적 참여과정 자체가 학습이라는 입장인데, 이는 주체와 사회적 세계의 교섭에 의하여 생성된 사회적 양식이 학습의 대상이며, 이것이 사회적 교섭을 통해 습득되는 것을 상황학습이라고 보았다. 이러한 관점은 상황학습론의 개념을 설명하기 위한 은유적 도구로 자주 거론되는 실천공동체에 관한 논의 가운데 확인할 수 있다.

'실천공동체'는 구성주의 개념이나 상황학습에서의 참여 방식을 설명하기 위한 하나의 개념적 도구로 제시된다(Lave & Wenger, 1991). 실천공동체는 관심의 영역을 공유한 구성원들 사이에 형성된 관계를 바탕으로 특정한 실천 양식을 공유한 사람들의 집단을 의미한다. 예컨대, 매뉴얼, 표준 작동 절차 혹은 공식적으로 배운 것들을 참고할 수 없었던 제록스 복사기 정비사들에 대한 연구는 지식은 전수되는 것이 아니라 함께 구성해 가는 것임을 보여 준다. 정비사들의 실천은 그들 간의 이야기를 공유함으로써, 그리고 함께 문제를 해결해 감으로써 어떻게 복사기를 고칠 수 있을 것인지에 대하여 매뉴얼을 통해서보다 잘 이해할 수 있다는 사실을 보여 준다(Orr, 1990).

이러한 관점은 학습자들에게 전문가 혹은 연구자들이 생성한 지식을 전수한다는 교수주의적(instructive) 설명을 반박한다. 즉, 학습의 대상이자 분석의 단위로서 지식이란 개인의 머릿속에 있는 것이 아닌 공동체 구성원들이 공유하는 실천의 양식이라는 점을 강조한다. 이와 관련하여 콘스탄트(Constant, 1987)는 '실천'과 '공동체'의 조합이 지식을 설명하는 최소 단위라고 주장한 바 있다. 그는 실천을 위한 공동체가 지식 연구의 타당한 분석 단위가 될 수 있음을 설명하면서, 이를 위하여 고려해야 할 세 가지로 지식의 소유자로서의 회사 혹은 조직, 사회 기술적 시스템, 문화적 지식을 제시한다. 이러한 공동체 실천의 성격을 규정하는 요인들이 공동체의 실제적 맥락을 구성하면서 지식은 공동체 내에서의 실천과 동일시된다. 레이브와 웽거(Lave & Wenger, 1991) 역시 실천공동체는 "지식의 존재를 위한 내적 조건"이라고 언급한 바 있다. 이러한 논의들은 실천공동체에의 참여 자체가 실천 양식의 습득으로서 필수불가결한 상황학습이라고 해석한다. 즉, 공동체의 구성원들이 형성하고 있는 실천의 양식이나 활동의 체계가 존재하며 이것이 공동체에 참여함으로써 한 개인에게 전수될 수 있다고 보는 것이다.

실천공동체에 관한 이러한 논의는 시간이 지남에 따라 설명적인 것(Lave, 1988; Lave & Wenger, 1991)에서 처방적인 것(Wenger, McDermott, & Snyder, 2002)으로 진화해 왔다. 이러한 변화는 상황학습의 논의들이 제도적 차원의 논의들로 활용되어 감에 따라 이론적 논의를 넘어서 지식을 관리하고 확산시키기 위한 실질적인 처방의 한 가지 양식으로 기대되면서 비롯된 것이다. 그리고 이러한 요구는 경험과 참여라는 실천의 양식이 무엇일지에 대한 논의로 이어졌으며, 이것은 참여의 양식을 모델링하고 현장에 확산시킬 수 있는 제도화의 작업들로 귀결되어 왔다. 이러한 논의들은 학교뿐만 아니라 일터학습이나 조직학습, 인적자원 개발 등의 영역에서 주로 다루어지면서 지식의 창출과 확산을 다루는 다양한 분야에서 활용되어 온 바 있다(양흥권, 2011).

실천공동체의 개념이 이처럼 확장되어 사용됨에 따라, 그 개념은 종종 두 가지 방식으로 변형되어 활용되었다. 한 가지 방식은 공동체의 조직자들 간 상호작용 과정에서 자연스럽게 나타나는 본질적인 현상을 명시적으로 만들어 내고 발전시키는 것이며, 또 다른 방식은 실천공동체의 인류학적이고 사회적인 측면들에서 벗어나 외적 표상들과 명시적 규칙들을 통해 실천공동체가 조성되도록 하는 것이다. 이 역시 실천공동체가 교수 전략으로 활용되어 감에 따라 일어난 변화라고 볼 수 있다. 이러한 실천공동체의 개념은 '지식 네트워크' '학습공동체' 등의 용어와 혼용되기도 하는데, 이러한 개념들을 뒷받침하기 위한 공동체의 특성으로 '연결성(connectivity)'과 '제도화

(institutionalization)'라는 두 차원을 제시한다(Andrissen, 2005).

이처럼 실천공동체에 관한 기존의 연구들은 그 범주에 다소간 차이를 보이더라도 학습의 과정이 일어나는 데 공동체라는 실체가 필요하다는 사실에 주목한다. 따라서 이러한 연구들은 실체화된 대상으로서 실천공동체의 구성 요소와 각 요소들 간의 관계를 변인으로 설정하여 관련 관계를 분석하는 데 집중한다. 즉, 상황학습을 위한 매개물로서 실천공동체를 상정하고 이를 통해 지식을 확산시키고 활성화시킬 수 있을지에 대한 방안들에 관심을 두고 있다.

허스트의 사회적 실제와 교육 내용

초등교육에서 고등교육에 이르기까지 모든 단계의 교육은 사회적 실제를 중심으로 이루어져야 한다고 보는 허스트(Hirst)의 교육관에서 모든 교육 내용은 당연히 사회적 실제가 된다. 그는 다양한 사회적 실제를 몇 가지 기본적인 영역으로 구분하는 것이 일차적으로 중요하다고 보고, 여섯 가지 기본적인 사회적 실제의 영역을 필수적 교육 내용으로 제안한다. 그것은 ① 자연 세계에 대처하는 것과 관련되는 실제(운동 기능, 음식, 건강, 가사 활동 등), ② 의사소통 실제(읽기, 쓰기, 말하기, 수 등), ③ 개인적 · 가족적 생활과 관련되는 실제, ④ 광의의 사회적 실제(경제, 법, 여가 등), ⑤ 예술과 디자인 실제(문학, 음악, 그림, 조각 등), ⑥ 종교적 신념과 기본적 가치와 관련되는 실제이다. 허스트는 이들 여섯 가지 기본적인 사회적 실제의 영역은 초등교육과 중등교육 단계에서 모든 학생이 탐색하고 다루어 볼 폭넓은 기회가 필수적으로 주어져야 하며(Hirst, 1993b, pp. 35-36), 고등교육 단계는 중등교육 단계에서 학생들이 선택한 실제를 전문적 형태로 발전시키는 단계가 되어야 한다고 본다. 초 · 중등교육 단계에서 다양한 영역의 사회적 실제들을 다루어 본 다음에 자신의 욕구와 욕망을 최대한 충족시킬 수 있는 특정의 사회적 실제를 선택하고, 고등교육 단계에서 자신이 선택한 실제를 전문적 형태로 발전시키도록 한다는 것이다.

3) 두 가지 관점에 대한 비판적 고찰

상황학습론은 학습자들에게 실제적인 학습의 경험을 위한 맥락적 지식을 제공하기 위하여 '상황'을 지식을 전달하기 위한 부차적이고 주변적인 학습의 요인이 아닌 '지식'의 내재적 조건으로 다룬다. 다시 말해, 상황학습론에서 '상황'은 객관적으로 주어진 장소나 시간이 아닌, 참여자들의 인식으로 드러나고 인식에 영향을 미치는 일상적으로 구조화된 생활공간을 의미한다(손민호, 조현영, 2014). 이러한 관점에서 지식이나 기억은 사람의 머릿속이나 신체 내부에 존재하는 인지적 대상이 아닌, 상황적 환경 안에 통합되어 지각되는 총체적 대상이다. 그러므로 지식은 구체적인 상황 맥락을 근거로 구현되며 의미를 갖게 된다. 따라서 학습은 단순히 지식을 받아들이는 것만이 아닌, 개인이 그 지식을 사용하는 맥락 가운데 매우 구체화된 상황들에 기대어 의미를 부여하는 과정이다. 이것은 결국 상황학습에서는 추상적인 지식과 구체화된 경험의 통합이라는 맥락적 지식을 강조하고 있다는 것을 의미한다.

그럼에도 불구하고 앞서 제시한 두 가지 관점에서의 첫 번째 문제점으로는 여전히 '지식'이라는 인지적 사유의 산물을 학습의 대상으로 삼고 있는 점을 들 수 있다. 여기에서 '상황'이란 형식도야론이나 학습전이론 등에서 상정하고 있는 인지심리학적 전제를 암묵적으로 받아들이고 있다. 이러한 접근에서 학습이란 개인 내적 사고의 과정이며 그 외의 상황적 요인들은 그것에 영향을 미치는 외생적인 변인들로 간주되곤 한다. 결국 이러한 전제는 상황을 통제하거나 설계 가능한 영역으로 상정하도록 만들며, 이로 인하여 문제 해결 과정의 설계를 단순화한다(조현영, 2014). 이것은 문제의 실제성과 복잡성을 강조하는 상황학습의 기본적인 취지와는 상충될 수밖에 없는 논리적 모순을 야기한다. 뿐만 아니라 이러한 전제는 학습의 결과로 습득하게 되는 능력을 기억이나 지각, 상상, 추리 등과 같은 일반적 능력으로 환원 가능하다고 상정함으로써 전통적인 지식 전달 위주의 수업에 대한 비판적 관점이라는 이념적 역할을 넘어설 수 없다는 한계를 노정한다.

두 번째로 지적할 수 있는 문제점은 상황학습을 위한 참여를 타자와의 상호작용이라고 한정 지어 이를 위한 매개물을 상정하고 있다는 점이다. 학습 공동체와 같은 학습의 네트워크, 협동적 참여 등을 강조하는 연구들은 대체로 이러한 관점들을 기반으로 한다고 볼 수 있다. 이러한 관점에서는 지식의 창출과 재생산에 사회적 참여의 과정이 반드시 수반되어야 한다고 본다. 예컨대, 실천을 상황학습의 일환으로 보는 실천공동체에 관한 연구들은 실천공동체가 제도적인 경계를 갖고 있는 조직을 의미하는 것은 아니며, 같은 공간에 함께 존재하는 집단이라고 정의 내릴 수도 없다고 주장한다(Lave & Wenger, 1991). 그럼에도 불구하고 공동체 내에 공동체가 지닌 지식이나 실천의 양식이 존재한다고 보고 이를 분석하여 추출해 내기를 시도한다. 따라서 실천공동체의 특성으로 제시하는 '공동 업무' '공동 자산' '실천'이라는 세 가지 구성 요소와 '호혜적 관여'라는 하위 요소들의 특징들을 분절적으로 분석하고 각 요인들 간의 관련 관계를 분석하는 등 공동체의 암묵지를 명시화할 수 있다고 여긴다. 이러한 실천공동체에 대한 이해 방식은 학습의 요인이나 변수들에 대한 해석을 제공한다는 데에는 의의가 있을 수 있지만, 실제로 맥락화된 학습이 갖는 역동적인 학습의 장면을 평면적인 분석의 틀에 한정시켜 이해함에 따라 필연적으로 현상에 대한 피상적 이해에 그칠 수밖에 없다는 한계를 갖는다. 즉, 상황학습에 대한 해석적 관점으로서 제시한 이론적 개념들이 그것을 모델링하여 설계하는 관점으로 처방되고 고착화되어 버리면 그것은 다양한 실천의 장면을 하나의 구조화된 학습의 체계로 단순화하여 이해하게 만든다. 그 결과, 실천에 대한 분석과 설계는 흔적을 감춘 채 공동체라는 매개 기제에 대한 분석과 설계만 다루어진다.

[그림 4-1]은 상황학습 기반 교수설계의 전형적인 예로서, 학교 학습에서 문제기반학습의 교수설계이다.

○단원: 2. 원기둥과 원뿔
○주제: 회전체 및 회전체의 단면 알아보기(4~5차시)
○학습목표: 회전체 및 회전체의 단면을 이해할 수 있다.

학습과정	교수-학습 활동	시간
상황 인지 및 문제 파악	• 상황 제시하기: 다양한 음료수 병의 디자인을 보여 주고, 새로 출시되는 음료수 병 디자인 공모에 자신의 디자인 출품하게 하기 • 문제 확인하기: 공모전에 출품할 병의 디자인 조건 및 공모전 출품 양식 확인하기	10분
문제해결 방안 탐색	• 문제해결 방안 탐색하기: 해결해야 하는 문제를 확인하고 모둠별로 문제를 해결하기 위한 절차를 모색하여 문제해결 방법 찾기	20분
문제해결	• 문제 해결하기: 모둠별로 공모전 출품 양식에 따라 디자인과 모형 발표하기 • 개념 확인하기: 병 디자인의 앞, 뒤, 옆면 그림 중에서 회전체의 단면에 속하는 것이 무엇인지 찾아보고, 회전체의 단면이 무엇인지 이해하기	35분
피드백	• 피드백하기: 내가 만든 병에 대해 장점을 살려 발표하며, 다른 사람이 만든 병의 장단점을 찾아보거나 잘못된 점을 찾아 고치기	15분

그림 4-1 문제기반학습의 교수설계 사례

이러한 교수설계는 학습목표인 회전체의 이해를 위하여 참여를 위한 학습의 상황으로서 병의 디자인이라는 문제해결 과정을 동원한다. 그런데 여기에서 교수설계는 활동의 내용과 활동의 소요 시간을 제시하는 것 이상의 것을 제공하고 있지 않다. 과연 [그림 4-1]과 같은 병의 디자인이라는 교수-학습 활동이 회전체의 이해라는 교수목표의 달성으로 자연스럽게 이어질 수 있을까? 또한 기존의 전통적인 지식 전달 수업 방식이 아닌, 이와 같은 직접 참여 활동이 수반된 학습이 상황학습의 본래 취지를 구현하도록 하는 전제가 될 수 있을까? 이러한 물음들은 수업의 질과 학습자의 학습 경험을 결정하는 것은 결코 거시적인 상황 맥락을 제공하는 것이 아니라는 점을 상기시킨다. 다시 말해서, 이러한 기존의 교수설계는 수업을 통해 교수자가 의도한 학습

목표에 도달하기 위해서는 거시적인 맥락으로서 수업 상황을 제시하는 것 이상의 학습을 유도하는 미시적 교수설계가 필요함을 시사한다.

앞서 제시한 교수설계가 하나의 상황학습 기반 수업 설계가 되기 위해서는 학습의 단위로서 실천이라는 개념의 속성을 이해하고 미시적인 교수설계에 반영하고 고려해야 할 실천의 원리를 숙고할 필요가 있다. 따라서 이 논의에서는 이러한 상황학습 기반 설계를 위한 원리를 제시하기 위하여 상황학습의 학습 단위로서 실천의 의미와 이러한 실천이 갖는 두 가지 속성으로서 '비매개적인 행위의 직접성(unmediated direct-actions)'과 '비선형적 시계열성(non linear temporality)'에 대하여 설명하고자 한다. 이 두 가지 논의에서 전자는 상황학습에서 학습의 내용 혹은 대상으로서 학습자의 상황성이 갖는 의미의 측면에 대한 설명이 될 것이며, 후자는 학습의 방법이나 순서에 대한 설명이 될 것이다.

최근의 교수-학습 논의에서 흥미로운 사실은 학교 교수-학습 설계에서 실제 일의 경험을 반영하고자 한다는 것이다. 학교 밖 경험을 학교 학습에 반영하고자 한 것은 어제 오늘만의 일은 아니어서 크게 놀랄 일이 아닐 수도 있다. 더욱이 전통적으로 교육과정 설계에서 중요한 관건은 일의 세계 또는 사회 세계를 학교 교육과정에 반영하는 것이었다. 물론 여기에는 큰 차이가 있는데, 최근 관심은 교수 요목을 지식이나 경험을 분절화하여 다루고자 한 과거와는 달리 실제 일의 경험과 연관 지어 교수-학습 과정에 반영하고자 하는 데 있다.

학습학(learning science)으로 명명하기도 하는 영역에서는 실제 경험과 전문적인 일에 대한 학생들의 이해를 기반으로 하여 교수-학습의 문제에 접근한다. 이러한 접근법은, 예컨대 백워드 설계의 이론적인 전제에서도 그대로 반영되어 있다. 백워드 설계에서 중요하게 등장하는 지식이 터득되어 활용되는 상태, 즉 전이된 상태의 지식, 소위 '일반화된 지식'에서 염두에 둔 상황은 종래의 용어로 바꾸어 말하자면 '학문적 탐구'가 아닌 '전문가의 일'이다.

학문적 지식이 아닌 전문적 지식을 학습의 핵심 대상으로 삼고 있다. 양자 간의 차이에 관해서는 지면 한계상 여기서 자세히 논의하기 어렵다. 다만, 거기에는 지식과 노동이 서로 구분된다고 보았던 시대의 지식관이 아닌 양자가 서로 지식노동(knowledge work)으로 전환된 양식을 갖춘 시대의 지식관이 반영되어 있다. 어떤 일에서든지 그 일이 성취하게 되는 합리성은 명시지와 형식적인 논리가 아닌 암묵지와 인적·물적 네트워크에 참여하고 그 과정에 관여하는 방식을 기반으로 하여 나온다. 예를 들어, 1970~1980년대까지만 해도 과학학에서는 과학이란 무엇인가 묻는다면 그것이 지식의 구조와 탐구 방법이라는 데 이견이 없었다. 그러나 최근에는 누구도 과학을 그렇게 협소한 의미와 영역으로 규정하지는 않는다. 거칠게 말하면, 최근 과학이란 자연 세계라는 객체를 대상으로 한 인적·물적 네트워크를 둘러싼 다양한 실천의 총합을 가리킨다.

3. 실천으로서의 상황학습

1) 상황에 대한, 상황 안에서의 행위로서의 실천

실천주의 관점으로서 상황학습에 대한 논의에 앞서, 실천(practice)이 가진 일반적 의미를 이해하는 것은 기존의 상황학습론이 갖고 있던 한계와 대안적 관점으로서 실천의 관점이 가진 의미에 대한 교량으로서의 역할을 할 수 있을 것이다. 먼저, 사전적 의미에서 실천이란 생각한 바를 실제로 행하는 것이라고 정의한다. 또한 영어로 practice는 '연습하다 혹은 실습하다'라는 의미를 갖기도 한다. 이러한 사전적 의미와 크게 다르지 않게 일반적인 의미의 실천 역시 지식이나 관념, 생각이나 계획을 행위로 옮기는 과정으로 여겨진다. 또한 실천은 연습의 의미도 띠고 있어서, 예컨대 피아노 연습에 관해 떠올려 본다면 그것은 연주하고자 하는 곡을 수차례 반복적으로 몸에 익힘으로써 지식을 체화하는 과정으로 생각할 수 있다.

한편, 지식이나 학습, 더 나아가 사회 세계 또는 문화 모두 실천의 산물이라고 보는 관점을 총칭해서 실천이론이라고 한다(Gherardi, 2012; Nicolini, 2012; Schatzki, 2001). 실천이론으로 분류되는 각 이론들은 여기서 일일이 언급하기 어려울 정도로 광범위하고 각 이론에서 드러내는 실천의 의미는 동일하지 않다. 그렇지만 실천은 대체로 몸과 마음, 객체와 텍스트, 에이전시와 시스템, 이론과 행위가 함께 어우러져 이루어지는 인간사의 양상을 가리킨다. 다양한 의미 가운데 상황학습론과 관련해서 실천의 특성을 요약하자면, 실천은 규칙을 따르기보다는 상황 즉각적이고 변주적인 성격이 강하다. 즉, 여기에서 말하고자 하는 실천이란 지식이나 규칙을 따르는 행위로만 설명할 수 없는 매우 능동적이고 적극적인 추론과 사고가 반영된 과정이다.

실천의 과정에서 동원되는 추론과 사고란 어떠한 방식을 의미하는 것일까? 먼저, 사고와 행위는 근본적으로 그것의 운영 방식에 있어서 차이를 갖는다. 사고의 과정은 어떠한 외적 변수에 영향을 받지 않는 내적 심리과정이다. 더구나 개개인이 현상을 이해하고 해석하는 방식은 매우 개별적이다. 반면에 사고의 결과로서 행위가 타인과의 상호작용의 영역으로 떠오르는 순간, 그것은 개인의 머릿속에서 홀로 일어나는 인지적 사고와는 다른 행위의 속성을 갖게 된다. 개인 외부의 상황은 언제나 행위자 개인의 기대나 이해와는 무관하게 존재하는 영역이다. 따라서 행위는 언제나 예측할 수 없고 애매모호한 상황과의 부딪힘의 연속일 수밖에 없다. 뿐만 아니라 개인 내적 사고의 경우, 어떠한 문제에 부딪혔을 때 그에 대한 해결은 문제를 인지하는 것과 동시에 그 해결책까지 한꺼번에 떠오르기 마련이지만, 사고가 행위로 옮겨지는 과정은 한 번에 하나씩 사고한 바를 적용시켜 나갈 수밖에 없는 절차적 과정이다.

이러한 행위의 속성들은 독특한 실천 방식을 만들어 낸다. 전언한 바와 같이, 하나의 현상이나 사건에 대한 이해와 해석의 차이에도 불구하고 우리는 서로 동일한 의미를 교환하고 있는 것처럼 행위를 이어 나간다. 이것은 서로의 다름에 대해 성찰하고 회의적 사유를 유보한 채 행위를 이어 나가는 매우 실제적이고 실용적인 목적에 근거한 방식이라고 볼 수 있다. 그런데 이렇게 유보된 의심은 시간의 흐름을 통해 실천을 이어 나가는 과정 속에서 맥락의 엮음이라는 행위의 흐름(flow)을 통해 상황적 의미의 합의에 도달하게 된다. 즉, 우리의 상호작용 과정이 결코 동일한 의미의 주고받음이라는 당연하고 자연스러운 현상이 아니라 오히려 적극적이고 지속적인 애씀(effort)을 통한 공조 작업의 결과라는 것이다. 그리고 여기서 획득한 상황적 합의는 어디까지나 그 상황 맥락이라는 근거를 통해 합리성을 띠게 될 뿐 보편타당한 성질의 것이 아니다. 다시 피아노 연습의 상황을 상기해 보자면, 하나의 곡을 피아노로 연주하는 방식은 매번 같을까? 실천 당사자 관점에서 보면 그가 그 실천에 임하게 되는 경우는 매번 새롭다. 예를 들어, 공연을 위하여 수천 번의 연습을 한다는 것은 아마도 다양한 상황 변수에 대비하고 그것들을 조율하여 가급적 안정적인 연주를 하기 위한 과정일 것이다. 그렇지만 연습실에서 수백 번 연습했던 곡조차도 연주회에서 사용하게 될 악기의 상태나 공연장, 관중의 상황 등을 고려하여 매번 임할 때마다 새롭게 변주되는 것은 유능한 연주자일수록 필연적으로 고려해야 할 사항이다.

이처럼 어떠한 지식이나 규칙도 현장의 생성적이고 우연적인 속성을 배제한 채 실천으로 이어질 수는 없다. 그렇다면 실천의 과정이란 지식의 적용이라는 해석과 더불어 상황적 운용이라는 논의가 함께 이루어져야만 한다는 것에 주목할 필요가 있다. 사실상 지식의 적용보다도 상황 맥락성에 대한 지각과 조율의 과정이 실천의 역동적인 측면을 더욱 명확히 해명해 줄 수 있다. 그리고 이러한 실천의 역동적인 속성이 프로그램 설계에 반영될 때 상황학습이 갖는 본래의 취지에 부합한 교수-학습이 가능할 것이다.

'배움의 공동체'로 잘 알려진 사토 마나부는 바로 이 포인트, 즉 학습 내용이 어떻게 실천의 성격을 갖는지에 관해 자세히 서술하였다. 배움의 공동체는 협력학습을 위한 수업 조직 방법으로 알려진 모형이다. 배움의 공동체 모형은 교수자-학습자의 역할이 교사와 학생으로 이원화된 전통적인 수업 조직 방법을 극복하기 위해 제기되었다. 전통적으로 교수 행위는 교사의 몫이며 학습자는 동질성을 갖는 동료 집단(cohort)으로 교사와 학생은 일대일 상호작용을 근간으로 해서 수업을 진행해 나간다. 배움의 공동체 모형에 따르면 이러한 전통적인 수업 조직 방법을 탈피하여 학생들 사이에서 교수-학습이 자유롭게 이루어질 수 있도록 하기 위해 학생들 사이의 상호작용 방법을 새롭게 조직해야 한다. 이 모형에서는 교수-학습이 교실 공간 어디에서나 누구에게서나 분산·편재되어 일어나야 한다고 보았다.

배움의 공동체 모형에 앞서서 사토 마나부는 지식에 관한 기존의 상식을 넘어설 수 있는 문제에 관해 제기한다. 학생들이 수학을 배우는 장면을 두고서 그는 '수학을 배우는 것인가(learning math)', 아니면 '수학하기를 배우는 것(learning doing math)'인가 묻는다. 통상적으로 보면 학생들이 수학 원리를 익히고 문제를 푸는 과정은 수학을 배우는 장면이다. 그러나 학생들이 좀 더 개입되는 장면, 예컨대 원리 이해를 위해 사물을 조작하거나 문제를 한 줄 한 줄 푸는 활동을 면밀히 살펴보면 그들은 원리를 실제로 깨닫기 위해서 사물을 조작하거나 변용하면서 원리를 찾아간다. 더욱이 그 과정에서 학생들은 자신들이 보고 하고자 하는 것들을 서로 조율하기도 하고 조정하면서 자신들의 이해를 공유해 간다.

사토 마나부의 doing teaching math TOGETHER, doing learning math TOGETHER는 상황주의 학습이론을 학교 수업에 정착될 수 있게 응용한 모형이다. 비록 그는 듀이(Dewey)나 비고츠키(Vygotsky)를 인용하지만, 사실 그들의 담론은 새로운 담론의 전초전이었을 뿐, 본격적인 전개는 상황인지론과 상황학습론이라는 새로운 학습이론에서부터이다. 애초부터 그들의 논의는 새로운 담론의 시작을 알리는 시그널 역할을 했을 뿐 본격적으로 전개될 수 없는 운명이었다. '배움의 공동체'라는 아이디어 또한 그 원형 이론인 실천공동체(CoP)가 상황학습이론의 한 관점으로 제기되었다. 상황주의 교육이론은 우리에게는 소위 사회구성주의 교육이론으로 더 잘 알려져 있다.

다음에서는 실천의 현장 생성적 속성을 염두에 두고 실천을 통한 학습이 어떻게 상황학습을 말하는지를 두 가지 측면에서 정리해 보고자 한다.

2) 실천을 통한, 실천으로서의 학습(learning by and as practice): 지식 학습에서 직접 행위의 문제

흔히 프로그램 개발에서 지식과 경험은 다른 층위의 교육 내용의 단위를 지칭하는 것으로 가정된다. 전자는 사고의 대상이고, 후자는 지각과 행위의 대상이다. 학습을 실천의 일부로 보는 관점에서 학습은 우리가 인지했든 그렇지 않았든 일상의 모든 실천 속에서 경험의 궤적으로 존재한다. 이는 학습이란 교수와 학습으로 규정된 의도적 활동을 넘어서 우리의 삶에 편재된 일상적 행위임을 의미한다. 기존의 학습에 관한 연구에서 상황은 어떤 일이 수행되는 배경이나 환경으로서 학습의 외생 요인으로 다루어지곤 하였다. 반면에 실천으로서의 학습의 관점에서는 상황이 학습의 외생 요인이 아닌 내생 요인으로서 학습의 결정적인 요인으로 다룰 필요가 있음을 강조한다. 그렇다면 상황이 학습의 내생 요인일 수 있다는 것은 무엇을 의미할까? 학습을 실천으로 바라보는 관점에서 이것은 '상황' 그 자체가 학습의 대상이며 학습의 과정을 의미한다(이정모, 2010).

상황주의 학습이론 중 하나인 활동이론에 따르면 지식을 체득한다는 것은 그것을 도구로 활용할 수 있도록 전유화(appropriation)하는 것이면서 동시에 객체의 질성(quality), 맥락의 결에 따라 지각과 행위가 이끌려 간다는 의미를 담고 있다(Engeström, Puonti, & Seppänen, 2003). 여기에서 지식을 체득한다는 것, 다시 말해서 학습이란 객체의 질성을 지각하고 그에 따라 상황적 조율을 하는 것의 결과를 의미한다.

이에 따르면, 상황에 대한 인식은 비매개화된(un-mediated) 정서적(emotional) 활동이다. 이러한 정서의 인식적 기능은 사실상 특정 대상에 대한 인식이라기보다는 그것이 사용되는 총체적인 상황에 대한 기대감이라고 볼 수 있다(Lave, 1988). 그런데 이러한 상황적 기대감은 앞서 언급한 바와 같이 인지적 측면이 작동되기 이전의 '선의식적'으로 인식되는 정서적 속성을 갖는다. 따라서 상황은 의미로 인식되지 않고 낯설음 혹은 익숙함, 질서 혹은 무질서로 인식되기 마련이다. 그런데 여기에서 낯설음과 부조화라는 것에 대한 판단의 기준은 '생각할 필요도 없이 자신이 주목하고 있는 상황'을 당연시하는 '자연적 태도'에서 발생하는 것으로 이는 일상의 생활 세계를 기반으로 한다. 이러한 일상적 생활 세계의 질서는 결코 선상황적으로 존재하는 것이 아니라 유동적이고 가변적인 상황에 붙박혀 상황 의존적으로만 존재한다. 여기서 상황에 대한 인식은 '세계에 기투된 양상(Da-sein)'으로서 한 개인에게 경험되는 시간 안에서 생성된다. 그리고 상황은 실천에 참여하는 한 개인에게 인식되는 지극히 개별화된 장면으로 경험된다. 따라서 각 개인에게 인지된 상황의 다양성은 실천의 과정 가운데 조율됨으로써 지식의 공유와 창출을 가능하게 한다(손민호, 조현영, 2014).

이러한 상황의 인지가 갖는 개별화된 속성은 상호작용 과정에서의 불확정성의 전제가 되어 추론과 행위의 과정으로서 실천의 실제적인 속성을 유발한다. 상황의 불확실성과 다양성에도 불구하고 우리 행위의 의미가 공유 가능한 것은 그것이 놓인 일상성에서 벗어남 없이 구체화된 상황으로만 의미가 전달 가능하다는 사실 때문이다. 예를 들어, 어린아이가 새로운 개념을 학습해 가는 과정에서 던지는 질문은 거기서 제시되는 대상이 성인들에게는 오히려 너무나 일상적으로 사용하는 것이기 때문에 그것이 내포한 의미를 언술화하여 설명하는 것에서 곤혹스러움을 경험하게 되는 경우가 있다. 만약 어린아이가 부모에게 "사람이 무엇인가요?"라고 묻는다면, 사실상 어린아이에게 사람이 무엇인지를 설명할 수 있는 방식은 생각보다 많지 않다. 결국 이를 설명할 수 있는 방법은 어린아이의 일상에서 사람이라는 개념이 사용되는 다양한 맥락을 제공해 주는 방식으로만 존재한다.

예컨대, '너도 사람이고, 엄마도 사람이고, 강아지는 사람이 아니다.'라는 방식의 설명 이외에, 생물학적 차이나 사람의 사회적 의미는 결코 아이에게 이해 가능한 것이 아니다. 아이에게 사람은 '엄마와 나는 사람이고, 강아지는 사람이 아니다.'의 의미로 존재한다. 이것이 아빠 혹은 고양이가 사람인지 아닌지의 문제로 전이될 수 있는지의 여부는 장담할 수 없는 문제이다. 아이는 이러한 설명 방식을 통해서 '사람'에 대한 개념의 일면을 학습할 뿐이다. 다시 말해서, 아이가 학습한 것은 사람이라는 개념이 사용되는 맥락인 것이다. 결국 아이와 성인이 갖는 사람의 개념 차이는 '사람'의 개념이 사용되는 맥락에 대한 경험의 차이에서 발생한다.

그렇지만 아이는 자신이 사람이라는 의미를 이해했다고 생각할 것이며, 그것이 결코 대상에 대한 의미의 일면이라고 생각하지 않는다. 왜냐하면 아이는 부모의 설명이라는 절대적인 지식 자체에 대해서는 어떠한 의문이 들지 않을 만큼 충분히 이해하였기 때문이다. 이와 같은 어린아이의 학습은 우리가 새로운 대상의 개념을 학습하는 방식과 별반 다르지 않다. 우리는 그것이 아무리 고차원적인 지식일지라도 결국 무엇인가 내가 아는 것을 기반으로만 다른 개념을 이해할 수 있다. 여기에서 내가 아는 것과 모르는 것의 차이는 지극히 개인의 주관적인 정서의 문제이다. 즉, 기존에 갖고 있던 대상에 대한 질서 가운데 대상이 인지되어 혼란이 없다면 내가 알고 있다고 느끼는 것일 뿐, 결코 그 자체가 가진 온전한 지식의 의미 체계를 독립적으로 상정할 수는 없는 것이다. 결국 이는 대상에 대한 지식이 인지적 이해의 문제라기보다는 대상에 대한 지각과 감정이 동반된 개인이 경험하는 상황에 대한 정서적 합의의 문제라는 것을 말해 준다고 볼 수 있다.

이처럼 지식의 공유가 직접적인 경험을 기반으로 한다는 사실은 학습 혹은 의미와 지식의 창출이 지식의 구조에 근거한다는 교육과정적인 전제에 대한 재고를 요청한다. 즉, 전통적인 교육과정 관점에서는 학습이란 지식의 전달이자 내면화의 과정이며, 이를 통한 외재적 학습목표의 달성을 말한다. 이러한 전제는 설사 경험이나 체험이 수반된 과정일지라도 그것이 지적 작용을 위한 수단일 뿐 학습의 본질적인 의미로서는 충분하지 못하다고 여긴다. 반면에, 실천주의 관점에서 학습은 상황에 대한 구체화된 경험들로서 대상에 대한 지각적이고 정서적인 측면을 가리킨다. 따라서 여기에서 학습은 실천의 과정으로서 경험된 지식에 대한 인지적 공유뿐만 아니라 지각된 대상에 대한 정서적 합의라는 학습의 결과로 존재한다.

3장에서 언급한 소크라테스와 노예 소년의 대화는 학습자 스스로 지식에 접근하도록 하는 방식으로서 '간접 교수법' 또는 '탐구를 통한 교수법'을 보여 주는 전형으로 알려져 왔다. 그런데 이러한 과정은 인지적 활동에 매개시키기 위해 지식에 간접적으로 접근하는 방식이라기보다는, 오히려 교수자의 말이나 질문과 학습자의 지각과 대답이라는 매우 직접적이고 가시화된 상호작용의 경험을 통한 학습의 과정이라고 볼 수 있다. 여기에서 학습자가 앞에서와 같은 과정을 통해 피타고라스의 정리의 의미를 얼마만큼 이해했는지는 사실상 확인 불가능한 개인 내적인 작용이다. 그렇지만 적어도 실제로 일어난 것은 교수자와 학습자가 함께 만든 맥락 가운데서 주어진 상황을 조율하고 타협해 나감으로써 지식의 전달이라는 목표에 도달하는 것이다. 행위자의 실천에 따라 생기는 맥락의 질성은 이해의 대상이기 이전에 지각과 행위의 대상이기 때문이다. 만약 지식과 경험 그리고 지적 경험과 실제 행위 간의 구분이 타당하지 않다면 그 설계에의 접근 또한 달라져야 할 것이다.

3) 실천을 통한 학습에서의 비선형적 시간성: 계열성의 문제

교육 내용의 배열은 계열성의 원리를 따른다. 전통적으로 교육이론에서 계열성은 크게 지식의 구조에 따르는 논리적 계열성과 학습자의 발달 순서에 따르는 심리적 계열성으로 구분하여 다룬다. 학습의 내용을 선정하거나 조직할 때, 학문의 구조나 학습의 위계에 따른 계열성을 바탕으로 한 내용의 조직 방법은 브루너(Bruner, 1960)의 나선형 교육과정 혹은 브리그스(Briggs, 1968)의 위계 구조 등을 통해 잘 알려져 있다. 이러한 주장은 학습의 과정에는 논리적 순서가 존재할 것이라는 전제를 기반으로 한다. 듀이는 학습의 과정을 논리적 방법과 대비하여 심리적 방법에 더 가까운 것으로 설명한 바 있다. 그는 심리적 방법이란 지식에 도달한 방법을 그대로 따라가면서 가르치는 것이라고 설명하면서, 이러한 순서로 학습할 때에 학습자가 그 지식을 다루는 힘을 갖게 된다고 보았다.

실천의 과정에서 의식의 흐름은 시간의 전개에 따라 매우 실제적으로 유발된다. 흔히 학습의 과정에서 추론이나 행위를 이끌어 나가는 것은 행위자의 의식을 기반으로 한 인지적 표상이나 외재적 목표라고 여긴다. 따라서 시뮬레이션 학습이나 문제기반학습 등에서의 교수-학습 설계는 대체로 순차적이고 선형적인 구조를 가지며 논리적으로 접근하도록 맥락을 조직하여 제시하곤 한다. 학습에 영향을 주는 맥락이 가진 복잡하고 역동적인 구조들을 설계에 반영하고자 하는 설계 모형들에서도 학습은 논리적 계열에 따라 순차적으로 이루어져야 할 대상으로 보고 있다(박경선, 나일주, 2011).

그렇다면 실천이론에서 제시할 수 있는 계열성 또는 순서의 원리란 무엇인가? 그것은 문제해결의 흐름이 사고의 순서가 아닌 상황의 시간 순서에 따른 비순차적 행위의 계열성이라는 의미로 집약해 볼 수 있다(Macbeth, 2014). 레이브와 웽거(1991)는 이러한 상황학습의 실제적 과정을 보여 주기 위하여 도제식 학습의 장면을 보여 준다. 여기에서 학습이란 논리적 순서가 아닌 학습자의 관여에 따라 전개되는 시간적 순서에 의해 이루어지는 경험이라는 점을 보여 준다. 이는 학습의 위계 순서와 실천의 위계 순서 혹은 '학습 교육과정'과 '교수 교육과정'은 일치하지 않는다는 것이기도 하다. 도제들은 생산과정이 일상적으로 드러내는 순서와는 다른 순서로 활동 하나하나를 학습해 간다.

예컨대, 의복공의 도제학습 장면을 살펴보면, 그들의 학습과정은 결코 옷이 만들어지는 공정의 절차를 순차적으로 익히는 방식과는 다소 거리가 있다. 오히려 그들의 학습과정은 의복 생산 공정을 거꾸로 거슬러 올라가는 양상을 보인다. 옷의 실밥을 뗀다든지, 심부름을 한다든지, 다른 사람이 일하는 주위를 맴도는 듯한 주변적이고 부분적인 일들의 수행부터 시작한다. 이러한 순서는 업무가 가진 난이도 혹은 중요성에 따른 접근 이상의 의미를 갖는다. 단순하고 주변적인 업무는 전체 골격에 대한 조망이 가능하도록 함으로써 그 각각의 절차들 간의 연관성을 파악할 수 있도록 한다. 이러한 과정은 복잡하고 핵심적인 업무들에 대해 미리 간접적으로나마 자연스럽게 경험하도록 해 주며, 각각의 절차에서 행해지는 행위들이 연관성을 갖도록 해 준다. 결국 일의 실제적 절차는 시간적 전개 속에서 만나게 되는 수많은 상황적 요인의 연관성(relevance)을 중심으로 취해지거나 버려지는 선택의 대상들로 계열화되어 존재하면서 의미를 구성해 나간다.

이러한 학습의 실제적 시계열성(temporal sequence)은 학교 학습의 장면에서도 어렵지 않게 발견할 수 있다. 예컨대, 학생들의 수학 문제풀이 과정은 논리적 연산이라는 개인 내적 사고과정이라고 여겨지지만 학생들의 문제풀이 과정은 생각보다 훨씬 비논리적인 순서로 진행된다. 만약 유리수의 개념을 배우기 이전 단계에 주어진 수학 문제의 풀이과정에서 문제의 해가 정수로 나오지 않는다는 것은 그 과정에서 무언가 오류가 있었음을 의미하게 된다. 또한 반복된 문제풀이 과정과 그 틀이 미리 주어져 있는 평가의 양식은 주관식 문제의 답조차 '0' 또는 '−1'과 같은 형태로 도출된다는 사실까지도 학습시킨다. 그런데 풀이과정상 이러한 답이 나오지 않거나 풀이가 너무 길거나 복잡하게 전개된다면 문제풀이는 다시 처음으로 돌아가 익숙한 형태의 수의 해가 나오도록 재조정된다.

이는 학생들의 수학 문제풀이가 수학적 논리라는 연산 능력과 함께 익숙한 문제풀이 방식에 견주어 실천을 전개시켜 나가는 행위 유도성인 측면으로 존재한다는 사실을 보여 준다(Pea, 1997; Schoenfeld, 1998). 실제 풀이의 과정은 결코 수와 기호라는 표상의 해석과정에 기반을 둔 논리적 순서에 따른 방식이 아니라 문제풀이의 전형에 자신의 행위를 꿰어 맞추기 위하여 매우 실제적으로 상황 요인들을 취하고 버리는 방식을 활용한다. 이처럼 상황적 추론과 실제적 행위들은 이전의 경험이나 습관, 암묵적인 약속이나 상식 등과 같은 의식의 기저에서 작동하는 기대감에 의하여 상황적으로 조율된다. 즉, 상황에 대한 기대감은 우리 행위의 테두리로서 작용하며 행위의 연관성을 부여하는 구조화의 원천으로서 작용한다. 그것은 행위자의 이전 경험에서 비롯된 막연한 결과에 대한 우려나 기대일 수도 있고, 바로 전 혹은 바로 다음에 일어날 일들에 대한 즉각적인 대처일 수도 있다. 이러한 행위들은 또다시 상황의 흐름 속에서 하나의 의미를 형성하기 위한 사건들로 의미가 부여된다.

요컨대, 실천주의 관점에서 시계열성이란 시간의 흐름 속에서 변해 가는 상황에 따라 그때그때 독특한 의미를 구성해 내는 상황 자생적인 속성이다. 이것은 상황학습이 결코 인위적으로 고안된 특정 상황이 가진 구조화된 사고와 행위를 재생산하는 학습의 과정이 아님을 의미한다. 이는 곧 문제해결 과정의 실제를 좀 더 실제답게, 그리고 현상학적인 표현처럼 '있는 그대로' 접근하려면, 추상적인 사고의 과정이나 논리가 아닌 상황 구속적인 실천의 과정이나 논리를 면밀하게 짚어 보지 않으면 안 된다는 것을 말한다. 다시 말해서, 상황이란 무한히 열린 학습의 대상임과 동시에 그것을 학습자 스스로 엮어 냄으로써 학습의 결과로 나타나는 성과물이다.

실제 문제해결의 과정은 낱낱의 사고나 조작 행위가 절차화되는 방식이 아닌, 상황이 시계열적으로 전개되는 순서와 같다는 점을 보다 쉽게 시각화하여 설명하기 위해서 리빙스턴(Livingston, 2007)은 퍼즐 풀이과정에 관한 구체적인 분석의 예를 들어 보인다. 하나의 퍼즐을 능숙하게 풀어 나갈 수 있기까지 풀이과정에서의 시행착오란 결국 퍼즐 조각들의 다양한 조합 방법을 경험해 봄을 의미한다. 퍼즐 풀이의 전개에서 그 성패를 좌우하는 것은 퍼즐 풀이의 절차를 어떻게 조율해 나가는지의 문제인데, 이러한 절차의 조율이 매번 다른 퍼즐 풀이의 의미를 구성해 내며 효율적인 문제해결 방식을 학습해 나가도록 한다.

낱개의 퍼즐 조각은 그 자체만으로는 어떠한 속성도 갖지 않은 채로 파편화되어 존재한다. 각각의 조각은 다른 조각과 엮일 때([그림 4-2]의 2) 그것의 속성이 발견된다. 이렇게 맞추어진 조각들이 하나의 형태를 갖출 때 그 조각들은 서로의 연관성을 드러낼 수 있고([그림 4-2]의 3), 예상되고 발견된 연결 조각들의 크고 작은 무리(group)는 그 조각들이 적절한 위치에 놓일 때까지 결코 그 속성이 드러나지 않는다. 그리고 미완된 전체 퍼즐의 크고 작은 빈 공간들은 중요한 단서가 되어 각각의 조각들이 적절한 위치를 찾게 된다([그림 4-2]의 4). 이러한 퍼즐 풀이과정에 대한 일반적인 조건들은 퍼즐 풀이가 연관성의 발견이라는 방식을 통한 연속된 탐색이라는 것을 보여 준다. 본격적인 퍼즐 풀이가 시작되면, 먼저 퍼즐판의 테두리와 관련되어 보이는 것들을 모아 가늠하여 자리를 잡는다([그림 4-2]의 5). 우리는 퍼즐 풀이의 과정에서 가장 바깥쪽의 테두리를 먼저 맞추어 간다([그림 4-2]의 6). 이는 아마도 가장 쉽게 그 위치를 짐작할 수 있는 퍼즐 조각의 모양 때문이기도 하고 그것들 사이의 연관성을 발견하기도 가장 쉽기 때문이다. 또한 전체 퍼즐의 모습과 크기가 어느 정도 갖추어지면 그 세부적인 퍼즐들의 위치를 잡아내는 것도 더 용이해진다. 이렇게 퍼즐판의 테두리가 어느 정도 자리를 잡으면 퍼즐 맞추기가 진행된 테두리 안의 간격들은 관련된 부분들 사이에서 '빠진' 부분으로 보인다. 그리고 무언가 '빠진' 것으로 인식된 공간은 그 주변에 퍼즐 조각들과의 연관성 속에서 부분적인 조합들을 유도해 낸다.

퍼즐을 조합해 나가는 과정을 절차적 과정으로 분석한 예는 우리의 문제 해결 과정이 갖고 있는 맥락의 흐름으로서 실제적 행위의 시계열적인 특성을 잘 보여 준다. 퍼즐 풀이의 절차는 결코 퍼즐 풀이에 앞서 존재하지 않는다. 앞서 설명한 퍼즐 풀이의 절차는 결코 규칙이나 정해진 순서라는 객관적 준

1. 직소 퍼즐 조각

2. 조각의 연결

3. 일부분 모양의 게슈탈트

4. 미완성 상태에 의한 경우화된 준거

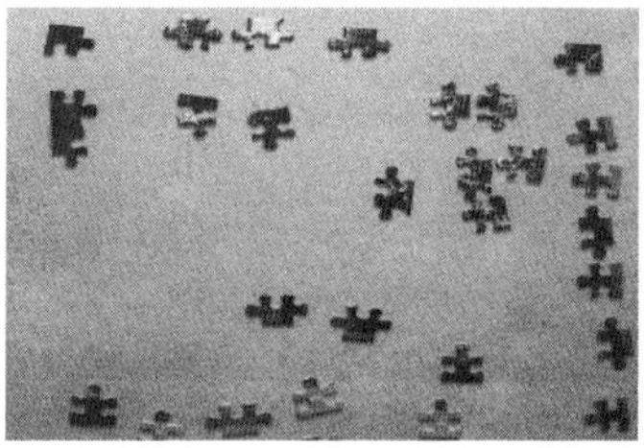

5. 첫 추론: 테두리 작업

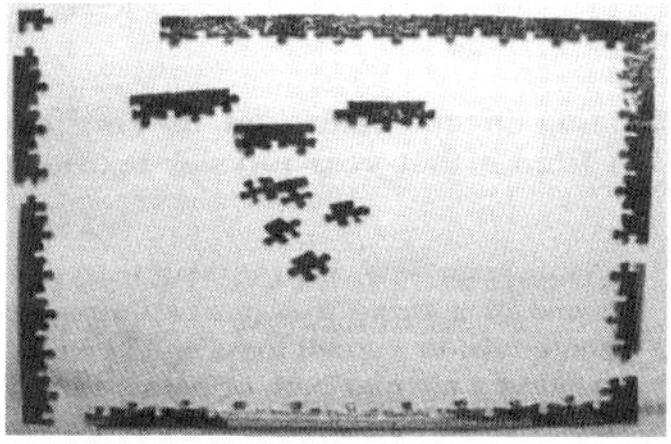

6. 테두리 길이
가늠에 따른 퍼즐 조각의 탐색

그림 4-2 퍼즐 풀이과정의 조건

거에 따라 이루어지지 않으며, 시간의 흐름에 따라 엮인 맥락들 간의 관계를 통해 가능한 효율적인 방식으로 지금 눈앞에 놓인 퍼즐의 조합 상태를 근거 삼아 실제적으로 이루어진다. 퍼즐 풀이의 과정에서 맥락이란 각각의 퍼즐 조각들이 연관성을 갖고 하나의 무리를 형성하는 것을 의미한다. 즉, 하늘, 건물, 잔디 등과 같이 유사한 색깔이나 짐작되는 형상의 연관성 가운데 각각의 퍼즐 조각이 전체 퍼즐의 특정 부분으로 조합되어 퍼즐의 일부로 자리 잡게 되는 것이 바로 이 같은 맥락적 연관성에서 비롯된다. 이러한 맥락은 퍼즐을 맞추어 가는 과정 속에서 시간의 흐름에 따라 우연히 돌출된 이전 맥락과 이와 동시에 떠오르는 다음 맥락에 대한 예견을 견주어 가며 '빠진' 부분을 채워 가는 방식으로 퍼즐 조각들 간의 연관성, 즉 퍼즐 풀이의 전모(全貌)를 추론해 나가도록 한다.

이처럼 퍼즐을 맞추어 가는 것은 이전과 차후 그리고 현재까지의 전체와 목하의 부분 간의 연관성을 매 상황 견주어 가는 탐색의 과정이다. 그것은 마치 우리가 책을 읽을 때에 문장 하나하나에 주목하는 동시에 그것이 지금까지의 흐름, 즉 문맥과 어떻게 연관되는지를 탐색하는 이치와도 같다. 각각의 조각들이 갖고 있는 연관성들이 하나의 상황적 조건을 만들고, 또 그렇게 만들어진 조건은 또 다른 맥락이 되어 다음 퍼즐 조각으로 어떤 것이 선택되어야 할지에 직접적으로 영향을 주는 등의 방식으로 퍼즐 풀이의 과정 전체를 형성해 나간다. 예컨대, 퍼즐 조각들 사이의 빈 공간이 그때그때 즉각적으로 출현하면, 우리에게 '무언가 있어야 할 것'이라는 기대감을 바탕으로 소위 '현상학적 장(phenomenal field)'을 가시화해서 다음 행위를 동기화하는 조건으로 작용하여 전체와 부분의 연관성을 추론하게 한다.

퍼즐 풀이과정 역시 하나의 문제해결 과정으로서 학습의 장면이라고 본다면, 문제적 상황에서의 행위는 앞선 상황에 맞추어 다음의 행위를 선택하고 결정하는 것에 연속되어 나타난다. 행위에 앞서 미리 고정된 목표나 계획에 의해 수행하는 것이 아니라 실제 드러난 현상에 따라서 유동적으로 다음 행위를 찾아 나간다. 즉, 어떠한 행위도 그것의 직접적인 실천의 장면을 통해서만 그것의 진행 경로나 의미가 결정될 수밖에 없다는 것이다. 이는 우리가 무엇인가 행위를 해 나감에 있어서 만나게 되는 가지각색의 상황 변수들에 의해 행하는 즉각적이고 우연적인 행위의 부분적인 수행이 그 일의 의미를 결정하는 데 부분적이고 예외적인 요인들이 아니며, 그 일을 행하는 전체 목표나 계획의 수정으로 연결될 수도 있기 때문이다.

퍼즐에의 비유는 상황학습에서의 절차와 과정이 어떻게 상황적으로 현현(顯現)하는 유동적이고 가변적인 것으로서 조율과 협상 그리고 변주(improvisation)의 흐름인지를 잘 보여 준다. 그러한 과정은 상황의 진행과정에서 서로 긴밀하게 엮여 각 상황 간의 연관성을 통해 성립하며, 이를 단순히 지식의 적용 결과로 나타난 현상으로 보는 것은 적절치 않다는 것을 상기시킨다. 즉, 문제에 대한 해답을 찾아내는 행위는 사전 지식에 앞서 우선적으로 상황 연관적이라는 것이다.

이러한 행위의 속성은 문제가 놓인 맥락의 흐름에 의하여 각각 다르게 나타난다. 이것은 무한한 퍼즐 풀이 게임의 기술일 수도 있으며, 똑같은 게임이 언제나 새로울 수 있는 이유이기도 하다. 즉, 그때 그 상황이 가진 다양한 경우의 수가 비록 그 게임의 규칙이 하나일지라도 새로운 연관성을 추론하도록 하는 동인으로 작용하는 것이다. 따라서 언제나 다가올 다음 행위는 새로울 수밖에 없으며 그러한 예측 불가능한 긴장감이 다음 행위에 대한 추론을 유발한다.

예를 들어, 문제를 해결해 나가는 동안 그리고 도모한 일의 계획을 이행하는 과정에서 다양한 상황적 추론이 유발된다. 이러한 추론은 다음 상황에 대한 기대감 그리고 이전의 상황에 따른 행위로 인해 매번 낯선 '현장성'에 기인한 것으로, 상황 맥락을 성립시키는 기반으로서 '시간성(temporality)'의 속성을 잘 보여 준다. 여기서 '시간성'이란 우리 행위에 총체성을 부여하는 구조화의 원천으로서 우리가 행위를 해 나가는 테두리로서 작용하며 행위를 유발해 나간다. 그런데 이러한 시간성이 행위의 테두리로서 작용할 수 있는 것은 그것이 의식에 매개됨 없이 의식에 선행하여 경험되는 정서적 기대감을 동반하기 때문이다. 여기에는 이전의 경험이나 상황에 대한 예견과 같은 개인의 이해의 지평이 행위 전반에 작용하며 우리의 행위의 방향성으로 작동하게 된다. 이것은 행위자의 상황이 유발한 이전 경험에서 비롯된 막연한 결과에 대한 우려나 기대와 같은 요인들이 고려된 우연적인 상황의 산물인 것이다. 이처럼 실천이 엮어 가는 시간의 흐름은 일이나 경험, 학습 등의 과정을 결정짓는 상황의 속성을 잘 보여 준다.

4. 새로운 설계 모형을 향하여

이 장에서는 상황학습론에 대한 많은 오해가 '상황'의 의미를 잘못 이해한 데에서 비롯된다고 보고, 그러한 오해를 피하는 한 가지 방법으로 '실천'의 틀로 접근해 보는 방법에 관해 살펴보았다. 상황은 대체로 학습자를 둘러싼 주위 환경이나 해석적 배경으로 다루어지는 경향이 많다. 소위 사회구성주의 교육 모형에서 '참된 실제에 관한 학습(authentic learning)'의 처방이나 실천공동체와 같은 타자와의 네트워크 환경 조성은 상황기반학습 모형에서 흔히 등장하는 논리이다.

상황 또는 맥락을 거시적으로 보려고 하는 접근은 상황학습론이 기반을 두고 있는 탈이원론적인 논리에서 이원론적인 논리로의 회귀라는 아이러니를 보여 준다. 우리가 어떠어떠한 행위를 취할 때 그 행위의 의미를 성립시키는 맥락은 다양한 층위로 존재할 수 있다. 피타고라스 정리를 이용해서 수학 문제를 해결하는 경우, 내일 시험을 준비하며 더 빠르고 정확히 푸는 연습을 하는 상황과 수학자가 자신의 연구를 위해 수학 문제를 푸는 상황은 그것의 맥락적 의미가 다를 수 있다. 전자는 학교라는 맥락이고 후자는 수학자들의 실천공동체라는 맥락이다. 그리고 이 두 맥락은 서로 이질적인 영역인 만큼 문제를 푸는 행위의 성격이나 의미가 매우 다르다. 그러나 그러한 제도적인 맥락이 전적으로 그 행위의 성격이나 과정을 결정짓는 것은 아니다. 거시적인 상황의 논리에서 볼 때, 제시한 두 행위는 매우 다를 수 있으나 전적으로 다르다고만 판단할 수도 없다.

상황학습론이 하나의 학습이론 패러다임으로 성립하기 위해서는 행동주의나 인지주의에 못지않게 모든 인간의 행동이나 사고를 상황적 실천으로 설명할 수 있어야 한다. 예를 들어, 내일 치르게 될 국어 시험을 준비하는 학생들이 시 작품을 '암송'한다고 하자. 이때 시의 암송은 반복에 의한 반응 행동의 내면화인가, 표상의 습득인가? 혹은 상황적 실천인가? 마찬가지로 피타고라스의 정리 문제를 푸는 것은 어떻게 상황학습이라고 할 수 있는가? 무엇으로 보느냐에 따라 그 사태에 대한 해석과 교육적 처방은 전혀 달라질 수밖에 없을 것이다. 학습을 상황적 실천으로 본다는 것은 프로그램의 설계에 있어서 다음과 같은 두 가지 특성에 더 주목해야 한다는 것을 말한다.

첫째, 우리가 상황적으로 인식하고 행위한다는 것은 그것이 표상이든 사물이든 상관없이 객체를 비매개화된 직접적인 행위의 대상으로 다루어 나간다는 것을 의미한다. 사람들은 그라운드 제로 상태가 아닌 이상 선이해를 기반으로 해서 대상을 의미화하는 체화된 인지 상태에 있다. 그들의 인식은 객체든 대상이든 지식이든 그것의 지평에 열려 있으면서 그에 대해 즉각적으로 반응한다. 학습자들은 이해의 지평에 기댄 채 주어진 상황을 하나의 패턴 또는 총체적 대상으로 감지한다. 이러한 상황적 인지의 총체성으로 인해 눈앞에 놓인 과제는 분절된 절차가 아닌 상황의 흐름으로 전개되며 의미화되기 마련이다.

앞서 살펴왔듯이, 소크라테스와의 대화에서 노예 소년이 피타고라스 정리를 '습득'하게 되는 것은 학습자 내부로부터의 '회상'도 인류의 유산으로서의 '지식의 구조'도 아닌, 상황적 행위가 이끄는 학습 수준의 행위 유도성(learnaffordance) 덕분이다. 수와 도형은 그 의미를 아는 학습자에게 한참 이해하고 나서 대해야 할 대상이 아닌 즉각적인 반응의 대상이다. 그러한 지식은 '다음'을 추론하고 대응하는 데 있어서 자원(resource)이 된다. 여기서 교사의 설명은 지각 행위를 이끄는 지시의 성격을 띤다. 교사의 지시가 만들어 가는 맥락 안에 있는 사람이라면 누구든 그 도형이 가진 수학적 원리를 생각할 것도 없이 '그것을 그것인 것으로 자명하게 듣고 본다'. 이렇게 상황학습을 실천의 양상으로 보는 것은 체화된 지적인 상태가 작동하는 방식을 상세하게 검토하고자 하는 시도를 말한다. 이러한 관점에서 보면 상황주의 학습설계는 지식의 전달이든 이해든 지시와 행위를 어떻게 구조화할 것인가 그리고 행위를 어떻게 설계할 것인가의 문제를 다루게 된다.

둘째, 사람들이 실제로 과제를 수행하거나 문제를 해결하는 과정은 논리적 계열이나 심리적 계열과는 달리 '일의 이전-현재-다음'이라는 시계열적 특성으로 정리해 볼 수 있다. 상황학습을 실천의 양상으로 본다는 것은 지식과 추론을 요소 또는 절차 단위로 분절화하고, 그 전개의 절차와 순서에 근거하여 이해하는 관점에서 벗어난다는 것을 의미한다. 순서의 흐름은 낱낱의 지식을 다루어 나가는 추론의 전개과정이 아닌, 이해의 지평 안에 지식이 분산되고 구조화된 상황이 시간 시간 엮여 의미를 구성해 가는 연쇄 사슬, 즉 일의 전후 맥락에 비유해 볼 수 있다. 우리가 과제를 처리하거나 문제를 해결하는 과정은 일의 전모를 염두에 두고 다음을 기대(expectation)하고 반응을 취하며, 다음에 돌출된 상황을 사후 보완(ad hoc)하면서 상황을 조율 및 변주하는 성격이 크다. 여기서 상황이 의미하는 바는 곧 일이 진행된 단계들의 '사이' 또는 '행간', 즉 일이 전개된 시간을 말한다. 바로 이 점에서 상황기반학습의 설계는 학습자가 학습의 전개과정을 선형적인 시간의 흐름(flow) 대신 전후관계로서의 현재의 상태 순환, 즉 스스로 전후 맥락을 엮어 보는 시간을 경험할 수 있도록 어떻게 처방할 수 있는가라는 차원에서 접근되어야 한다.

상황학습론은 학습이론으로서 학습 행위에 대한 이해를 넘어서서 교수 프로그램 설계의 원리 또는 모형으로 활용되고 있다. 상황학습론은 지식과 경험 또는 마음과 몸이라는 이원론적 접근에 대해서 대안적 논리와 설명 체제를 탐색해 왔다. 그러한 노력은 지난한 이론적인 논쟁의 연속선상에 머물고 있지 않다. 그것은 이원론적인 논리에 근거한 교육설계의 접근이 가진 한계를 보다 현실적이고 '과학적인' 접근으로 보완하고자 하는 과제이다. 여기서 과학적인 접근이라 함은 이론과 실제 사이의 괴리가 더 이상 근원적이지 않다고 보는 관점을 말한다. 상황과 사고 또는 행위, 객체와 주체를 분리시키지 않는 상황주의 관점에서 보면 이론과 실제 사이의 괴리는 당연히 존재하는 것이 아니다. 좀 더 검토되어야 할 사항이지만, 종래의 교육설계론은 항상 이분법의 덫에 걸려 지식과 경험, 연역과 귀납, 이해와 활동, 명제적 지식과 방법적 지식, 교수자의 논리와 학습자의 발달 등의 사이에서 어느 한쪽에 치우친 논리를 폄으로써 실제를 실제답게 보고 처방하는 데 한계를 보여 왔다. 오랫동안 교육이론에서는 교육이나 학습은 기예(art)이고 실제(practice)라는 점을 누누이 지적해 왔다. 만약 그렇다면 그에 대한 이해와 설계의 논리는 실제의 논리(logic of practice)이어야 한다. 교육이나 학습을 실천의 양상으로 접근하고자 한 상황주의 관점은 실제를 실제답게 접근하고 처방할 수 있는 새로운 논리를 찾아가고자 하는 길을 열어 줄 것이다.

제5장

학습자 중심 교육과정과 참여로서의 학습

Lectures on Curriculum Studies and Process of Education

1. 학습자 중심 학습과 참여로서의 학습

지금껏 교육 문제에서 최고의 화두는 어떻게 하면 학습자 중심 교육을 할 수 있을지에 대한 것일 것이다. 17세기의 로크(Locke), 18세기의 루소(Rousseau), 19세기의 페스탈로치(Pestalozzi)와 프뢰벨(Fröbel), 그 이후 행동주의와 인지주의, 구성주의 학습관에 이르기까지 시대의 변화와 그에 부응한 교육 여건의 변화에도 불구하고 교육을 관통하는 공동의 관심과 목표는 학습자 중심 교육을 위한 교수법과 환경의 구성에 있었다. 우리나라에서도 제7차 교육과정 이후 교육 현장과 연구 전반에서 '학습자 중심 학습'에 대한 논의가 교육과정 이해 영역의 핵심적 목표로 자리 잡아 왔다. 최근에는 역량기반 학습설계에 대한 관심과 더불어 학습자 중심 교육의 의미가 새롭게 조명받고 있다. 학습자들의 참여와 능동적 학습에 대한 관심은 기존의 강의식 수업을 통해 습득할 수 없는 학생들의 창의성과 능동성, 의사소통 능력, 문제해결력, 협력과 리더십 등을 제고할 수 있는 학습 기회를 어떻게 제공할 것인가에 대한 관심으로 구체화되어 왔다.

학습자 중심 교육은 '학습자 중심 교육(leaner-centered instruction: LCI)' 또는 '학습자 중심 학습(leaner-centered learning: LCL)'이라는 용어로 혼용되어 왔다. 이러한 차이는 교육 현장의 실천 단계에서 교사들마다 서로 다른 실천 양상으로 드러나기도 한다. 한편, 학습자 중심 학습은 대체로 구성주의를 인식론적 기반으로 한다. 학습과정에서 학습자 개개인은 주어진 현상이나 사건, 정보 등을 자신의 선지식과 경험을 바탕으로 발전시킨다. 학습자 중심 학습에서는 학습과정의 책임을 교수자에서 학습자로 이양시킴으로써 학습자의 자기주도성 발달을 중시한다. 학습자 중심 교육에서는 전통적인 교수-학습으로부터 벗어나 교사의 역할 또한 교수자가 아닌 조력자로서의 역할로 변화할 것을 주문한다. 따라서 학습 내용은 학생의 경험으로부터 비롯되며 학습목표는 이런 내용에 새로운 해석을 만들어 가도록 이끄는 것을 의미한다(Pederson & Liu, 2003).

대체로 학습자 중심의 수업설계에서는 학습자들에 대한 이해와 고려를 중요한 측면으로 상정하고 학습자 개인의 선지식이나 선경험, 인지 수준이나 발달 단계 등을 교수-학습 설계에 반영하고자 한다. 협력학습, 문제중심학습, 토론식 학습, 탐구중심학습, 상황학습, 그리고 최근 개정된 2015 교육과정에서의 백워드 설계 등은 학습자들의 인지 수준과 관심, 흥미 등을 반영하고자 한 학습자 중심 수업설계의 대표적인 예일 것이다. 이러한 교수-학습 모형들은 학습자들의 능동적인 상호작용과 의사소통을 바탕으로 개별 학습자들의 학습과정이 교수자 및 동료 학습자와 공유됨과 동시에 상호 간의 학습과 발달의 구조가 되어 주는 것을 중시한다(Vygotsky, 1980).

능동적 상호작용을 통해 학습자는 자신의 머릿속 인지과정을 적극적으로 드러내게 되며 스스로 무엇을 어떻게 학습하고 있는지에 대해 성찰할 수 있게 된다. 교수자는 이러한 과정을 통해 학습자들의 이해 정도를 파악하고 그것을 교수-학습 설계의 근거로 활용할 수 있다. 따라서 학습자 중심 학습에서 참여 활동은 필수적인 과정으로 인식되고 있다. 실제로 이러한 참여 활동을 기반으로 하는 학습 모형들은 기존의 강의식 수업과 대비되는 방식으로 제시되며 학습자들이 수업 전반에 직접 관여하고 참여하는 수업 형식들을 통칭하는 용어로 사용되곤 한다.

이처럼 학습자 중심 학습을 위한 참여의 중요성과 관심에도 불구하고, 실제 참여의 의미와 원리에 관한 논의는 많지 않은 실정이다. 학습자 중심 학습에서 참여의 문제는 사실상 경험과 이해에 관한 이분법적 논리에 갇힌 채, 참여가 어떻게 학습자 중심의 방법적 논리가 될 수 있는지에 대한 충분한 설명이 이루어지지 못하였다. 학습 결과에 대한 평가를 통해 참여 경험을 하는 과정에서 이뤄진 이해와 학습의 정도를 가늠해 볼 뿐, 그것이 실제로 어떻게 성취된 것인지는 지금껏 블랙박스로 처리되어 사실상 접근할 수 없는 개인 내면의 문제로 다루어져 왔기 때문이다. 이것은 구성주의 학습이론에서 학습의 문제를 학습자 개인의 '경험의 자기조직화(self-organization of experience)' 과정으로 설명하는 방식에서도 확인할 수 있다(Fosnot, 1996).

따라서 학습자 중심 교수-학습 설계를 위해 주목해야 할 지점은 지금껏 블랙박스로 처리해 왔던 학습자의 학습 정도를 어떻게 포착할 것인가가 되어야 할 것이다. 이것은 평가의 문제임과 동시에 설계의 근거로서 파악되어야 할 학습자에 대한 이해 전반에 영향을 미치는 중요한 문제이다. 사실 학습자가 학습과정에서 실제로 학습한 것을 파악하는 것은 교수-학습 설계에 앞서 선행되어야 할 인식론적 이해의 문제이기도 하며, 참여형 수업을 진행하는 교수자들이 갖는 실제적인 의구심이기도 하다.

이 장에서는 일상의 수업 사례를 통해 학습자 중심 학습을 학습자 맥락에의 참여과정으로 보고자 한다는 것이 무엇을 의미하는지 되짚어 보고자 하였다. 여기서 들여다본 수업은 중학교 수학 수업의 문제풀이 장면으로, 학생들이 교사가 제시한 문제를 두고 함께 의견을 주고받으며 해답을 찾아가는 상황이다. 수업 장면에서 나타나는 몇몇 상황을 중심으로 학생의 문제풀이가 어떻게 실제 맥락에 참여하는 과정의 일환으로 수행되는지 살펴보고자 한다.

2. 수학 수업 사례에서 참여의 문제

2015 개정 교육과정의 각론 수학편에서는 문제해결이란 해결 방법을 알고 있지 않은 문제 상황에서 수학의 지식과 기능을 활용하여 해결 전략을 탐색하고 최적의 해결 방안을 선택하여 주어진 문제를 해결하는 능력이라고 정의하고 있다. 일반적으로 학습목표는 수업을 통해 기대할 수 있는 학생들의 변화와 성취를 기술한 것으로 이해된다. 다음에서 분석한 사례는 중학교 2학년

수학 '확률과 도형' 단원의 한 차시 수업 상황이다. '확률과 도형' 단원에 대한 전(全)차시 수업이 끝난 뒤 학생들이 자신에게 부과된 문제의 해결과정을 교실 앞에 나와 다른 학생들에게 설명하고 이 과정이 수행 과제로 평가되는 상황이다. 이 수업은 해당 단원에 대한 학습이 모두 끝난 뒤 이루어진 평가 상황이라는 점에서 학생들이 성취할 것으로 기대된 학습목표가 실제로 어떻게 이해됐는지 살펴보기에 보다 적절한 사례일 것이라 생각한다.

1) 참여의 형식에 따른 학습자의 이해

이 수업에서 학생들에게 제시된 활동지는 '확률과 도형' 단원의 보충심화 문제지이다. 문제지는 수업 전에 배부되었으며 학생들이 각자 문제를 풀어 보고 스스로 해결하기 어려운 문제에 대해 질문하도록 되어 있다. 문제와 질문자는 결정되어 있지 않지만 질문을 받을 학생은 이미 결정되어 있다. 질문을 받은 학생은 전체 학생들에게 문제의 풀이과정을 설명해 주어야 하며, 이 과정이 해당 학생의 중간고사 수행평가 대상이다. 수업은 평가과정으로 진행되지만 교실의 모든 학생이 소통하면서 참여하는 협력적 학습이 될 수 있도록 설계된 수업이다.

활동 1

1. ○, ×로 답하는 시험에서 두 문제의 답을 임의로 선택할 때 두 문제 중에서 적어도 한 문제는 맞힐 확률을 구하라.
2. 한 개의 주사위를 두 번 던질 때 적어도 한 번은 5의 눈이 나올 확률을 구하라.
3. 0에서 3까지의 수가 각각 적힌 네 장의 카드에서 두 장을 뽑아 두 자리의 정수를 만들 때 그 수가 소수가 아닐 확률을 구하라.

활동 1은 '확률과 도형' 단원에서 '적어도'라는 개념을 활용해서 문제를 해결하는 활동이다. 문제 1에서 2, 3으로 갈수록 다양성과 복잡성이 증가되도록 배치한 것으로 보인다. 문제 1의 두 개의 문제, 두 개의 선택지(○, ×)가 조건이며, 문제 2는 두 개의 주사위, 여섯 개의 선택지(주사위의 6면)로 조건이 늘어난다. 문제 3에서 두 자리 수를 만들어야 한다는 것은 문제 1, 2의 두 번 선택 조건과 동일하다. 그런데 카드가 네 장이라 문제 2보다 선택지 수는 줄어들었다. 하지만 문제 3은 앞의 문제들과 달리 몇 가지 조건을 동시에 충족시켜야 답을 구할 수 있도록 해서 복잡성을 증가시켰다. 먼저, 두 자리 정수라는 조건 때문에 10의 자리에 올 수 있는 수가 제한된다. 또 소수라는 조건은 소수의 정의를 적용해야 해결 가능하다.

〈상황 1〉

경재가 칠판 앞에서 활동 1에 나오는 문제 1의 풀이과정을 설명하고 있다.

경재: 여사건으로 풀 수가 있어. 근데 여사건이라는 건 이걸 반대로 생각하면 돼. 적어도 한 문제를 맞히는 거잖아. 그래서 1에서 한 문제도 못 맞힐 확률을 빼면 적어도 한 문제를 맞힐 확률이 나오는 거야. 그런 걸 여사건이라 하는 건데 이거를 풀면은 (칠판에 수형도를 그린다.) …… 그러면 일단 두 문제를 선택한다고, ○, ×. 그러면 두 문제 중에 둘 다 맞을 수도 있고, (칠판에 경우의 수를 쓴다.) 둘 다 틀릴 수도 있고, (칠판에 경우의 수를 쓴다.) 이렇게 네 수가 있잖아, 총. 얘네가 연달아 ~일리는 없지만 이게 만약에 문제가 막 다섯 문젠데 얘네를 선택하고 그런 게 있을 수도 있으니까. 이 중에 한 문제도 못 맞힌 게 하나잖아. 틀린 거, 틀린 거잖아. 근데 이게 총 4분의 1이지. 하나도 안 맞을 확률이. 그러니까 이거를 1에서 4분의 1을 빼. 그러면 4분의 3이잖아. 그러면 적어도 한 문제를 맞출 확률은 4분의 3인 거야.

학생들: (손뼉을 친다.)

교사: 잠깐만, 그 지금 경재가 설명한 것이 요거, 요 네 가지를 경우의 수를

다 설명한 다음에, 경우의 수를 한 다음에 사실은 여기에서 4분의 3을 구한 거나 마찬가진데, 아까 얘기했지? 이게 문제가 한 열 문제 되고 스무 문제 되면 이렇게 할 수가 없어요. 무슨 얘긴지 알겠어요? 자, 반드시 요 한 문제도 못 맞힐 경우가 요 한 가지잖아. 그러니까 요 4분의 1이 나와야 된다고. 문제 상황에서. 그러니까 요렇게 다 쓰지 말고. 쓸 땐 ~맞다 다 빼고, 틀릴 때, 틀릴 때, 요때가 4분의 1이다. 이렇게 쓰고 결과적으로 확률은 1−1/4 해서 적어도 한 문제 맞힐 확률은 3/4이다. 이렇게 써야지요. 선생님 얘기가 무슨 얘긴지 알지요?

학생들: 네.

교사: 오케이, 다음.

〈상황 2〉

경재가 〈상황 1〉에 이어서 활동 1에 나오는 문제 2의 풀이과정을 설명하고 있다.

경재: 활동 1의 2번은 한 개의 주사위를 두 번 던져서 적어도 한 번은 5의 눈이 나올 확률이래. 그러면 두 번 던지는 거니까. 이것도 적어도 한 번은 5의 눈이 나올 확률이잖아. 그러면 이것도 여사건으로 해서 5의 눈이 한 번도 안 나올 확률을 구해서 1에서 뺄 거야. 근데 그렇게 하려면 그냥 주사위를 두 번 던지잖아. 그럼 처음 던질 때 6이 나와, 아니 이거 ~로 다 써 줄게. (칠판에 모든 경우의 수를 쓴다.) 아니 이거 아니고, 적어도 한 번은 5가 나와야 되잖아. 그러면 일단 첫 번째 거에서 1이 나왔을 때 한 번은 5가 나와야 되니까 두 번째는 무조건 5가 나와야 되잖아. 그래서 이렇게 한 개랑, 2가 나왔을 때도 무조건 5가 나와야 되지. 그래서 이렇게 두 개. 그리고 3에서도 또 5가 나와야 되고, 4에서도 5가 나와야 되고. 근데 앞에가 5가 나왔잖아 이미. 근데

이제 5에서는 다 나올 수가 있잖아. 이미 한 번 5가 나왔으니까. 이거는 다 되는 거잖아. 그리고 이 6에서도 5가 나와야 되고. 이걸 다 하면은 하나, 둘, 셋, 넷, 다섯, 여기 여섯 개 해서 총 열한 개가 돼. 근데 이게 총 경우의 수가 주사위를 두 번 던진 거니까 6 곱하기 6은 총 36개잖아. 총 나올 수 있는 경우의 수는 36이고 적어도 한 번 5가 나올 수 있는 거는 11이니까 36분이 11이 돼. 이해 안 가는 거 있는 사람? 없니?

학생들: 응, 없어.

교사: 경재야, 얘들아.

경재: 네?

교사: 경재야. 네가 지금 얘기하는 게 포인트가 뭐야? 포인트가? 지금 학습지의 포인트가 뭐야?

경재: 저요?

교사: 응.

경재: 확률 계산인데?

교사: 확률인데, 지금 문제 아까 문제하고 이 문제하고는 뭐야? 무슨 단어야?

경재: 적어도.

교사: 적어도지, 근데 지금 그 '적어도'라는 단어를 우리가 애들한테 가르쳐 주고 싶은 거잖아? 이거는 이제 일반적인 경우의 수로 하는 거고 '적어도'를 이용해서 네가 얘기했던 여사건으로 확률이 딱 나와야 되지. 36분의 뭐가 나와야 돼? 25가 나왔어야지. 그렇게는 안 되나?

경재: 그렇게 하는 거는…….

교사: 그렇게는 안 해 봤어, 경재야?

경재: 맨 처음에 그렇게 풀긴 풀었는데, 너무 많아가지고…….

교사: 너무 많아가지고?

경재: 그래서 이렇게 한 건데…….

〈상황 3〉

교사: 다른 사람들 어때요? 선생님 말이 무슨 얘긴지 알겠어요?

학생1: 예.

학생2: 이해 못하겠어요.

학생3: 못하겠어요.

교사: 이해 못하겠어요? 그렇게 푼 사람? 여사건으로? 도우미 해 봐. 이거는 여사건으로 한 사람 아무도 없어?

경주: 다 이렇게 풀었어?

학생들: 예.

〈상황 1〉에서 경재는 문제에서 '적어도'라는 조건을 가지고 '그 사건이 일어나지 않을 확률'을 구한 뒤, 모든 경우의 수가 일어날 확률 1에서 이 여사건의 확률을 빼면 된다는 문제해결 절차를 설명한다. 즉, 경재는 확률에서 '적어도'라는 조건의 명시적 의미와 문제해결 절차를 잘 알고 있는 것으로 보인다. 그런데 실제 문제풀이 과정에서는 이러한 공식적 절차를 따르지 않고 [그림 5-1]과 같은 수형도를 그려서 모든 경우의 수를 찾는다.

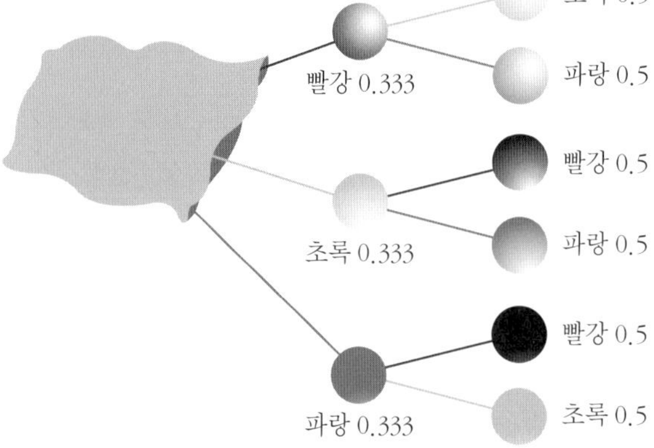

그림 5-1 수형도

그리고 이 가운데 '적어도'에 해당하지 않는 경우의 수를 찾아 여사건의 확률을 구한 뒤 1에서 이 수를 빼는 방식으로 문제를 해결한다. 이에 대해 교사는 구체적인 경우의 수를 써서 해결하는 것이 쉽지 않은 사례를 일러 주며 경재의 문제해결 절차가 부적절하다는 점을 우회적으로 지적한다. 그리고 '적어도' 조건을 이용한 문제해결의 논리적 절차를 재차 설명한다.

이어지는 〈상황 2〉에서 경재는 〈상황 1〉에서와 동일하게 수형도를 활용한 문제풀이 과정을 설명하고 있다. 그러나 문제 2는 문제 1에서의 ○, × 조건과는 달리 주사위의 여섯 가지 수를 가지고 경우의 수를 구해야만 한다. 이어지는 교사의 설명을 보면 이것은 문제의 복잡성을 높임으로써 학습자에게 수형도가 아닌 여사건의 확률 공식의 원리를 적용하도록 유도하기 위한 문제라는 것을 알 수 있다. 그런데 여기에서 경재는 '적어도'라는 조건을 〈상황 1〉에서는 '적어도'에 해당하지 않는 경우의 수를 찾아낼 근거로 활용한 반면, 〈상황 2〉에서는 '적어도'에 해당하는 경우의 수를 확정하는 데 활용한다.

경재가 〈상황 1〉에서 공식을 활용한 방식을 살펴보면 '1−여사건의 확률'이라는 개념에 대해 어느 정도는 이해하고 있음을 알 수 있다. 그러나 〈상황 2〉에서 경재의 문제풀이 방식을 살펴보면 해당 공식에 대한 충분한 이해가 반영되지 않았다는 것을 알 수 있다. 교사가 문제풀이의 오류를 지적하자 경재는 "너무 많아가지고……"라는 대답을 한다. 이것은 해당 공식이 문제풀이 과정을 단순화하기 위한 것이라는 점에서 볼 때 명확하게 공식의 원리에 대한 이해에 도달하지 못했다고 추측해 볼 수 있다. 여사건의 개념을 말로는 설명할 수 있지만, 실제로 공식의 적용은 이루어지지 않았음을 알 수 있다.

그렇다면 경재는 이 상황이 수행평가 상황임에도 불구하고 왜 교수자의 지적을 반영하지 않고 수형도를 활용한 문제풀이 방식을 고수할 수밖에 없었을까? 경재의 풀이 방식을 이해하기 위해서는 실제 평가의 맥락이 문제풀이의 전개과정을 설명하는 방식에 맞추어져 있다는 점에 주목할 필요가 있다. 만약 동일한 문제가 지필고사로 출제되었다면 경재는 공식을 적용하여 간단하게 답을 구해 냈을지도 모른다. 그러나 학생들에게 문제풀이의 논리적 전개를 설명하고 그에 대해 공감을 얻어야 하는 발표 상황에서는 절차적 이해가 생략된 공식의 적용만으로는 충분치 못할 것이라고 판단했을 것이다. 따라서 실제적으로 경재는 자신이 이해에 도달한 방식, 문제의 원리를 충분히 설명 가능한 방식으로 풀이했음을 짐작할 수 있다.

〈상황 1〉에서 〈상황 3〉까지는 이해 수준에 따라 문제를 다르게 인식하고 경험하는 양상을 보여 준다. 이미 활동의 의도와 학습의 큰 그림을 가지고 있는 교수자라면 문제를 풀거나, 주사위를 던지거나, 학생들의 오류를 지적하는 등의 교수 활동들을 '여사건의 확률'을 찾기 위한 도구로 학생들에게 전달할 것이다. 문제에서 '적어도'라는 조건은 교수자로 하여금 여사건이 일어날 확률의 적용을 유도하는 결정적 단서 역할을 하며 모든 문제풀이 방법과 도구가 이러한 논리적 개연성을 만드는 방식으로 재구조화된다.

반면에 경재는 '적어도'라는 조건에 대한 이해가 충분히 전제되지 않은 상태에서 자신이 이해한 바를 설명하고 학생들을 이해시키기 위한 문제 상황을 우선적으로 '수형도'라는 익숙한 풀이를 적용하여 풀어 나가야 할 총체적 문제 상황으로 인식할 수밖에 없다. 익숙하고 설명 가능한 풀이 방식을 통해 문제가 해결 가능하다면 낯설고 어렵게 느껴지는 새로운 원리를 활용하는 것은 쉽게 포기하게 되는 것이다. 즉, 교수자가 새로운 개념에 대한 학습을 의도한 문제일지라도 이전 개념을 활용하여 문제풀이가 가능하다면, 그것은 이전 문제를 보충하는 또 다른 문제와 활동 그 이상의 문제로 활용되는 것이 쉽지 않다. 특히나 그 개념이 난해하고 복잡하다면 더욱 그러할 것이다.

이러한 경재의 문제풀이 과정은 학습자에게 인식되는 문제라는 것이 얼마나 실제적 목적과 관심으로서 맥락을 기반으로 한 것인지를 잘 보여 준다. 또한 이렇게 인식된 문제는 다시금 학습의 대상과 범위를 결정짓는 학습의 결정적 맥락으로 작용함에 따라 참여의 경험이 어떻게 학습을 만들어 내는지를 보여 준다.

2) 참여 맥락의 구조화를 통한 공감과 소통

활동 2

다음 그림에서 점 O가 △ABC의 외심일 때 ∠x의 크기를 구하라.

(1)

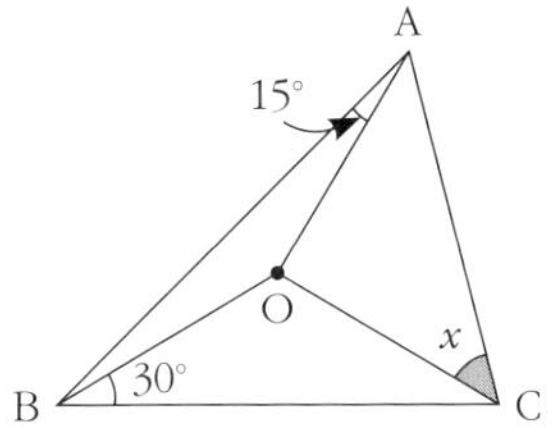

(2)

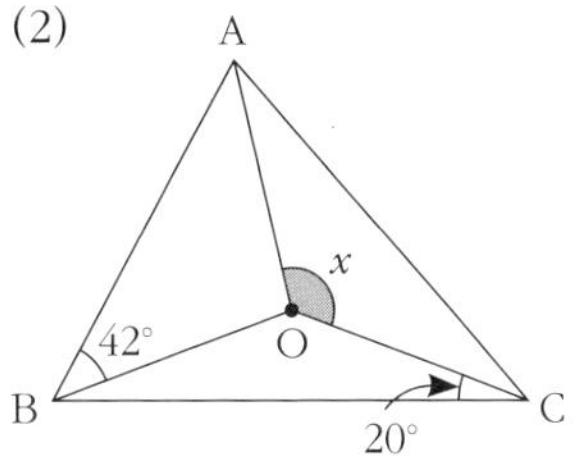

활동 3

다음 그림에서 점 O가 △ABC의 외심일 때 ∠x의 크기를 구하라.

(1)

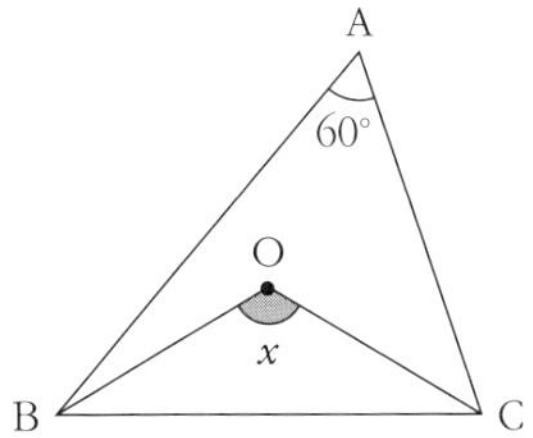

(2)

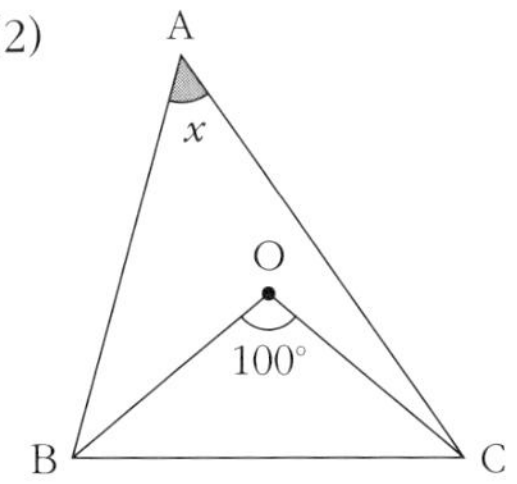

활동 4

다음 그림에서 점 O가 △ABC의 외심이다. ∠x의 크기를 구하라.

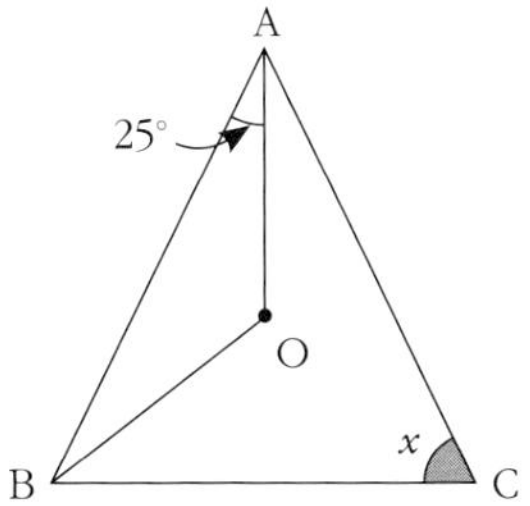

〈상황 4〉와 〈상황 5〉는 활동 4를 해결하는 과정이다. 활동 4는 활동 2와 활동 3에서 연습한 개념을 토대로 외심 O를 꼭지각으로 하는 △AOB의 꼭지각인 ∠AOB의 크기를 구한 뒤 외심의 성질을 이용하여 ∠x의 크기를 구하는 활동이다.

〈상황 4〉

은솔이가 활동 4의 문제풀이 과정을 설명하고 있다.

은솔: 그러면 이 삼각형이 외심이니까 얘랑 각이 같잖아. 그리고 나는 좀 이상하지만 여기를 쪼갰어. (삼각형의 꼭짓점 A와 외심 O를 연결해 준다.) 어, 이게…… 주연아, 도와줘. 도와줘.

주연: 아까 은솔이가 설명할 때 이쪽에 있는 각이랑 여기 있는 각이랑 여기 있는 각, 그래서 이 각, 이 각, 이 각을 더하면 90도가 된다 그랬잖아. 어, 일단 (칠판에 쓴다.) 이렇게, 그다음에…… △BOC는 이등변 삼각형이야. 왜냐하면 얘가 외심이니까 꼭짓점까지의 거리가 같잖아. 그러니까 얘랑 얘랑 같고 이렇게 같아서 이 삼각형이 이등변 삼각형이야. 그러면 ∠OBC랑 ∠OCB는 같아. 이 각이랑 이 각이랑~. 그다음에 이 삼각형도 이등변 삼각형이잖아? ∠OAC랑 ∠ACO가 같아. 그러면 여기서 ∠OBC랑 ∠OCB는 같다 그랬잖아. 그리고 얘가 얘랑 같은 거잖아. 그럼 이 ∠x는 ∠ACO랑 ∠OCB를 더한 거지? 그리고 얘랑 얘랑 같잖아? 그래서 ∠x는 90도에서 ∠BAO를 빼면 돼. 그러면 65. 됐니?

학생들: 응.

은솔이가 활동 4를 해결하려 하지만 잘 되지 않자 주연이에게 도움을 요청하고 있다. 은솔이가 이상하다고 하면서 그린 보조선(꼭짓점 A와 외심 O의 연결)은 활동 2와 같은 모양을 만들어 내는 것이었다. 주연이는 은솔이가 그려 놓은 보조선에 따라 변환된 삼각형 모양에 활동 2의 문제해결에 활용된 개념을 사용한다. 그런데 활동 4는 크기가 다른 두 각의 크기를 각각 구해서 해결할 수 없는 문제이기 때문에 주연이는 기호와 수식을 이용하여 두 각의 크기의 합이라는 결과를 도출하는 방식으로 $\angle x$의 크기를 구한다.

〈상황 5〉는 주연이가 문제를 해결한 뒤 교사가 학생들에게 또 다른 방법으로 해결한 사람이 있는지 확인하자 주연이와 같은 모둠의 성하가 손을 들고 앞에 나와 문제를 해결하는 상황이다.

〈상황 5〉

은솔이와 주연이가 해결했던 활동 4에 대해 성하가 다른 방법으로 설명하고 있다.

성하: 아, 이거 선 지워도 되니, 얘들아?

학생들: 어.

교사: 다시 그려.

성하: 얘들아, 이렇게 있잖아. 아까 여기 25도라 그랬잖아. 은솔이랑 설명이 똑같아. 그런데 아까 몇 번이지? 4번. 일단 여기를 봐야 돼. 여기를 구해야 돼. (칠판에 ∠AOB를 구하는 계산을 한다.) 괄호 치고 25도라고 해 줄까?

학생들: 아니, 그냥 해 줘.

성하: (∠AOB를 가리키며) 130이잖아. 여기가 130이야.

성하: $2x$는 2로 나눴잖아. (주연을 쳐다보며) 아, 어떻게 설명해야 되지?

주연: 식을 써.

성하: 아, (칠판에 식을 쓴다. $130\div2=x$) x야. 왜냐하면 여기를 만약에 A(꼭짓점)라 하면 A, (외심을 꼭짓점으로 하는 △AOB의 꼭지각을

가리키며) x는 이 각이잖아. 외심의?

학생: 성질?

성하: 어. 그러면 $2x=130$이라는 거니까, (칠판에 판서할 공간이 부족하다.) 이걸 지울까?($130\div2=x$). 이걸 지울까?($2x=130$)

학생들: ($130\div2=x$를 가리키며) 이거.

성하: (학생들이 지적해 준 것을 지우고 $2x=130$을 그 자리에 옮겨 적는다.) $2x=130$이라는 거니까 x는 몇일까?

학생들: 65.

성하: 65지? 그래서 답은 여기랑 똑같이 65야.

학생들: 오~ (손뼉을 친다.)

교사: 성하가 한 거 어때?

학생들: 편해요.

성하는 〈상황 4〉에서 은솔이가 그렸던 보조선을 지우고 ∠AOC가 이등변 삼각형임을 이용하여 ∠AOC의 크기를 직접 구한다. 그러자 활동 3과 같은 조건을 가진 삼각형 모양이 드러나고 여기에 공식을 적용하여 문제를 해결한다. 성하의 방법을 통해 문제가 해결되자 학생들은 환호하며 박수친다. 학생들은 반응을 확인하는 교사의 질문에 주연이의 해결 방법보다 성하의 해결 방법이 편하다고 답한다.

〈상황 1〉부터 〈상황 5〉까지의 장면들은 학생들이 풀이과정을 발표하는 평가의 상황이다. 경재와 은솔이, 주연이와 성하의 문제풀이 과정은 자신이 이해하고 풀이한 방식에 대한 발표라는 점에서 참여형 수업 가운데에서도 개별적 참여 활동으로 보일 수 있다. 그런데 발표과정을 면밀히 살펴보면 개인의 내면적 학습과정을 드러내는 것으로만 이해하기에는 충분히 설명되지 않는 상호작용 활동들이 눈에 띈다. 다음의 두 가지 특성은 학생들의 발표 장면에서 포착된 참여적 속성들에 관한 분석에 따른 것이다.

먼저, 학생들의 참여는 개인의 내적 이해만을 기반으로 하지 않고 상호간의 공유된 맥락을 전제로 이루어지고 있었다. 경재는 〈상황 1〉과 〈상황 2〉의 경우의 수를 설명하는 과정에서 '아니 이거~' '얘네가 ~일 리는 없지만' '있을 수도 있으니까' 등과 같이 문제풀이 과정에서 있을 수 있는 오류 가능성을 염두에 둔 말들을 자주 사용하고 있다. 이것은 풀이과정에서 반드시 필요한 말들이 아님에도 불구하고 다른 학생들에게 자신의 오류 가능성을 설명하는 발화 방식이다. 이런 행위에는 자신의 오류가 다른 학생들의 사고과정에서도 일어날 수 있다는 고려가 반영된 배려적 행위의 측면이 있을 수 있다.

이어지는 장면들에서도 이러한 맥락적 요인의 반영이 빈번히 드러난다. 〈상황 4〉와 〈상황 5〉에서 주연이는 은솔이가 그린 보조선에서부터 문제풀이를 시작한다. 또한 〈상황 5〉에서 성하는 주연이의 문제풀이를 이어받아 보조선을 없애는 것에서부터 출발한다. 이러한 방식은 이전에 전개된 상황을 다음에 이어질 행위의 도구로 사용하는 방식으로, 개인의 내적 이해 방식으로만 설명하기에는 외적 변수들에 대한 조율적 성격이 강하다. 이처럼 발표라는 참여의 과정은 비록 그 내용이 개인의 머릿속 이해를 드러내는 것이라 할지라도 참여하는 맥락의 다양한 조건을 간과한 채로 전개될 수 없다는 점에서 상호작용적 속성을 띨 수밖에 없다. 이것은 참여가 필연적으로 대상과의 관계 맺음을 전제로 함에 따라 그것의 형식이나 방법 여부와 관계없이 그것이 전개되는 맥락적 조건들에 대한 조율적 성격을 갖는다는 의미로 이해될 수도 있을 것이다.

이러한 특성은 학생들의 공감과 이해를 효과적으로 이끌어 낸 경재와 성하의 문제풀이 방식에서 더욱 잘 드러난다. 〈상황 4〉에서 주연이의 경우 문제를 풀어 가는 데 주저함이 없다. 주연이가 문제를 풀어 가는 과정은 해결 방법을 모르는 문제의 답을 탐색하고 발견하는 과정이라기보다 이미 해결이 끝난 문제의 논리적 절차를 전달하는 과정에 가깝다. 반면에 성하는 무엇인가를 발견했지만 완전하지 않은 상태에서 학생들과의 협력을 통해 자신이 발견한 것을 구체화해 나간다. 학생들에게 끊임없이 자신이 이해한 바가 맞는지 되묻고, 문제풀이의 맥락에 놓인 조건들을 어떻게 배치하는 것이 좋을지 확인한다. 성하는 주연이보다 훨씬 직접적인 상호작용을 통해 문제풀이의 맥락을 생성하고 공유하면서 답에 이르게 된다.

이것은 문제풀이 과정을 나열하는 방식에서도 잘 드러난다. 주연이는 머릿속에서 정리된 의식의 흐름에 따라 풀이과정을 언술화하면서 그것을 선형적으로 칠판에 배치시킨다. 반면에, 경재와 성하는 머릿속 의식의 흐름이 아닌 칠판에 적는 것 혹은 학생들과의 상호작용 여건에 따라서 자신의 풀이과정을 즉각적이고 비선형적으로 칠판 위에 배치시킨다. 이와 같이 맥락을 적극적으로 활용한 것은 발표를 듣는 학생들의 입장에서는 교사나 주연이의 풀이 방식에 비해 비교적 구체적이고 논리적 비약이 적은 자연스러운 풀이과정으로 인지되었을 것이다.

학생들은 발표에서 자신들의 생각을 효과적으로 전달하기 위해 학습 맥락에 대한 다양한 해석적 의미를 한정시키는 전략들을 활용하고 있었다. 〈상황 2〉에서 경재는 학생들의 이해를 돕기 위한 도구로 수형도라는 구체화된 시각자료를 활용한다. 그렇지만 단순히 수형도의 활용 자체가 그런 역할을 해 주지는 못할 것이다. 경재의 문제풀이에서 수형도는 말을 통한 설명과 연동되어 학생들의 시지각을 풀이과정에 한층 더 집중시키고 추상적인 언어적 설명만으로는 분산될 수 있는 해석의 가능성을 보완한다. 여기에 자신의 풀이과정을 전개하는 가운데 학생들의 시선을 끌기 위하여 그림에 동그라미를 치거나 강조 표시를 하는 등의 전략적 행위를 더한다. 성하의 경우 자신이 판서할 위치와 내용들까지 학생들의 의견을 반영함으로써 학생들의 시지각적 관심을 유도하고 있다. 이러한 행위는 자신의 풀이과정에 학생들을 직접적으로 참여시키는 효과를 가져오고, 그리하여 여타의 추론과 사고 혹은 곡해가 일어나지 않도록 이해의 맥락을 제한시킨다.

이렇듯 참여로서의 학습과정은 학습자 개인의 인지적 사고과정 이상의 관계적 활동으로서의 의미를 갖고 있다. 참여 장면에 놓인 다양한 맥락적 조건, 예컨대 다른 학생들과 교사의 반응이나 의견, 평가적 상황, 판서, 문제의 특성 등은 발표자 혹은 발표를 듣는 학생들의 경험에 직간접적으로 끊임없이 영향을 끼친다. 학생들은 참여과정에서 행위를 전개해 나가기 위해 맥락 속에 분산되어 있는 다양한 조건 가운데 동원 가능한 도구들을 인지하여 활용하고 조작함으로써 의미를 생성해 간다. 이것은 참여과정이 어떻게 개인의 학습과 무관할 것 같은 다양한 외부적 조건을 맥락에 적합하도록 일사불란하게 조직하는지, 그리고 이렇게 만들어지는 총체적 맥락이 어떻게 문제해결을 돕도록 하는지를 잘 보여 준다. 이는 참여가 가진 일상적 양상으로서 협력학습의 의미에 새로운 해석을 부여해 줄 수 있을 것이다.

3) 참여의 구체화와 문제의 해소

〈상황 1〉에서 경재의 문제풀이는 그 과정에 함께 참여했던 학생들에게 지극히 명쾌하고 자명해서 의심의 여지가 없는 문제의 해답으로 인식된다. 그리고 이어지는 〈상황 2〉에서도 경재는 교사의 거듭된 지적에도 불구하고 〈상황 1〉에서와 마찬가지로 문제 상황을 수형도로 시각화하는 방식으로 문제풀이를 시작한다. 이어진 〈상황 3〉에서 교사는 이러한 문제풀이가 잘못되었다고 지적한다. 그런데 학생들은 시험을 앞두고 정답을 찾아야 하는 상황임에도 불구하고 경재의 문제풀이가 잘못되었다는 교사의 지적을 납득하지 못한다. 즉, 경재와 학생들은 교수자의 의도와 여사건의 확률이라는 개념을 충분히 학습하지 못한 것으로 보인다.

이어지는 〈상황 4〉와 〈상황 5〉는 활동 4에서 제시한 삼각형의 외심의 성질을 활용한 문제를 풀이하는 은솔이와 주연이, 성하의 설명 장면이다. 여기서도 학생들은 경재의 문제풀이에서 보여 줬던 것과 유사한 반응을 보인다. 경재는 〈상황 2〉에서 수형도를 선택한 이유를 공식을 적용하는 것보다 따져야 할 경우의 수가 좀 더 적어서라고 대답한다. 〈상황 5〉에서도 학생들은 성하의 해결 방법에 환호하는데, 그 이유는 그것이 더 편하기 때문이라고 대답한다. 경재는 공식을 배제하고 성하는 공식을 적용해서 풀었는데 경재도, 학생들도 풀이 방식이 편해서 좋다고 대답한다.

그렇다면 경재와 성하의 문제풀이 방식과 교사와 은솔이, 주연이의 문제풀이 방식 사이에는 어떤 차이가 있을까? 그리고 학생들은 무엇 때문에, 어떤 의미의 편안함을 경험하는 것일까? 〈상황 1〉부터 〈상황 5〉까지 이어지는 학생들과 교사의 설명 방식에서 보이는 특징은 다음 두 가지로 정리해 볼 수 있다.

첫째, 경재와 성하의 설명과정에는 교사와 주연이가 사용한 추상적이고 개념적인 용어보다 대상을 직접적으로 가리키는 지시어의 사용이 많다. 경재는 칠판에 직접 수형도를 그리면서 '이렇게' '이게' '이 중에' 등의 지시어를 통해 학생들에게 자신의 문제풀이를 직접적으로 지각하도록 이끌고 있다. 성하 역시 '이렇게' '여기' '이 각' 등으로 문제풀이 과정을 설명하고 있다. 특히나 각을 지시할 때 성하가 대부분의 각을 '이 각'과 같이 표현하였다면, 주연이는 '∠OBC'와 같은 수학적 표현을 비교적 더 많이 사용하였다.

둘째, 이러한 용어의 사용은 전체 설명의 흐름을 내면의 의식 흐름이 아닌 외현화된 참여의 흐름에 맞추도록 한다. 지시어의 사용이 많다는 것은 화자의 말이 청자에게 더 직접적으로 인식될 수 있다는 것을 의미한다. 〈상황 1〉과 〈상황 2〉에서 경재는 수형도를 통해 학생들의 이해를 돕는다. 그렇다면 수형도라는 시각화된 자료는 어떻게 이해를 도울까? 경재는 〈상황 2〉에서 "첫 번째 거에서 1이 나왔을 때 한 번은 5가 나와야 되니까 두 번째는 무조건 5가 나와야 되잖아. 그래서 이렇게 한 개랑"이라고 말하면서 칠판에 그려진 첫 번째 1에 동그라미를 치고 두 번째 5에 동그라미를 친 뒤 둘을 하나로 묶는다. 첫 번째 동그라미와 두 번째 동그라미가 만들어 낸 새로운 맥락은 둘을 하나로 묶는 행위를 유도한다. 말과 행동 또한 말을 따라 행동하고 행동을 말로 설명하면서 머릿속 사고과정을 구체적인 시각 자료와 말을 통해 드러내며 학생들의 사고 흐름을 자신의 문제풀이 과정 안으로 유도한다. 숫자라는 추상화된 지식은 수형도라는 시각적 대상을 통해 칠판에 구현되고 대상에 동그라미를 치는 직접 조작이 가능해진다. 그리고 동그라미들끼리 선을 그어 연결하는 구조화 행위를 통해 학생들의 초점을 공유시키고 이를 통해 자신의 의식 흐름에 학생들을 참여시킨다.

이러한 장면은 학습자들에게 '편하다' 혹은 '이해가 쉽다'고 여겨지는 경험의 의미가 단순히 문제풀이의 경제적 효율성만은 아닐 수 있음을 보여 준다. 문제풀이 과정이 지식의 논리성이 아닌 경험의 합리성으로 인식될 때, 학생들은 풀이 결과에 대해 확신했으며 그것이 학습 내용에 대한 이해로서 경험되었다. 다시 말해서, 학생들은 지식의 구조에 따른 논리성 혹은 교수자 및 문제를 푸는 학생의 내면의 의식 흐름이 아닌, 문제풀이에 함께 참여하는 학습자 모두의 참여 흐름을 따라가는 것을 통해 이해에 도달했다고 판단하는 것을 알 수 있다. 이것은 학생들의 문제풀이가 문제의 정답(solution)을 찾는 것이 아닌, 문제의 해소, 해결책(resolution)을 찾아가는 것임을 알 수 있다.

학생들이 경재의 문제풀이에 동의하고 상호 의견을 공유하면서 문제의 답을 도출해 내는 과정은 집단 지성의 구현과정이라고 보아도 무방할 정도이다. 그들에게 수형도를 활용한 문제풀이 방식은 모든 것이 자명해서 의심의 여지가 전혀 없는 결과이다. 교사가 설명하는 풀이과정이 분명 모범 답안임을 인지적으로는 이해하면서도 모든 문제가 해소된 상황을 부정하려는 교사의 시도는 쉽사리 납득될 수 없는 것이다. 학생들과 경재의 문제풀이 과정은 개념적 절차에 따른 문제해결과 이해에 도달하지 못했음을 보여 준다. 하지만 학생들은 풀이 결과 도달한 답이 실제 정답과 다르지 않다는 것을 통해 문제가 해소된 것으로 받아들인다. 이미 해소된 문제에 대한 교사의 문제 제기는 사실상 학생들에게는 인지적 거부감이 아닌 정서적 거부감으로 다가온 것이다. 이처럼 실제적 참여는 공감의 가능성을 높이고 학생들은 마치 자신이 직접 문제를 푼 것 같은 이해에 도달함을 확인할 수 있다.

3. 참여는 어떻게 학습자 중심 학습인가

이 장에서는 학습자 중심의 맥락이 무엇인지에 관한 이해를 기반으로 최근 강조되고 있는 참여형 수업의 의미를 제고하고자 하였다. 사례로 제시한 중학교 수학 수업의 학생 참여 상황은 학습의 일상적 속성에 대한 한 가지 해석적 관점을 보여 준다. 여기서는 한 수학 수업에서 이루어진 학생들의 참여 과정을 면밀히 들여다봄으로써 수업에서 왜 학습자들이 교수자가 기대하는 학습 결과에 도달할 수 없는지, 혹은 왜 학습자들이 기대치 않은 다른 학습의 맥락들을 창출해 내는지 등을 비교적 심층적으로 살펴보고자 하였다. 나아가 교수자와 학습자의 맥락이 다르다는 것이 무엇인지 그리고 실제 맥락에의 참여가 교과 내용을 습득하기 위한 방법으로서의 차원을 넘어서서 어떻게 교과학습 활동일 수 있는지 되짚어 보고자 하였다.

이상의 분석 내용을 정리하면 다음과 같다.

첫째, 교수자 맥락과 학습자 맥락이 다르다는 것이 '실제로' 어떤 의미인지 되짚어 볼 필요가 있다. 교수자가 기대하는 학습의 과정을 학습자가 어떻게 경험할 수 있는지에 대한 문제는 사실상 학습설계에서 핵심적인 문제이다. 앞의 수업 사례 분석은 학습자들이 인식하는 문제가 교수자가 제시한 문제와 어떻게 다르게 경험될 수 있는지에 대해 보여 준다. 학생들의 참여를 통해 드러난 실제 문제풀이 과정은 그들의 문제 인식이 교수자의 의도와 어떻게 다를 수 있는지 유추할 수 있게 해 준다. 이러한 차이는 학습과정에서 학습자의 동기가 어디에서 유발되는지에 관한 문제이기도 하다. 사례에서 교수자의 기대와 의도를 반영하는 교수자 맥락은 교과 내용에 기초한 개념 이해와 절차적 측면에 기초하고 있음을 볼 수 있다. 반면에, 학습자들의 경험은 실제로 경험하는 학습의 맥락, 즉 여기에서는 '다른 학생들에게 자신이 이해한 바를 설명하는 수행평가'라는 구체적인 맥락에서의 문제풀이 방식으로 경험되고 있다. 이러한 교수자와 학습자 간의 참여 맥락 차이는 참여(participation)를 통해 보이는 활동 자체의 차이가 아니라 참여과정에서의 '마음 씀(engagement)'이 어디에서 일어나는지, 다시 말해서 실제적 학습이 일어난 맥락이 어떻게 다를 수 있는지를 보여 주고 있다.

둘째, 실제 맥락에의 참여가 어떻게 학습의 과정이 될 수 있는지에 대한 관점의 전환이 요구된다. 앞에서 살펴본 수업 상황에서 문제를 푸는 동안 학생들이 보여 준 서로 간의 협력은 인지적 경험일 뿐만 아니라 정서적 공감에 가까운 경험이었다. 일반적으로 학습자의 발표 행위는 개별 학습자의 이해 정도를 드러내는 활동으로 이해된다. 하지만 개인적인 발표 행위 역시 타인 혹은 맥락을 고려한 행위라는 점에서 학습자 개인의 인지적 학습 결과를 확인하는 데 그치는 것으로는 불충분하며 협력학습에 대한 해석이 요구된다. 참여의 기본적 논리가 '대상과의 관계 맺음'이라는 점에서 이는 단순히 수학적 내용이나 수업 구성원들과의 관계에만 국한하여 적용되는 것은 아니다. 참여가 일어나는 상황에서 '우연히' 만나는 모든 맥락적 자원은 문제의 인식에서부터 풀이, 해소에 이르는 참여과정 전반에 영향을 미치며 머릿속 이해와는 또 다른 방식의 맥락적 조율 행위를 불러일으킨다.

이러한 학습자들의 경험은 참여가 교과 내용이나 지식의 이해를 돕기 위한 도구적 활동만이 아닌, 독자적 의미와 가치를 갖는 활동으로 간주되어야 함을 보여 준다. 교사의 의도나 학습자의 성찰 여부와는 무관하게 참여과정 자체가 가진 협력적 행위의 속성이 포착 가능하기 때문이다. 인예디와 스티븐스(Enyedy & Stevens, 2014)에 따르면, 협력학습을 이해하는 층위는 사고를 들여다보기 위한 것, 학습 내용을 구체화하기 위한 것, 조율적 활동과정, 학습과정 그 자체로서의 협력과 같이 다양하다. 따라서 이러한 해석 방식은 기존의 협력학습이 갖고 있던 상식적 의미를 확장시킬 수 있는 이해의 기반이 될 수 있을 것이라고 기대한다.

셋째, 참여형 수업설계에서 수업과 평가를 일원화하는 방안과 관련하여 평가 방안을 통해 공유되는 학습 결과에 대한 예상이 어떻게 실제 참여에의 맥락과 활동을 조성하는지 되짚어 볼 필요가 있다. 앞서 제시한 수업 사례에서 학생들의 참여는 자신들이 알고 있는 내용 또는 교과 지식의 적용으로만 규정할 수 없는 실제적인 활동으로 전개되었다. 실제 문제풀이 과정에서 학습자들은 풀이과정을 단순화하는 공식을 활용하기도 하지만, 공식을 활용해야 함에도 수형도라는 복잡한 풀이과정을 선택하는 상반된 모습을 보인다. 이처럼 참여 맥락에서 개별 학습자들의 문제풀이를 유도했던 '편리성'과 '용이성'조차도 학습자들이 경험하는 구체적인 상황, 예컨대 앞으로 실시될 평가 혹은 발표를 미리 염두에 두고 선택된다는 것을 볼 수 있다. 이러한 논의는 학습의 과정과 평가를 일치시킨다는 것이 어떤 이해를 기반으로 할 수 있는지에 대해 보여 주기도 한다.

대체로 참여형 수업설계에서 교사들은 학습자들의 참여 활동을 학습목표에 부합시키는 데에 어려움을 표한다. 이 장에서는 학습자들의 참여 경험에 대한 심층적 해석을 통해 학습 맥락의 다양한 층위를 살펴봄으로써 학습과 참여의 의미를 확장해 보고자 하였다. 차후에 참여를 통한 학습 결과는 교사에 의해 제시되고 학습자가 도달해야 할 무언가가 아닌, 학습자와 교사, 맥락적 조건들의 조율을 통해 성취되어야 할 과정적 합의체라는 점에 보다 주목할 필요가 있다.

제6장

역량기반 교육과정

Lectures on
Curriculum Studies and
Process of Education

1. 교과에서 역량으로

최근 국내외 교육 정책의 어젠다를 보면 핵심 지식(key skill)이나 핵심 역량(key competence)이라는 개념의 사용이 부쩍 늘어났고 교육과정 정책에도 두 개념이 적지 않은 영향을 미치고 있다. 예컨대, OECD는 달라진 사회의 조건, 즉 지식기반사회에 대비하여 생애학습의 기반을 마련하는 방향으로 학교교육을 재편할 것을 제시하고 있는데, 여기서 생애학습의 기반으로서 핵심 역량에 해당하는 지식이나 기술이 무엇인지 명시하고 있다(소경희, 2006; Harvey, 1994). 이러한 시도가 일찍이 보다 구체화된 사례로는 미국의 예를 들 수 있는데, 미국의 국립직업자격위원회(National Council for Vocational Qualification)는 "직업 관련 제반 활동에 수행되는 능력과 직무 수행에 기초가 되는 기술, 지식 그리고 이해"(NCVQ, 1988: 8)를 중심으로 국가직무능력표준(National Occupational Standards)을 제정하고 그것을 기초로 학교 교육과정이 직업 세계에서의 자격과 서로 일치하는 방향으로 변화하도록 유도하고 있다. 학교 교육과정에서 역량을 강조하고자 하는 노력은 우리나라에서도 예외는 아니어서, 생애 능력 표준을 설정하고 그것을 학교 교육과정에 반영하고자 하는 연구물들(유현숙 외, 2002)을 어렵지 않게 찾아볼 수도 있다. 소위 '역량' 중심의 교육을 지향하는 어젠다들은 학교에서 가르치는 내용을 전통적인 학문중심 교과보다는 사회적 맥락에서 요구되는 능력을 우선시하여 가르칠 필요가 있다는 입장이다. 한 사회가 제대로 기능하기 위해서는 그에 필요한 창의력, 생산력, 사고력, 의사소통 능력 등이 있으며, 그것을 학교가 가르쳐야 한다는 것이다. 나아가 역량 관련 담론은 보다 보편적인 개인의 지적 능력을 나타내는 지표나 준거로도 널리 사용되어, 일반 역량(generic competencies)이니 실용 지능(practical intelligence), 현장 역량(competence at work) 등의 개념들을 종종 찾아볼 수 있다(Sternberg & Wagner, 1985; Sternberg et al., 2000).

물론 어느 시대에나 당대에 요구되는 쓸모 있는 지식이 무엇이며 그것을 어떻게 가르칠 내용으로 반영할 것인가 하는 점은 교육과정을 설계하는 입장에서 보면 변하지 않는 주된 관심사이고 역량을 강조하는 것도 그러한 주장의 연장선상에서 볼 수 있다. 그러나 우리 주변의 여러 상황을 염두에 두고 보건대, 오늘날의 사정은 과거 그 여느 때와는 확연히 다른 듯하다. 그도 그럴 것이 우리 사회가 소위 지식기반사회라는 지금까지와는 상당히 다른 환경의 국면에 와 있기 때문이다. 확연히 달라진 오늘날의 지식 내지는 지식 생산의 속성은 전통적인 학문 교과냐, 아니면 유용한 지식이냐 하는 논쟁마저도 달리 볼 필요가 있다는 경각심을 일깨워 주고 있다. 예컨대, 이돈희(1999)는 지식 또는 지식의 생산과 관련하여 오늘날의 소위 지식기반사회를 다음과 같이 표현하고 있다.

> '지식기반사회'란 여러 가지의 단편적인 정보들이 이제는 그 자체가 자원으로 활용되고 상품적 가치를 지니기도 한다는 의미의 수준에서만이 아니라, 조직되고 다듬어진 지식을 생산하고 사용하고 교환하고 확산하고 재구성할 때 거기서 창출되는 생산적 힘과 사회적 가치에 우리의 삶이 크게 의존하게 되는 그러한 사회를 말한다(p. 1).

이러한 관점에 따르면, 지식기반사회란 이전과는 분명히 다르게 정보와 지식의 생산 및 유통 과정이 전 사회 영역과 사람들의 실천의 전 과정 속에 깊숙이 스며들어 가 있는 세계를 의미한다. 이러한 지적은 정보와 지식과 관련되어 작동하는 사회의 각종 물적 형태들(artifacts), 그리고 그러한 물적 형태들로부터 생산되는 정보와 지식을 교류하고 공유하는 소통 구조를 포함한 제반 사회적 조건들이 총체적으로 달라졌음을 인식할 필요가 있음을 보여 주고 있다. 리오타르(Lyotard, 1979)의 지적대로, 산업사회까지는 정신과 지성의 연마를 통해 지식을 생산하고 분배하는 것으로 여겨졌지만, 새로운 조건에서 지식은 팔리기 위해 생산되고 또 다른 생산을 위해 소비되는 것처럼 보이기도 한다. 생산 도구가 달라짐으로 인해서 생산에 대한 사람들의 인식, 즉 생산의 성격 자체가 변하기까지 한 것이다. 이러한 생각을 바탕으로, 지식기반사회라는 새로운 세계 안에서 삶을 살고자 하는 사람은 지식의 생성, 저장, 활용, 공유에 필요한 기본적인 능력을 소유해야 하며, 지식의 고도화 과정에 필요한 마인드, 습관, 기능을 갖추어야 하고, 실질적으로 가치를 창출해 내는 실천적 역량을 소유해야 한다는 소위 역량에 관한 담론이 형성되고 있다(이돈희, 1999). 대체로 역량 관련 담론들은 객관적이고 절대적인 지식에 대한 소유보다는 각 개인들이 자신들을 둘러싼 사회생태적 환경을 관리하고 운용할 수 있는 개인의 수행성(performacity)에 더 큰 비중을 두고 있다.

여기서 주목할 만한 사실은 역량에 관한 최근의 담론들이 교육 내용의 선정을 기존의 논리, 즉 전통주의와 진보주의의 이분법적 틀로 접근해서는 안 된다는 점을 보여 주고자 한다는 것이다. 즉, 역량 관련 담론의 논리는 전통적인 학문 위주의 교과에서 교육적 가치를 찾던 전통주의와 유용한 삶의 과정에서의 가치를 제시하고자 한 진보주의 간의 이분법적 논리 혹은 학문주의와 실용주의의 이분법적 논리로는 더 이상 설명되지 않는 다른 차원의 지식관을 요구하고 있다(Moore, 2000; Usher & Edwards, 1994). 이러한 지식관은 실제 우리가 살아가고 있는 세상 도처에서 발견 가능하다. 오늘날 사람들은 학문적 지식에서 더 이상 보편적이고 확실한 것만이 아닌 사회적이고 국지적이며 실제적인 측면이 있다는 점을 잘 알고 있으며, 거꾸로 비합리적이고 무반성적이라고만 여겨 왔던 일상적인 공간에서 사람들이 사용하는 실제적 지식도 나름대로 합리적인 구석이 있으며 성찰적이라는 데에 어느 정도 수긍한다. 더욱이 학문적 지식과 실제적 지식 간에 존재한다고 믿었던 경계 구분에 대해서도 회의적인 태도를 취하는 입장도 종종 볼 수 있다. 이러한 입장들을 받아들여 역량 담론에서 말하는 수행성이나 실용성은 전통적인 교과에서 다루는 지식과 실용적인 지식의 이분법적 구도에서 말하는 실용적 지식 이상의 의미로 통용되기도 한다.

한편, 역량 관련 담론들은 교육이 나아가야 할 방향을 제시해 주는 지향성 발언에 그치지 않고 현재의 조건과 상황에서 모종의 기능들을 발휘하기도 한다. 특히 역량의 논리와 그 논리에 발맞추어 취해진 다양한 조치는 오랫동안 만성화되어 온 기능주의적 교육관이나 경제적 가치 위주의 실용적 교육관을 새롭게 포장하는 방식으로, 정치사회적 논리와 가치를 강요하는 논리와 주장으로 둔갑해서 나타나기도 한다. 예컨대, 지식 하나를 가르치더라도 그 내용이 직업 현장에서의 쓰임새나 팀워크나 커뮤니케이션의 형성과 어떻게 연관되는지를 더 명확히 하도록 한다든지, 중등교육에서 진로교육을 접목시킨다든지 하는 데서 이러한 주장을 잘 찾아볼 수 있다.[1] 또한 그것이 사회 세계에서의 수행성과 그것을 준비시키는 프로그램 자체에 대한 진정성 있는 개혁보다는 현행 여건하에서 개인들의 학습을 통제하고 관리하기 위한 수사적 논리로 기능한다는 점 또한 부인할 수 없다(Usher & Edwards, 1994). 즉, 새로운 담론에 대한 무비판적인 수용은 개인들이 살아가고 있는 생활 세계에 대한 통제를 강화하는 새로운 관리 기법을 정당화하는 수사적인 논리로 사용되기도 한다. 예컨대, 보다 철저한 학습자 중심의 교육으로의 전환을 꾀함으로써 우회적으로 교사 전문직에 대한 통제를 보다 강화한다든지, 기초 학력을 검증하도록 하는 시스템을 구축한다든지 등의 사례들을 찾아볼 수 있다. 일부 역량 담론에 내포되어 있는 지식의 유용성에 관한 가정들은 탈이분법적인 논리를 반영하지 못하고, 여전히 좁은 의미의 실용성, 즉 현행 학교 교과의 지배적인 내용인 학문 교과를 배제하는 전통적인 이분법적 구도에서의 실용성으로 환원되어 다루어지는 듯하다. 이처럼 지식의 수행성이 실용성으로 환원되는 것에 대해서는 여러 측면에서 살펴볼 수 있겠지만, 이 장에서는 한 가지 이유로서 유용성으로의 환원이 역량에 내포되어 있는 일상적인 측면을 간과한 데에서 비롯되었다고 보고 역량의 생활 세계적 측면에 관해 살펴보고자 한다.

이 장의 목적은 최근 지식기반사회에서 요구하는 지식으로 거론되는 역량 개념을 어떻게 이해할 것인가라는 문제의식에서 출발하여, 이를 이해하는 한 가지 접근으로 사회 세계가 존립하도록 하는 보다 보편적인 토대로서의 실천적 지식에 관해 재조명해 보는 데 있다. 지식기반사회와 역량 관련 담론은 후기 산업시대의 생산과 소비의 규칙으로 지식과 정보가 생산 수단인 자본이라는 점을 부각시키고 이를 경영 관리적 관점에서 극대화하는 방안에 관해 관심을 두고 있다고 볼 수 있다. 반면, 실천적 지식에 대한 이해는 그러한 사회 시스템의 요구에 의해 그 가치가 희석화된 실천적 지식의 일상적인 측면들을 부각시키고자 하는 일종의 계몽적 기획을 의도한 것으로 볼 수 있다. 후자의 입장은 우리를 둘러싸고 있는 일상의 생활 세계가 우리의 실천적 지식을 기반으로 하고 있으며, 이러한 실천적 지식은 일상적 사회생활 전역에 걸쳐 작동하고 있는 근본적인 토대임을 보여 주는 데에 그 목적이 있다. 이러한 시도를 통해 새로운 사회 질서가 요구하는 역량이 무엇인지 낱낱이 정리할 수는 없지만, 그러한 역량을 뒷받침하는 보다 토대적인 지식이 어떤 속성을 가지고 있는지 가늠해 볼 수 있다. 아울러 토대 역할로서의 실천적 지식이 무엇인지 살펴봄으로써 지식의 수행성에 대한 우리의 이해를 좀 더 확장시켜 볼 수 있을 것이다.[2)]

이 장에서는 이를 위해 특히 상황인지론의 관점[3)]에서 탐구해 온 실천적 지식을 중심으로 정리해 보기로 한다. 상황인지론은 우리의 학습이나 경험의 과정을 제대로 이해하기 위해서는 사고와 행위 혹은 이론적 지식과 실천적 지식 간의 이분법적인 구분에서 벗어나야 한다는 입장을 취하고 있는 만큼, 역량 개념이 전제로 하고 있는 탈이분법적 관점을 드러내는 데 적절한 이론적 근거를 제시해 줄 것으로 본다. 나아가 이 장에서는 역량에서 나타나는 실천적 지식의 성격을 보다 세밀하게 검토해 봄으로써 학교 교육과정에서 역량을 강조할 때 함께 고려해야 할 점이나 선행 조건이 무엇인지에 관해 논의해 보고자 한다.

2. 실천적 지식의 일상적 속성

이 장에서는 실천적 지식이 가진 일상적 속성을 기능주의나 표상주의 지식관과의 대비를 염두에 두고 다음 세 가지 측면으로 정리해 보았다. 즉, 텍스트의 지식이 아닌 맥락을 구성하는 실천으로서의 상황 즉각성, 선형적 모형으로서가 아닌 비선형적 실천으로서의 문제해결 과정, 그리고 지식의 내재적 과정으로서의 사회적 관계의 관리와 경영이 그것이다. 이들 각각의 측면은 실천적 지식의 종류를 나타내는 개별적인 하위 범주가 아니라 실천적 지식의 일상적 속성에서 나타나는 구조적인 단면을 정리의 편의상 임의로 구분한 것일 뿐 서로 중첩되고 발생 반복적이다.

1) 상황 즉각성

실천적 지식이 가진 생활 세계적 측면의 첫 번째 특징은 상황 즉각적이라는 것이다. 이해의 편의상 이를 임의로 정의해 보면, 실천적 지식은 맥락적 요인들을 행위자가 자신의 목적에 맞게 관리하고 유도하고 새롭게 구성해 가면서 활용할 수 있는 지적 능력을 가리킨다. 그리고 실천적 지식이 지속적으로 구성되는 맥락과 맞물려 사용되는 만큼 이때 사용하는 실천적 지식은 즉각적이다. 여기서 실천적 지식이 즉각적이라는 것은 다른 말로 표현하면 구체적인 상황에서 우리가 가지고 있는 지식을 동원하고 사용하는 데 우리의 몸과 지각이 깊숙이 관여한다는 것이다. 물론 우리의 몸과 지각은 머릿속으로부터 나오는 명령에 따르는 맹목적인 기계의 작동이 아닌 해석적인 몸이고 지각이다. 거꾸로 말하면, 지식은 사고의 대상이기 이전에 지각의 대상이다. 마찬가지로 맥락적 환경은 맹목적이고 객관적인 자연이 아닌 해석의 투영물이다.

실제 세상에서 사람들이 사용하는 실천적 지식이 맥락적이고 즉각적인 지식이라고 보는 것은 지식의 다음과 같은 속성을 중요하게 고려한다는 점을 말해 주기도 한다.

첫째, 지식을 표출하는 사고와 행위가 구체적인 공간과 시간, 즉 상황 안에서 작동한다는 점이다. 다시 말해, 사고와 행위는 사회적 상황의 매 순간에 처해 그 의미를 창출해 낸다는 점이다. 이는 거꾸로 생각하면 지식의 소재지를 개인 외부의 속성에서도 발견 가능한 것으로 생각해 볼 수 있다는 것을 의미하기도 한다. 즉, 전통적으로 지식의 소재지를 개인 내부에서만 찾던 방식과는 달리 개인 외부에서도 확인할 수 있다고 본 것은 지식을 바라보는 우리의 시각이 달라졌음을 의미하기도 하고, 또 한편으로는 실제 우리가 살아가고 있는 세상이 달라졌음을 반영하는 것이기도 하다. 즉, 지식을 개인적인 소유의 대상으로서의 2차원적인 텍스트로만 여기던 근대 시대와는 달리, 오늘날의 생산과 유통의 조건들은 지식을 그러한 한정된 범위를 넘어서 우리를 둘러싼 생태계적 환경에 편재된 텍스트로 분산시키고 있다. 또한 그것은 우리의 행위를 둘러싼 물적 조건을 구성하고 있는 인공물들이 그만큼 지적인 상태에 이르게 되어 보다 세련되고 수월해졌다는 것을 반영하는 것이기도 하다(Norman, 1988). 이것은 인공물들이 별다른 어려움 없이 보다 즉각적으로 당장의 목적에 맞게 적절히 사용 가능하도록 설계되어 있다는 것을 말하는데, 이는 곧 인공물의 사용 가능성(usability)이 훨씬 높아졌음을 말한다. 공간과 시간의 질서가 일의 절차나 내용과 구분되지 않는 방식으로 구조화되어 이루어지기도 한다. 공간과 시간의 재배치는 그 자체가 마치 사람들의 기억을 담고 있는 것처럼 그 안에서 일하는 사람들에게 모종의 계획과 절차로 작용하기도 한다. 그 안에서 일하는 사람은 그러한 배치와 설계 덕분에 보다 손

쉽게 자신의 업무를 해 나갈 수 있다. 환경이 그 안에서 행위하는 사람에 대해 모종의 계획을 가지고 있는 셈이다. 물론 그 계획이 실행으로 이어지는 데에는 그러한 계획을 읽어 내고 그에 입각해 목표를 추구해 가는 암묵적인 능력이 전제되어야 함은 말할 것도 없다. 그럼에도 불구하고 인적 · 물적 네트워크가 훨씬 복잡해지고 지적으로 진화해 온 만큼 그 조건을 감안하지 않고 텍스트만을 두고 논의하기는 힘들어졌다는 점을 잘 보여 주고 있다.

둘째, 실천적 지식이 맥락적이고 즉각적이라는 것이 의미하는 바는 지식을 표출하는 우리와 어떠한 사고와 행위도 타인의 존재 혹은 타인과의 관계를 전제로 한다는 점이다. 즉, 우리를 둘러싼 어떠한 생태적 조건도 우리의 '실용적' 관심과 그것을 인식하는 '전형(typification)' 안에서만 그 존재가 우리의 인식 범위 안에 들어오고, 그러한 실용적 관심과 전형은 타자와 공유하고 있거나 타자와 연결된 간주관성을 전제로 한다.

이러한 간주관성을 토대로 한 사회적 행위는 형식주의나 구조기능주의에서 이야기하는 '구조로서의 사회'가 아닌 '타자와의 관계성으로서의 사회'를 가리킨다. 생태적 조건은 마치 그것이 객관적인 것과 같이 우리의 경험을 즉각적으로 이끌지만, 그러한 경험의 즉각성이라는 것은 사실 우리가 타자와 공유하고 있는 지식과 밀접히 맞물려져서 나온다는 것을 의미한다. 하이데거(Heidegger, 1962)의 말을 빌려 표현하면, 지식의 사용자는 세계 내 존재이다. 세계 내 존재는 사회 밖에 있으면서 그 사회와 홀로 대면하는 '주체'들을 의미하는 것이 아니라, 객체가 아닌 도구를 가지고 일상적으로 혹은 선성찰적(pre-reflective)으로 행위해 가는 과정 안에서 살아가고 있는 상황적 인간 존재, 다른 유한한 인간 존재와 더불어 의미와 실천을 공유하는 인간 존재를 의미한다. 여기서 세계란 우리의 해석을 결정짓는 관념적 세계도 아니고 객관적 자연도 아닌, 간주관성이 확장되고 체계화된 상태로서의 실제로 전개되는 생활 세계이다. 간주관성이 확장된 형태로서의 생활 세계나 사회적 연결망은 학습자가 배워 나가야 하는 지식이 사용되는 사회적 장(場)이자 자신의 경험을 실현하기 위해서 그 의미를 타협하고 공유해야 할 대상이기 때문이다.

우리가 남으로부터 물려받고, 배우고, 그것을 가지고 일을 해 나가며, 다시 남에게 내 생각을 표현할 때 취하게 되는 실천적 지식은 사실상 우리가 가지고 있는 지식의 가상적 토대(virtual foundation)로 작용한다. 그것은 곧 역량의 기초 자산이다.[4] 우리의 역량이 타자로부터 얼마나 인정받느냐 하는 것은 우리가 그러한 지식을 얼마나 잘 활용하느냐 하는 우리의 능력에 달려 있다. 흔히 역량 관련 이론이나 지표에서 대인관계에 대한 관리 능력을 역량의 한 가지 하위 범주로 보는 것도 실천적 지식의 많은 부분이 이러한 간주관적 맥락을 구성하는 데 사용된다는 점을 잘 반영한 결과라고 볼 수 있다.

2) 비선형적 문제해결 실천

상황적 요인들이 우리가 지식을 사용하는 데 어떻게 내적으로 영향을 미치는지, 다시 말하면 실천적 지식의 사용이 얼마나 맥락적이고 즉각적인지는 문제해결 과정을 통해 잘 엿볼 수 있다. 문제해결 과정의 전형을 보여 주는 전문 지식이 사용되는 실제 맥락을 보면 문제해결에 관한 통상적인 이해와는 사뭇 다르다는 점을 깨달을 수도 있다. 흔히 전문가라고 일컬어지는 사람들은 해당 분야의 전문 지식을 가지고 있다. 우리가 이러한 분야의 지식을 전문 지식이라고 부르는 데에는 여러 가지 이유가 있을 수 있겠지만, 그 가운데 다음과 같은 한 가지 가정을 찾아볼 수 있다. 즉, 전문 지식을 갖춘 사람들은 해당 상황에서 자신들만이 갖고 있는 고유한 노하우, 즉 어떤 문제를 발견하고 그 문제를 해결하기 위해 동원하는 고유한 이론이나 기술을 갖추고 있다는 것이다. 이때 그들이 동원하는 지식이나 기술은 고도로 합리적인 지식이나 체계화된 기술이기 때문에, 그리고 그들은 그러한 지식이나 기술을 어려움 없이 구사할 수 있도록 잘 숙련되었기 때문에 마치 그것들을 다양한 상황에 적용하여 문제를 척척 해결하는 것처럼 여겨지기도 한다. 그들이 부딪히는 문제 상황이란 아무리 복잡해도 동원되는 지식이나 기술을 통해 합리적으로 처리될 수 있다는 생각, 전문가들은 잘 갖추어진 지식 창고를 가지고 있고 어떤 문제 사태에 봉착했을 때 그것을 해결할 수 있는 지식을 꺼내어 쓴다는 생각 또한 찾아볼 수 있다.

상황을 좀 더 자세히 들여다보면 전문가들이 실제로 문제를 해결해야 하는 상황은 그렇게 단순하지만은 않다. 그리고 그들이 지식을 적용하고 문제를 해결하는 상황들은 소위 합리적이지만도 않고 순탄하지만도 않다. 그들이 제시하는 해결책이 나오길 기다리는 것은 상황적인 결정, 불확실한 예측, 가치 갈등을 피할 수 없는 상황이다. 전문가들이 그들의 지식을 사용하는 상황은 알고 있는 지식의 적용이라고 이해하기에는 너무도 불확실하고 복잡하다. 흔히 법률이나 의료 행위에서 전문가들이 원만한 해결을 위해 선례나 관행에 크게 의존하는 것으로 알려져 있는데 이 또한 바로 그러한 이유에서이다.

다음은 문제해결 과정의 형식적 절차로 흔히 생각하는 것들을 정리한 것이다.

- 문제는 주어지는 것이며, 주어진 문제에 관해서 알고 있는 '지식을 적용'하여 그 해결책을 탐색한다.
- 문제와 그 해결책은 뚜렷이 구분된다. 따라서 문제해결 과정은 문제의 인식에서 출발하여 그 특정한 해결에 이르게 되는 불연속적인 일련의 절차이다.
- 문제가 실제로 일어나는 상황에서 해당 문제를 따로 떼어 내 인식하고 분석한다. 즉, 문제를 해결하는 과정에서 동원되는 지식은 문제가 발생한 특수한 맥락이나 상황과 직접적으로 관련되지는 않는다.
- 문제를 해결하고자 하는 동기는 문제 상황과 문제해결 과정의 내재적 요인이 아닌 외재적 요인이다.

반면, 일상생활에서 흔히 우리가 경험하는 문제해결의 과정은 특정한 상황적 맥락 안에서 일어나면서 그 상황이 가지고 있는 일상적이며 구체적인 '생태적 특성과 함께' 드러난다. 아니, 정확히 말해 그러한 과정은 '생태적인 특성으로서' 나타난다. 사람들은 현재 지속되는 상황을 멈추고 어떤 정지된 중립적 시간과 공간으로 빠져나와 그 사태를 관망한다기보다는 지속되는 행위와 그것이 일어나는 환경적 공간에 개입되어 있다. 그렇다면 일상적 공간에서 실제로 일어나는 문제해결이란 어떤 것을 말하는가? 물론 실제 맥락에서 문제해결이 일어나는 과정은 말 그대로 실제적인 만큼 어떠한 틀로서 규정할 수 없이 변화무쌍하고 예측 가능하지 않지만, 앞서 정리한 형식적 절차의 특징들과 대조되는 방식으로 다음과 같이 정리해 볼 수 있다.

- 문제는 외부에서 주어지기보다는 주체에 의해 확인되는 것이며, 일단 확인된 문제와 그 해결책은 시작과 종료를 설정하기 어려운 만큼 그 과정은 그 시작과 끝이 모호하며, 또한 절차적이라기보다는 매우 임시응변적이고 즉흥적이다.
- 문제와 해결은 실제로 일어나는 맥락이나 상황과 불가분의 상태로 붙박여 있다. 동원되는 지식 또한 어떻게 주어진 맥락을 활용하여 해결책을 제시할 것인지 하는 관심사로 인해 지적일 뿐만 아니라 실제적이기도 하다.
- 문제해결이 종료되었다는 것은 객관적으로 명확한 해결책을 말하는 상태라기보다는 문제해결의 주변 맥락이나 다른 사람들과의 관계 안에서 타협적인 결정의 결과로 구성되는 것이다.
- 문제를 해결해 가는 과정에서 '다음에 일어나는 일(what happens next)'에 대한 기대와 예측 그리고 확인의 과정은 결정적인 동인으로 작용한다. 따라서 문제해결을 이끄는 동기는 그 과정 내에서 발견할 수 있을 만큼 내재적이다.

이 네 가지 문제해결 과정의 제 측면은 일상성 안에서 경험되는 문제해결의 특징을 잘 보여 준다. 예컨대, 일반 사람들이 생활 장면에서 어떤 계산 방식을 사용하는지 혹은 무언가를 어떻게 측정하는지에 관해 기술한 연구들을 보면, 앞서 열거한 문제해결 과정에서 나타나는 실천적 속성을 잘 엿볼 수 있다. 계산과정이나 측정 방식은 그 과정이나 결과가 매우 객관적이며 순전히 인지적인 과정으로서, 수학적인 사고방식, 객관적인 측정 도구에 의한 과학적인 조작 등의 객관적인 문제해결 과정을 전형적으로 잘 보여 주는 예라고 흔히 간주된다. 그러나 실제로 문제해결이 어떻게 일어나는지를 보면 반드시 그렇지만도 않다.

예컨대, 레이브(Lave, 1988)는 다이어트 환자들이 식사량 처방에 따라 식사를 준비하는 과정에 관해 면밀하게 관찰하였다. 여기서 그는 구체적인 상황 안에서 실천적 지식을 통해 일어나는 문제해결의 실제적 측면을 잘 보여 주었다. 그의 기술에 따르면, 다이어트 병동에 입원한 환자들은 다이어트 매뉴얼에 따라서 자신들의 식사를 준비하도록 되어 있는데, 매뉴얼에서는 환자들에게 치즈의 식사량을 2/3컵의 3/4으로 하도록 처방하고 있다. 이러한 처방에 어느 정도 익숙해진 환자의 행동을 관찰한바, 그는 잠시 머뭇거리며 생각하다가 수식에 따라 계산하지 않고($2/3 \times 3/4 = 1/2$), 치즈 덩어리를 눈짐작으로 컵에 부어 2/3쯤으로 만들고는 그것을 도마 위에 엎어 놓고 둥근 모양으로 잘 추스린 다음, 여기에 십(+)자를 그어 거기서 1/4쯤을 떠내어 든다. 여기서 치즈는 측정의 도구이기도 하고 동시에 그 측정의 결과 내지는 목표물로서 사용된다.

이러한 모습은 일상적인 상황에서 수리적 사고가 일어나는 방식이 구체적인 물건의 조작이라는 실제적 과정과 서로 떼려야 뗄 수 없는 것임을 보여 주고 있다. 치즈가 측정 도구이자 동시에 측정 대상으로 작동하는 상황에서는 객관적이며 추상적인 사고와 일상적 조작 간의 구분이 사라지게 되며, 그 과정은 사실상 평범한 일과의 연속일 뿐이다. 합리적이고 객관적인 지식의 적용이라고 파악하기에 상황 맥락적이며 일상적인 과제의 수행과정으로 보인다. 이러한 과정은 행위자 자신이 직접 경험한 과정이며, 이러한 과정이 합리적이고 객관적인 문제해결 과정이라는 것은 행위자가 자신이 진행해 온 일에 대해 사후에 부여하는 의미 차원에서 성립하는 이야기에 불과하다. 흔히 해석학에서 말하는 '해석학적 순환'은 문자와 사고 간에만 순환되는 초월적인 과정이 아니다. 사물 또한 문자와 같은 기록 장치(inscription)를 다루는 우리의 실천 안에서도 해석학적 순환은 절묘하게 구현된다. 다시 말하면, 실제적 사고는 활동의 대상으로서 그 활동이 지향하고 있는 목표인 동시에 그것을 달성하기 위해 사용되는 사고로서 활동의 일부이기도 하다. 이러한 순환성은 실천적 지식이 반성적 사고를 그 안에 체화하고 있다는 점을 말해 준다.

일상적이고 실제적인 문제해결 과정의 비선형성은 현장에서만 적용되는 것은 아니고, 학문 영역, 예컨대 과학의 수행과정에서도 마찬가지로 관찰 가능하다. 과학사회학자들은 실험실 현장에 대한 생생한 에스노그라피(ethnography)를 통해 실험실에서 사용되는 물질적인 객체들이 연구자들의 모종의 행위를 통해 과학적인 의미를 갖게 되는 과정에 관해서 자세히 묘사하고 있는데, 이 또한 구체적인 문제해결 과정이 가진 실천적 성격을 잘 보여준다. 과학사회학자 크노어-세티나와 멀케이(Knorr-Cetina & Mulkay, 1983)는 과학실험실에 대한 기술 연구를 통해 실험실 연구들이 진리를 발견하는 일이 아니며, 성공을 향한 조절(tinkering toward success)의 성격이 강하다고 말하고 있다. 어떤 기기들과 재료들을 사용할 것인가, 실험에서 나온 자료를 다루기 위해 어떤 통계함수를 사용할 것인가, 어떤 실험의 시행 가능성은 얼마나 되는가, 실험에 들어가는 비용은 얼마나 될 것인가 등의 상황 판단은 실험실 연구에서 주변적인 요인들이 아니다. 어떻게 하면 외부 세계로부터 기대하는 효과를 얻을 수 있는가에 천착한 기술을 발휘하는 과정이다. 이러한 과정은 자연 세계의 발견이나 이미 성립된 가설에 대한 확증이나 반증이라고 하기에는 비합리적이며, 인위적이고, 사회적인 것으로 보인다. 실천적인 측면에서 보면, 과학자는 브리콜뢰르(bricoleur), 즉 손재주꾼에 비유할 수 있으며, 그가 성취한 과학적 산물은 그 본성상 하이브리드(hybrid), 즉 잡종이라고 할 수 있다(Lynch, 1993).

또한 일상적인 바깥 세계에서 실제로 경험하는 문제해결이 한 개인이 다른 사람을 포함한 주변의 다른 환경으로부터 고립된 채 그의 머릿속에서 홀로 일어나는 순수한 인지적 과정과는 다르다는 점은 사회의 직업 세계에 종사하는 사람들이 그들의 일을 수행하는 과정을 통해 잘 드러난다. 어찌 보면 문제해결의 과정을 개인의 머릿속에서만 일어나는 일로 치부하는 기능주의적 관점은 오늘날 사람들이 수년간의 학교생활 속에서 경험하는 개인주의적 경쟁문화와 결부되어 서로가 서로를 재생산해 주는 구조로 자리 잡아 왔다고 볼 수 있다.

이처럼 문제를 직면하는 순간부터 해결에 도달하기까지의 과정은 실제로 문제에서 해결로 이르게 되는 일련의 절차나 개인의 머릿속에서만 일어나는 '순수한' 인지과정이 아닐 수도 있다. 보통 사람들은 문제에 직면함과 동시에 그에 대한 실제적인 해결을 어렴풋이 짐작하기도 한다. 혹은 현재의 상태나 조건과 타협하여 그 해결책을 구안하기도 한다. 심지어는 문제해결을 연기하는 것 자체가 문제를 해결하는 차선의 방법으로 취해질 수 있다. 해결에 대한 기대와 눈앞의 목적이 그 과정에 철저하게 작용하기 때문이다. 즉, 일상생활에서 우리가 흔히 경험하는 바로서의 문제해결은 눈앞에 벌어지는 일을 당장의 목적에 맞게 다루어 내는 능력을 가리킨다. 다시 말해, 이는 곧 과정적 측면에서 본 문제해결이기도 한데, 행위의 진로에 있어서 현재 진행되는 행위 다음 단계에서 일어나는 변수들에 관해 어느 것들은 관련된 것으로, 또 어느 것들은 관련되지 않은 것으로 처리하는 능력 같은 것이다. 우리의 행위는 어느 경우에 있어서도 낱낱의 행위의 연합이나 연속이 아니라 서로 맥락화되어 진행되는 방식, 방금 전 행위에 대한 지식, 다음 행위에 대한 기대 등이 현재에 지속되는 행위에 철저하게 스며들어 있기 때문이다. 따라서 문제나 그에 대한 해결책은 항상 서로 구체적 상황과 관련하여 서로 내적인 연관성을 가지고 출현한다. 문제해결은 오직 실험실 그리고 그와 전제를 같이하고 있는 테스트 장면과 같은 상황에서만 그 자체로 목적이 된다. 그러나 일상적인 장면에서의 문제해결은 그것이 일어나는 전후 맥락과 관련하여 수단적 의미만을 갖는다.

문제를 확인하고 해결하는 과정에서 실제적 지식을 사용하는 능력이 사람들이 지력을 사용하는 데 있어서 생길 수 있는 사소하거나 주변적인 행위 정도로 치부되는 것에 대해서는 재고의 여지가 있다. 오히려 문제해결의 과정은 신비스러운 지식의 구조이나 고도로 정교화된 기술의 작용 이전에 이러한 일상적 실천이 가지는 경제성, 즉 실천의 합리성(rationality of practices)에 근거한다(손민호, 2005). 여전히 인지주의적 패러다임을 취하는 인식론적 입장에서는 지식의 사회적 속성이라 할 수 있는 지식이 사용되는 실제 상황, 즉 상황적 요인에 관해서는 제대로 다룬 바 없다. 이렇게 지식의 사회적 속성을 고려하는 것은 교육 활동에서 교육 내용으로서의 지식을 제자리로 다시 환원시키는 일과 다르지 않다.

물론 여기서 강조하고자 하는 것이 선형적인 문제해결 과정이란 불가능하다거나 존재하지 않는다는 것은 아니다. 그보다는 그러한 과정이 실제 상황에서 나타나는 것은 일상적이며 구체적이고, 그래서 실천적인 양상을 띠고 우리에게 경험된다는 것이다. 여기서 실제 상황에서 문제해결 과정이 복잡하다는 것은 문제도, 문제의 해결도 구체적인 상황과 떼려야 뗄 수 없는 방식으로 우리에게 경험된다는 점을 지적한다. 다시 말해, 그 상황에서 일어나는 일 가운데 무엇이 문제이며 무엇이 문제해결인지 구분 불가능한 방식으로 발생한다는 의미이다. 지식이라고 우리가 생각하는 바로 그것이 사용자의 실천 안에 녹아들어 말 그대로 맥락화되면 더 이상 그 지식은 우리가 생각한 바대로의 지식이 아니다.[5] 그것은 우리의 실천 안 어딘가로 숨어 버리고 사실상 그 상황에서 일어나는 잡다한 일들과 구분이 불가능해진다. 문제해결 상황 안에서 나타나는 즉흥적인 행위나 소음조차도 지식이 녹아 있는 문제해결 과정의 일환인지 또는 단지 주변적인 일들에 불과한 것인지 분간하기 어렵다. 이처럼 실제적 측면에서 보았을 때 문제해결 과정이란 맥락적 조건을 수용하고 다른 사람에게 자신의 수용 방식을 설득하기도 하고 조정 또는 변화시키기도 하면서 자신이 목표로 하는 상태로 이끌고 가는 능력으로, 이는 곧 실천적 지식의 일상적인 측면을 잘 보여 준다.

3) 지식의 내재적 과정으로서의 사회적 관계의 관리와 경영

실천적 지식이나 그에 대한 학습은 도구나 환경에만 국한되지 않는다. 타인은 학습의 조건인 사회생태적 환경에 단지 포함되는 것뿐만 아니라 훨씬 더 큰 역할을 한다. 타인은 사회생태적 환경을 구성하고 있는 모든 구성물이 어떤 의미와 기능을 가질 수 있는지 안내해 주는 지표 역할도 하기 때문이다. 따라서 우리가 경험하고자 하는 대상에 어떻게 접근할 수 있는지, 그리고 그러한 접근 가능성을 누가 통제하고 있고 그것이 누구에게 어떻게 허용되는지는 우리가 어떤 영역에서 역량을 갖추게 되는 데 중요한 역할을 한다. 어떤 전문적인 일에 접근할 수 있는 가능성으로서의 학습 기회의 제공은 그 일에 종사하는 사람들 간의 관계에 영향을 받게 마련이다. 그리고 그러한 힘의 관계는 보다 거시적 차원의 관점을 요구한다. 즉, 타자와의 관계는 우리에게 무엇을 배울 수 있고 무엇을 배울 수 없는지에 대한 중요한 지표가 된다. 이렇게 볼 때 지식에 관한 이론은 사실상 사회 질서에 관한 이론이기도 하다 (Latour, 1993).

예컨대, 어떤 조직에 갓 들어온 신참들이 섭렵해야 할 업무 지식의 범위는 무한하다. 그는 조직에서 하고 있는 업무와 그 조직 자체가 어떻게 유지되고 있는지에 관한 감각을 키워 나가야 하는데, 여기에는 누가 그 조직에 관여하고 있는지, 그들이 무엇을 하는지, 그들의 일상은 어떠한지, 구성원들은 어떻게 말하고 걷고 일하는지, 심지어는 어떻게 자신들의 삶을 살아가는지, 고객 등 조직 외부의 사람들을 어떻게 대하는지, 구성원들은 언제, 어떻게, 무엇에 관해 함께 협력하고 서로 갈등하는지, 그리고 무엇을 좋아하고 무엇을 싫어하는지 등이 포함된다. 사회 세계에서 관여하게 되는 일이란 대개가 일과 지식이 구분되지 않은 상태, 학습과 인간관계가 구분되지 않는 상태 그리고 합리적인 것과 정의적인 것이 구분되지 않은 상태인 상황들의 연속으로 되어 있다. 어디까지가 지식이고 어디가 아닌지에 관해 뚜렷한 경계란 존재하지 않는다. 이는 마치 우리가 접하게 되는 상황들을 목하 의도에 맞게 관리하고 운용하는 데 동원되는 모든 지적인 요소(실천적 지식이라고도 함)가 사실상 문화나 관례와 같은 전형적 지식으로 구체화되어 있는 것과 같다. 또는 이들 지식은 명시화하기에 너무 변화무쌍하며 다양하고 애매모호하다는 점에서 '암묵적 지식'이라고 일컫기도 한다.

이는 전문성을 요구하는 일에서도 마찬가지이다. 어떠한 전문성도 지식을 갖추는 것과 같은 해당 분야에 관한 객관적인 개인의 능력만을 지칭하지는 않는다. 그것은 해당 분야의 범주화(labeling) 정책과도 깊숙이 관련되어 있다. 그리고 그러한 범주화 기준들은 해당 분야의 종사자들끼리 공유하고 있는 실천적 지식에 의존하여 적용된다. 이러한 사회적 관계 안에서의 상황 관리 능력은 다음과 같은 점에서 조직이나 공동체에서의 수행 능력과 관련이 있다.

- 어떠한 전문가라도 전문 지식의 수준과 상관없이 전문 지식과 더불어 모종의 상호 주관적 인지 양식을 차용하게 마련이다.
- 전문가들이 차용하게 되는 상호 주관적 인지 양식은 전대에서부터 내려오고 동시대인들과 공유하고 있는 해석들로 구조화된 생활 세계에 그 기반을 두고 있다. 슈츠(Schutz, 1962)의 표현을 빌리자면, 일상 안에서 행위자들은 세상에 대해 일정한 분류 체계와 그것의 구성 요소인 전형

방식을 가지고 있으며, 우리가 공유하는 상호 주관적 세계는 이러한 전략을 통해 존속 가능하다.

물론 여기서 전문 지식이 곧 상식적 지식이나 실천적 지식과 같은 차원이라고 말하려는 것은 아니다. 그보다는 어떠한 경우에도 전문 지식의 사용은 상식적 지식이나 실천적 지식으로부터 자유로울 수 없음을 말하고자 하는 것이다. 전문가가 전문 지식을 사용하는 상황은 양자가 어떻게 구분되는지조차 알 수 없도록 불가분의 상태로 출현하고 경험되는 과정으로 구성되어 있다. 오늘날 지식사회학자들이 지적하듯이, 과학적인 또는 전문적인 지식과 비과학적인 또는 비전문적인 지식 간에 경계(demarcation)를 설정하는 것은 가능하지 않다. 흔히 지식사회학자들은 근대에 들어 지식을 사회와 독립적인 요소로 간주하기 시작하면서 전문 지식이라는 것이 생겨났다는 의견에 대체로 동조한다(Macdonald, 1995). 전문 지식이 권력에 의해 합법화되고 전체 사회 구성원들의 합의를 얻게 됨에 따라 자연은 명시적 지시체로 전면에 등장하게 되고 생산 집단의 정체는 암묵적 지시체로 숨어 버리게 된다. 근대 사회에서는 인지적 준거라고 하면 지식의 진위나 타당성 여부를 가늠하는 기준으로서 경험적 자연 세계를 떠올리지만, 이는 어디까지나 그 시대에서 통용되던 역사적인 관습이었을 뿐 근대 이전 사회에서는 수많은 사회제도가 인지적 준거들로 작용했다는 지적 또한 시사적이다.

더욱이 현대에 와서도 전문직들이 수행하는 실천이 상당한 정도의 불확실성을 여전히 포함하고 있고, 형식적이고 합리적인 지식 체계는 이러한 불확실성을 정당화하는 수단으로 존재한다. 전문가의 지식이라고 하는 것은 추상성이 지나치면 단순한 형식주의로 보이게 되며, 구체성이 지나치면 기예에 불과하다고 간주되기 쉽다. 그런 연유에서 지식과 기술의 소유자는 이 양 극단의 중간 지점에 자리를 잘 잡아야만 전문가적 판단력을 성공적으로 행사할 수 있다. 그런 점에서 이러한 지식과 기술은 암묵적이면서 동시에 사회적이다.

이런 점에 비추어 볼 때, 의도하든 그렇지 않든 지식이라는 개념을 여전히 사용하면서 기존의 용법과는 다른 의미를 전달하기란 쉽지 않다. 혹은 기존의 사용 의미로부터 벗어난 새로운 의미란 수행 과제의 지적 특성과 직접적으로 관련된 것, 예컨대 정보나 아이디어, 사고, 판단 등 인지적 요소를 가리키는 것으로 비춰진다. 문제는 지식이라는 개념을 사용한다는 것이 아니라 실천적 지식에 관해서 보고자 하는 경우에조차 인지적인 의미에서의 지식관에서 크게 벗어나지 못하고 양자 간의 차이를 자칫 무시하고 오해한다는 데에 있다. 즉, 인지주의적 · 주지주의적 도식 안에 갇혀 실천과 같은 다차원적인 형태로서 성공적으로 탈피하는 데 한계가 있는 것이다.

나아가 실천적 지식의 일상적 속성들이 구체화된 형태로서 공동체라는 개념을 들 수 있다. 보다 최근에 일의 세계나 진정성 있는 참학습(authentic learning)의 특징을 일컬을 때 흔히 인용되는 실천공동체론(Lave & Wenger, 1991)은 개인들의 지식과 학습의 생태적 조건으로 작용하는 공동체를 반영한 개념으로, 이 장에서 다루고자 한 실천적 지식의 일상적 속성을 잘 보여 준다.[6)]

예를 들어, 웽거(Wenger, 1998)가 제시하고 있는 공동체의 속성들을 간략하게 살펴보면 다음과 같다.

- 구성원들이 서로에 대해 의존적인 관계를 유지하고 있다.
- 함께 추진해 나가는 일이 있다.
- 서로 공유하고 있는 지적 자산이 있다.

여기서 우리가 주목해야 할 점은 실천적 지식이란 당면하고 있는 일이나 업무 그리고 그러한 일을 처리해 나가기 위해 동원되는 지적 자산의 사용에만 필요한 것이 아니라는 점이다. 실천적 지식의 상당 부분은 사회적 관계를 관리하고 유지하는 데 사용된다. 바로 이 점은 학습을 순전히 개인적인 사건으로 보는 것은 학교 학습과 같은 특정한 학습의 양식만을 가리키는 것이며,

사회 세계에서 우리가 흔히 경험하는 학습의 유형들 혹은 실천적 지식의 사용은 자신과 관심을 같이하는 타자와 공동으로 이루어진다는 것을 잘 보여 준다. 이를 보다 간략하게 말한다면, 일종의 지식 관리 및 소통 능력이라고 할 수 있다. 역량은 사회적 능력을 말하는 것으로, 광범위한 의미로서의 '타자와의 소통 능력'을 가리킨다. 자신의 지식이나 기술, 이를 포함한 실천이나 수행 방식은 해당 일과 관련된 '중요한 타자'를 전제로 하고 있다는 점, 세상의 모든 실천이 나 이외에 누가 이해하고 인정하며 어떻게 이해하고 인정할 것인가를 암묵적으로 상정한다는 점 등을 볼 때, 해당 분야에서 지식을 터득하고 역량을 갖추게 되었다는 것은 곧 그가 참여하는 해당 세계의 질서를 파악한다는 것을 의미한다.

역량의 개념과 관련하여 실천공동체에 관한 개념의 상정과 논의가 주는 시사점은 다음과 같이 정리해 볼 수 있다.

첫째, 지식기반사회의 실질적인 토대가 되는 사회 자본의 성립 조건에 관해 잘 보여 준다. 개인이 가지고 있는 지적 자산이 사회 자본 가운데 핵심 요소라고 본다면, 이러한 지적 자산이 성립하고 제대로 작동할 수 있는 조건 또한 중요한 사회 자본이라고 할 수 있다. 개인들이 소유한 지적 자산에 관한 지적은 사회자본론에 관한 일련의 논의에서 잘 엿볼 수 있는데, 예를 들어 류석춘 등(2003)은 사회 자본이라는 개념이 성립하기 위해서 폐쇄적인 연결망과 포괄적 호혜성에 기반을 둔 공동체의 존재가 필수불가결한 조건이라고 하여 공동체적 관계망은 한 개인이 학습할 수 있는 범위에 관해 생각할 때 매우 중요한 포인트임을 잘 상기시켜 준다. 상황인지론에서 거론하는 실천공동체 논의는 개인의 학습이 순수한 의미에서의 개인적 문제만이 아니며, 혹은 선험적 지식 습득의 문제가 아니며 타자들과의 관계가 어떠한 역학 구도로 엮여 있는지 판단해 볼 수 있는 탐구의 출발점에 단초를 제공한다고 볼 수 있겠다.[7] 즉, 구성원들 간의 관계는 지식을 창출하고 공유하는 데 실질적 토대이고, 그러한 신뢰 관계를 유지하고 관리하는 능력은 역량을 구성하는 핵심 요인 중 하나임에 틀림없다. 이 장에서 제시하는 실천적 지식의 일상적 속성도 바로 이러한 사회 자본을 의미하는 것이기도 하다.

둘째, 소위 지식기반사회라는 변화된 사회적 환경에 걸맞는 역량과 사실상 그러한 역량의 내용을 결정하는 조직 양식이 무엇인지 보여 주고 있다. 학교 밖 성인들의 세계나 일의 세계를 염두에 두기 위해서는 조직 행위 내지는 제도 양식을 떠나서 설명할 수 없다. 사회 세계의 성인들 대부분에 있어서 그들의 행위나 학습 등은 그 안에서 혹은 그와 연루되어 일어나는 것으로 생각할 수 있기 때문이다. 서두에서도 잠깐 언급했듯이, 소위 포스트포디즘으로 특징지을 수 있는 현대 사회 세계의 사회 조직들은 근대의 생산 양식에 걸맞게 발달되어 온 관료화된 조직의 형태에서 탈피하여 보다 유연한 생산 체제를 요구하고 있다. 지식 생산 영역을 포함한 사회 전반에 걸친 생산 양식과 유통 방식이 변화됨에 따라 생산 양식뿐만 아니라 생산 관계에 있어서 중심/변두리, 높음/낮음으로 가늠될 이른바 수목형의 계층성 강한 구조는 점차적으로 사라지고 관계나 조직이 나무뿌리의 얽힘을 닮은 수평적인 연관체인 리좀(rhizome)형이 대두되고 있다는 것이다. 실천공동체는 이러한 리좀형 조직의 형태를 전형적으로 잘 보여 주는 지식 혹은 학습 생태계의 구체화된 예라고 볼 수 있다.

이렇게 보면, 역량은 곧 지적인 인공물이나 타자들과 결부되어 있는 '상황'을 관리하는 능력이나 행위를 가리킨다. 지식기반사회에서 업무 자체가 탈분화됨에 따라 사회적 능력의 중요성이 점점 더 부각될 것이라고 본 사회 이론가들의 지적 또한 동일한 맥락에서 이해할 수 있다. 여기서 업무 자체가 탈분화한다는 것은 특화된 업무로부터 벗어나서 폭넓고 보다 다양한 솜씨를 발전시키는 방향으로 변화하는 경향을 의미한다. 현대 조직에서는 근로자들이 조립 생산 라인에서 어떤 일정한 단계를 완성하거나 문서의 자료를 데이터베이스에 넣는 것과 같은 특별히 규정된 기능을 수행하는 데 책임을 지고 있는 반면, 포스트모던 조직의 작업자들은 작업과정의 더 많은 단계에 관여하도록 되어 있다는 것이다. 이러한 관점에서 보면 대인관계나 자기관리 능력을 지능의 속성으로 간주해야 한다는 실천지능론자들(Sternberg et al., 2000)의 주장 또한 이해할 법하다.

3. 지식의 수행성과 학교교육의 내용 및 형식

이상에서 살펴본 실천적 지식의 일상적 속성을 염두에 두고 볼 때, 특정한 지식이나 가치를 역량의 핵심 내용으로 주장하기 이전에 함께 고려해 보아야 할 것들이 있다.

첫째, 역량에 관한 담론의 초점을 지식 선택의 기준에 관한 논의로만이 아닌, 지식의 수행성 혹은 실천성에 관한 논의로 수용하여 다루는 균형적인 관점을 유지할 필요가 있다.

지식의 유용성에 관한 논의는 역량에 관한 담론에서 항상 뒤따라 다니는 바와 같이 일종의 프로크루스테스의 침대와도 같다. 그만큼 그 개념이 쓰이는 맥락이나 사용자의 의도에 따라 유용성의 의미는 얼마든지 달라진다. 반면, 실천적 지식의 일상적 속성은 상황 즉각적이어서 현장 지식(local knowledge)이라고 할 수 있으며 관계 지향적이고 사회적이어서 상식적인 지식(commonsense knowledge)에 가깝다고 할 수 있다. 또한 실천적 지식은 지식이라고 할 수 없을 만큼 포괄적인 의미의 지식으로, 자칫 지식으로 환원해서 생각하기 쉬운 오류를 범하기 쉽다. 그러나 말 그대로 역량을 특정한 성격의 지식으로 환원해서 파악할 경우 자칫 특정한 영역에서의 지식이나 가치, 예컨대 경제적 교환 가치가 높은 지식만을 가리키는 것으로 생각하기 쉽다. 반면, 우리의 이해를 바꾸어 지식의 외연 범위를 확장해 볼 경우, 일상적인 생활 세계에 기반을 두고 있는 지식의 속성에 대해 새롭게 이해할 수도 있다. 실제로 오늘날의 지식과 정보의 폭발적 팽창이 오히려 그러한 토대적 지식이 얼마나 중요한지 깨닫게 해 주는 계기로 작용한다고 볼 수도 있다. 예컨대, 이러한 실천적이고 토대적인 지식이 오랫동안 연마되고 닦여 내려오면서 외형화된 지적 자산을 교양 지식이나 문해 능력과 밀접한 관련이 있는 지식으로 볼 수도 있다. 즉, 우리가 살아가고 있는 사회의 특정 시스템이 특정 가치나 지식의 중요성을 강조하면 할수록, 반대급부적으로 교양이나 문해 능력과 같은 기초적이며 보편적인 성격의 지식은 더욱더 가치를 발휘할 수도 있다. 이는 단순히 수사적인 역설의 주장이 아니라 우리 현실에서 경험할 수 있는 사실이다. 예를 들면, 실제로 오늘날 고도로 발전된 자본주의 체제는 잉여 가치를 물질적인 상품의 생산과 유통에서만 찾지 않는다. 어떤 체험이나 지식이 상품적 가치로서 잉여 가치를 극대화할 수 있는가 하는 가능성은 무한히 열려 있다. 그것이 역량 관련 담론에서 염두에 두고 있는 지식기반사회의 한 가지 특징이기도 하다. 결국 어떠한 상황에서도 우리의 생활 세계는 어느 편파적 가치에만 치우치지는 않는 듯하다. 사회제도의 변화된 속성이 우리가 살아가는 실제 세계를 전적으로 결정하지 못하는 것도 바로 이러한 연유에서이다. 즉, 제도와 생활 세계는 항상 변증법적인 상호작용을 통해 서로 간에 영향을 미치고, 그에 따라서 우리는 외부의 변화 압력에 일방적으로 그리고 결정적으로 좌우되지 않고 상당히 일관되고 안정적이며 균형 있는 삶을 살아갈 수 있다.

둘째, 역량 중심의 학교 교육과정으로의 이행은 교육 내용의 구성 방식의 문제만이 아니며, 교육과정 운영 틀 자체의 변화로 확대 해석하여 접근할 필요가 있다.

실천적 지식의 일상적 속성을 염두에 두고 보면, 일상의 경험 속에서 의미를 새롭게 부여하고 그로부터 학습에 이르게 되는 것은 바로 우리의 실천이 가진 맥락적 · 즉각적 성격 때문이다. 우리가 학교 수업을 소위 불활성화된 지식을 가르치는 것, 그리고 그것을 배우는 개인들에게 의미를 주지 못하는 것으로 흔히 느끼는 이유 역시 바로 여기에 있다. 학교 수업에서 다루는 지식을 경험하는 상황은 실천의 즉각성이 인위적으로 정교하게 통제된 상황이다. 여기서 학교에서 다루는 지식이 불활성적이라고 하는 것은 곧 학교를 통해 배우는 지식에 즉각성과 맥락성이 결여되어 있다는것을 의미하기도 한다. 역량을 길러 주는 교육과정에 대한 요구도 일면은 이러한 이유에서 나온다고 볼 수 있다.

한편, 현재의 교육 내용의 체제, 즉 우리가 교육과정이라고 명명하는 것은 그것을 운영하는 방식과 교묘하게 맞물려 발달해 왔다. 다시 말하면, 현재 우리가 알고 있는 교과의 분류나 구조 그리고 거기에 담고 있는 내용들은 그것을 운영하는 방식, 기존의 실천이라는 조건 속에서 형성되어 온 것이다. 만약 그렇다면, 역량 중심의 새로운 교육과정 체제를 계획하는 것은 교과 내용의 재구성 문제라고 보기보다 학생들이 그 내용들을 경험해 가는 실천 방식이 어떻게 달라질 수 있을까 하는 문제의식을 가지고 접근할 필요가 있다.

그도 그럴 것이 고도로 체계화된 학교의 운영 방식에서 찾아볼 수 있는 독특한 생태적인 제반 조건은 교과 내용이 무엇이 되었든 상관없이 학습이 특정한 방식으로 일어나도록 조장하는 경향이 있기 때문이다. 예컨대, 학습과 일상적 경험은 뚜렷이 구분되고, 학습에는 시작과 종료가 있으며, 지식을 머릿속에 담는 식으로 개인적으로 일어나는 일 등으로 이해하는 것은 학교 학습의 관행과 관련된 것으로서, 학습의 전형으로 생각되기도 한다. 이러한 특성들은 근대 학교제도가 보편화되면서 학습에 관해 널리 공유되어 있는 상식이 되기도 한다. 그러나 우리는 한편으로는 학교 학습을 보편화된 학습 양식으로 받아들이면서도, 다른 한편으로는 학교 학습을 학교가 아닌 다른 공간, 특히 덜 형식적인 생활 세계에서 일어나는 학습과 비교해 보아 상당히 괴리를 느끼기도 한다. 즉, 학교 학습이 적어도 학교 밖에서 혹은 우리의 생활 세계에서 일어나는 자연스러운 학습과는 다른 모습을 갖고 있다는 점에 대해서 어느 정도 공감할 것이다. 한편, 앞에서 정리한 실천적 지식의 일상적 속성들은 학교 학습과 상당히 동떨어진 모습을 보여 주기도 한다. 예컨대, 레즈닉

(Resnick, 1987)은 학교 학습과 학교 밖 학습 간의 차이에 관해 다음과 같이 지적한 바 있는데, 이는 학교 학습의 한계에 관해 생각해 보는 데 시사적이다.

- 개인적 사고 대 협력적 사고
- 순수한 지적 활동 대 도구 조작 활동
- 추상적 지식의 조작 대 맥락적 사고
- 일반화된 이론적 지식의 학습 대 상황 구체적 능력의 사용

물론 학교 학습과 학교 밖 학습을 이분법적으로 단절된 것으로 구분할 수 있느냐 하는 의문을 제기할 수도 있지만, 이러한 구분을 통해 우리는 학교 학습과 학교 밖 학습이 얼마나 다른지 판단해 볼 수 있다. 사실 앞선 구분은 소위 평생교육 분야에서 흔히 개념화하고 있는 바에 따라 표현하면 형식적 학습과 무형식적 학습 간의 차이를 나타내기 위해 내려진 구분이기도 하다. 그리고 여기서 '형식'이 무엇이냐 하는 데에는 여러 가지 대답이 있을 수 있겠지만, 학교와 같은 제도에서 교육과정이 운영되는 틀로 볼 수도 있다. 교육과정을 제도적 범주로서의 운영 틀로 해석하고자 하는 노력은 숙의적 관점의 전통에서도 여러 차례 시도되어 왔다. 숙의적 관점은 교육과정의 정의를 교과 내용에만 국한시키지 않고 그 운영제도, 예컨대 출석 등의 교육과정 이수 방식이나 교실(class), 분절화된 수업 시간, 제도적 역할로서의 교사와 학생의 범주 등으로까지 확장시켜 해석한다(Reid, 1999). 학습 내용도 학습 경험에 중요한 요인이지만, 그 내용을 담는 맥락, 즉 제도적 틀 역시 그 경험에 미치는 중요한 요인이기도 하다.

결국 여기서 지적하고자 하는 포인트는 역량의 학습은 그러한 지식이 사용되거나 전달되는 맥락의 문제와 밀접히 관련되며, 사실상 그 맥락을 결정짓는 학교 교육과정 운영 방식의 형식 틀을 접어 두고 교육 내용의 성격에 관해서 이야기하는 것은 한계가 있을 것이라는 점이다. 즉, 역량 중심의 교육과정

의 당위성에 대한 주장은 학교교육 내용을 선정하고 조직하는 대안적인 방식으로만 국한되지 않을 것이다. 그것은 교육과정을 운영하는 제도 틀 자체에 대한 성찰로 이어질 것인데, 더욱 본질적으로는 학교 외 경험들에 대해 학교 학습과 상응하는 지위를 부여할 것인가 하는 문제로 귀착되기도 한다. 그것은 곧 앞에서 언급한 학교 학습과 학교 밖 학습 간의 전통적인 경계를 허물고자 하는 사회 변화의 연장선상에 있는 것으로 볼 수도 있다. 역량 관련 담론에서는 역량이라는 내용도 내용이지만, 그것을 인증하는 형식, 즉 학교와 바깥 사회의 직업 세계 간에 학력을 보다 편리하게 상호 교환할 수 있는 시스템으로 학교 교육과정 운영 방식의 형질을 변화시켜야 한다는 주장도 엿볼 수 있다(한승희 외, 2009).

역량 관련 담론에는 더 많은 경제적 이윤을 창출하기 위해 학교에서 배우는 지식이 갖고 있는 수행성의 가치가 극대화되어야 하고 이를 위해서는 노동 시장에서 요구하는 것들을 반영하는 방식으로 학교 교육과정을 보다 유연하게 운영할 필요가 있다는 주장이 함축되어 있다. 여기서 유연하다는 것은 보다 효율적이고 생산적인 의미를 창출하기 위해서 필요한 조건으로서, 교육의 내용과 관련하여 필요하다면 전통적인 지식의 구조를 탈피하거나 다양한 프로그램이나 다양한 수준을 넘나들 수 있도록 한다는 것을 의미한다. 그러나 교육과정을 유연하게 한다는 의미는 내용의 선정과 조직의 수준에만 국한되지 않는다. 그것은 교육과정의 운영 방식과 관련해서 필요하다면 전통적인 이수 방식, 즉 선형적이며 완고한 형태의 출석에 의한 이수 방식에서 탈피하여, 다양한 프로그램이나 다양한 수준을 수월하게 넘나들 수 있도록 프로그램들을 교환 가능하게 하고, 오프라인 출석에 의한 이수 방식보다는 성취 결과에 따른 학력 인증 방식이 가능한 형태로 전환해야 한다는 점을 강조하는 것이기도 하다. 학교제도에서의 교육과정과 관련해서 역량 관련 담론은 역량에 내포되어 있는 상황적 속성을 제대로 담아내기 위해서 2차원적인 텍스트의 구성 이상으로 그 논의의 폭을 훨씬 확대할 필요가 있다.[8)]

4. 새로운 역량 담론을 향하여

이 장에서는 현재 일부 역량 담론이 지식의 유용성을 강조하는 방향으로 흐르는 기저에는 여전히 지식에 대한 이분법적 구도에서 나온 기능주의나 표상주의 지식관으로의 환원주의가 깔려 있다고 보고, 이분법적 논리를 극복하는 차원에서 지식의 수행성을 중심으로 역량의 개념을 이해해 보고자 하였다. 이를 위해 이 장에서는 지식의 수행성의 의미를 실천적 지식의 일상적 속성들에서 찾고자 하였다. 그리고 실천적 지식의 일상적 속성들을 상황 즉각성, 비선형적 문제해결 실천, 지식의 내재적 과정으로서의 사회적 관계의 관리와 경영 차원에서 정리해 보았다. 이러한 속성들은 지식기반사회라는 사회 시스템의 요구나 거대 담론에 가려 자칫 간과하기 쉽지만, 만약 그것이 없다면 지식기반사회는 물론이거니와 지식 자체도 존립 가능하지 않게 되는 일종의 토대적 지식이기도 하다. 그런 점에서 실천적 지식의 일상적 속성을 역설적으로 표현하여 '사회기반 지식'[9]이라고 할 수 있다. 사회기반 지식이 우리 시대 역량의 중요한 핵심으로 불거져 나온 것은 변화하는 사회 시스템이 작용한 결과가 아니라 그러한 변화에 대하여 생활 세계, 즉 실천적 지식의 일상적 속성이 반응한 결과라고 볼 수도 있다.

이런 점에서 소위 지식기반사회에서 요구하는 역량에는 특정한 가치나 지식도 있겠지만, 그에 앞서 그러한 특정한 가치나 지식이 제대로 작동하기 위해 필요한 조건이 무엇인지 그리고 그 조건으로서 실천적 지식이 가진 특징들에 관해 잘 살펴볼 필요가 있다. 실천적 지식의 일상적 속성이 우리에게 시사하는 바는 학교교육 내용에 반영하고자 하는 바로 그 역량에는 워낙 일상적인 측면이 있어서 특정한 가치나 지식으로 객체화하기도 어렵다는 것이다. 실천적 지식을 객체화한다고 했을 때에는 환원의 위험이 항상 뒤따르기 마련이고, 그것은 곧 학문이나 보편적 지식과 상치되는 좁은 의미의 유용성이라는 형식화된 잣대로 나타나기 쉽다.

아울러 실천적 지식의 일상적 속성이 시사하는 바는 역량을 학교교육의 내용으로 다루기 위해 함께 생각해 보아야 할 조건이 학교교육 내용을 재구성하는 차원으로만 국한되지 않는다는 것이다. 실천적 지식의 일상적 속성은 좁은 의미의 지식의 성격이나 종류에서 나온다기보다는 그 지식과 관련되어 이루어지는 실천의 방식 자체에서 오는 것이기 때문이다. 그것은 학교의 교육과정을 운영하는 형식까지도 재고의 대상이 되어야 한다는 점을 보여 준다. 학교 교육과정의 운영 형식이나 내용 면에서 역량 담론의 범위를 훨씬 광범위하게 확대해 볼 필요가 있다.

후주

1) 지식기반사회나 역량 담론이 갖고 있는 기능주의적 편견에 대해서는 교육과정 연구 분야에서도 종종 지적되어 왔다. 예를 들어, 강현석(2000)은 그의 논문「지식기반사회가 추구하는 지식 개념의 비판적 검토」에서 지식사회 담론이 지식 혹은 교육과정에 관한 전통적인 담론 속에서 이미 지적되어 온 것들을 재포장한 것에 불과하며, 이러한 재포장을 통해 결국 특정한 지식, 즉 자본적 잉여 가치가 있는 지식만을 강조하고 있다고 비판한다.

2) 교육과정 분야뿐만 아니라 교육학 전반에서 실천적 지식에 관한 연구의 범위는 매우 넓다(예: 손민호, 2005; 조영태, 1998; 홍은숙, 2004). 따라서 이 장에서는 실천적 지식을 상황인지론으로 그 범위를 한정 지어 다루고자 한다. 거꾸로 말하자면, 실천적 지식에 관해 다루는 만큼 상황인지론과 연관된 논의들의 범위는 일일이 거론하기 어려울 정도로 현대 학문적 논의에서 훨씬 포괄적이고(Turner, 1994) 이미 상황인지론에 상당 부분 반영되어 있어 결과적으로 하나의 패러다임을 이룬다고 말할 수 있다.

3) 상황인지론의 관점을 취해 보면, 우리가 배우고 따르게 될 지식은 개인의 내부가 아닌, 우리를 둘러싼 사회생태적인 환경에 편재해 있다. 지식의 생산을 둘러싼 사회

기술적 체제나 지식의 생산 및 유통 속도나 과정 등 사회적 환경이 매우 빠르게 바뀌고 있고 이에 대한 접근 통로 또한 훨씬 다양해지고 넓어졌다. 자신이 원하는 지식이나 정보가 어디에 있는지, 그것을 어떻게 이용할 수 있는지와 같은 일종의 접근의 문제로 대두되었다. 우리의 접근 대상이 되는 사회생태적인 환경에는 세상을 이루고 있는 것들, 예컨대 물건, 자료, 책, 도구, 테크놀로지 등 각종 정보원들이 포함된다. 학습은 이러한 정보원들을 활용하고 도구를 사용하는 능력을 섭렵하는 데 달려 있다. 이러한 관점에서 보면, 우리는 지식을 소유하는 사람이라기보다는 유저(user), 즉 지식을 사용하는 사람이다. 인간은 개인 소유의 지식이라는 일정한 짐을 항상 머리에 이고 다니는 존재가 아니다. 우리에게 지식이 있다면 그것은 우리 몸에 체화된 지식을 활용하는 능력이다. 지식의 소재지에 관해 이야기하자면, 지식은 상황 안에 존재한다. 우리는 상당히 구조화된 상황, 즉 일상생활 속에서 끊임없이 지식을 생산하고 포장하고 유통하는 일을 하고 있는 셈이다. 말 그대로 우리가 관여하는 일상생활이 곧 지식 관리(knowledge management) 그 자체인 것이다. 이러한 상황인지론은 행동주의와 인지주의와는 달리 마음의 작용을 간주관적으로 나타나는 상황적 행위 속에서 볼 수 있는 총체적 현상으로 파악하려고 한다는 점에서 행동주의와 인지주의에 이어 제3의 패러다임으로 평가받기도 한다(Greeno, Collins, & Resnick, 1996).

4) 기초 자산이라는 표현은 사회학에서 다루어 온 사회자본론 논의에서 빌린 것으로, 이 또한 사회를 유지 · 존립 가능케 하는 지적인 토대로서 실천적 지식의 생활 세계적 측면을 잘 보여 준다. 사회자본론(류석춘 외, 2003)에 따르면 신뢰, 호혜적 관계 등이 사회 자본을 형성하는 기초 자산이다. 상식적 지식(commonsense knowledge), 즉 공유된 지식이라고 하는 것은 일상생활에서 자연스럽게 타인들과 공유하는 지식으로서, 여기서 중요한 것은 나의 지식과 타자의 지식이 동일하다는 것이 아니라 그것이 서로 공유한 지식이라고 기대되고 신념의 근간이 된다는 것이다. 이는 지식을 기반으로 한 정서적 유대의 토대이기도 그것은 상호 주관적 의미로서 이를 풀어 설명하면 다음과 같이 표현해 볼 수 있다. 즉, 갑돌이는 자신의 기대가 무엇인지 알고 있을 뿐만 아니라 갑순이도 갑돌이가 그 기대를 알고 있다는 사실을 안다는 것을 갑돌이가 아는 것을 의미한다. 이러한 기대 신뢰는 일이나 지식을 창출해 내고, 공유하며, 발전시키는 데 토대가 된다. 그것이 없으면 우리의 행위는 무의

미할 뿐만 아니라 해석 또는 소통 불가능하다. 사회적 관계를 가능하도록 하는 새로운 지적 자산이 어떻게 생성되고 인정받으며 기존의 것을 어떻게 변형시키고 발전하는지에 대한 기반이 된다. 경험을 공유하는 타인과의 관계는 그들이 공유하고 있는 경험이 동일하다는 객관주의적 토대에 의해서 성립된다기보다는 호혜적 신념과 같은 정서적인 공감대가 토대가 되어 구성된 것이다.

5) 실천적 지식의 이러한 측면을 두고서 혹자는 실천적 지식의 암묵적 측면이라고 지적하기도 한다. 그러나 이 장에서 말하고자 하는 실천적 지식의 일상적 속성은 암묵적 지식의 개념에서 간과된 사회적 · 공동체적 측면이다. 실천적 지식이 가지고 있는 사적 · 공적 측면에 관한 논쟁은 지식사회학 연구 영역에서는 상당히 활발히 전개되어 왔다. 예컨대, 실천적 지식에 관해 생각해 볼 때 대표적으로 떠올릴 만한 것으로 폴라니(Polanyi, 1958)의 암묵적 지식론을 들 수 있다. 폴라니는 실천적 지식을 암묵적 차원에서 파악함으로써 실천적 지식이 가지고 있는 개인적인(personal) 측면을 강조하고 그러한 측면이 합리적이지 않은 것이 결코 아니라는 점을 보여 주어 편협한 합리주의를 극복하는 데 상당한 기여를 하였다. 그럼에도 불구하고 암묵적 지식 개념은 이 장에서 말하고자 하는 실천적 지식의 상황적 · 일상적 속성, 즉 생활 세계성이 갖고 있는 말 그대로의 복잡성(complexity)을 간과하고 있다. 거꾸로 말하면, 암묵적 지식은 실천적 지식이 갖고 있는 상황적 · 일상적 복잡성을 단순화하기 위해 구안된 개념이다. 언술화가 가능하지 않아 개인적인 것으로 간주되는 암묵적 지식은 '알고 보면' 공동체의 구성원들이 공유하는 아비투스(habitus)나 에토스(ethos)이고 생태적 상황과 관계를 반영하는 '만물상'의 속성을 갖는다. 폴라니의 암묵적 지식론은 한편으로는 주관적인 측면에, 그리고 다른 한편으로는 '전통'이라는 객관적 조건에 기대면서 이중적인 잣대로 지식의 생산과 공유 방식에 관한 이분법적 설명 방식으로부터 완전히 자유롭지는 않다고 볼 수 있다(Lynch, 1995).

6) 실천공동체(CoP) 개념은 어떤 연구에서 다루고 있는지 일일이 거론하기 어려울 정도로 교육공학이나 평생교육, 경영학 등에서 널리 사용되고 있다. 상황인지론의 패러다임을 일부 혹은 전격적으로 수용하고 있는 입장에서는 교육과정 설계를 2차원적인 텍스트의 설계에서 벗어나 학습 환경이라는 3차원적인 텍스트에 대한 설계의 문제로 다루고 있는데, 실천공동체 개념은 여기에서 중심 개념이기도 하다.

7) 공동체가 지식 창출의 기반이 된다는 사실이 학문의 세계에서나 학문 외 사회 세계

에서 구분 없이 마찬가지로 적용된다는 점은 지식사회학자들의 연구들을 통해 밝혀져 왔다. 지식의 공동체적 기반은 근대 세계에서 학문의 전형을 보여 주고 있는 과학적 지식의 생산에서도 마찬가지로 적용된다. 쿤(Kuhn)은 일련의 유사한 문제군을 자신들의 탐구 대상으로 받아들이는 공동체적 에토스를 가리켜 패러다임으로 불렀고, 사실상 과학적 지식의 생산과 보급에 공동체적 기반이 깊숙이 작용하고 있음을 지적하였다. 보다 최근에 소위 지식사회학자들(social studies of science)은 과학 지식의 밑천으로서 과학공동체의 메커니즘에 관해 주목하였다(Knorr-Cetina, 1999). 과학과 비과학의 경계 구분에 대한 이러한 반박은 곧 학문 지식과 실용 지식 간의 이분법적 구분이 애매모호할 수 있음을 보여 준다.

8) 실제로 교육과정 운영 형식에서의 변화는 근래 들어 현격히 찾아볼 수 있다. 예컨대, 교육과정의 모듈화, 경험학습의 인정이나 이러닝 체제의 확산, 출석에 의한 이수보다는 학습 결과의 인증에 의한 이수 등은 서로 맞물려 고정된 시공간을 바탕으로 하는 형식교육의 틀로부터 벗어나고자 하는 움직임이다. 이것은 모두 교육 내용보다는 학습 결과 혹은 지식의 수행성을 중심으로 한 변화의 요구를 반영한 것들이라고 할 수 있다.

9) 사회기반 지식이라는 표현은 순전히 연구자가 조합해 낸 것으로, 사회 전체 시스템에 덧붙여진 소위 지식기반사회라고 하는 거대 담론이 가지고 있는 아이러니와 허구성을 역설적으로 나타내기 위해서, 그리고 그러한 담론들이 우리가 실질적으로 의존하고 있는 지식에 대해 실제적인 토대 역할을 하는 생활 세계 기반의 지식에 대해서 가하는 압력과 왜곡을 극적으로 지적하기 위해서 사용한 것뿐이다.

제 7 장

탈기능주의 교육과정

Lectures on Curriculum Studies and Process of Education

1. 탈기능주의 관점

역량기반 교육과정은 어젠다 수준을 넘어서서 교육과정의 편성 및 운영에 있어서 구체적인 실행 정책으로 반영되고 있다. 2015년 개정 교육과정은 역량기반 교육과정을 지향하고 있을 뿐만 아니라 그것이 교과 교육과정에 실질적으로 반영되도록 하고 있다. 보다 구체적으로는 역량기반교육의 세계적 흐름에 발맞춰 교육부가 2016년부터 전국 모든 중학교에 자유학기제를 도입하겠다고 발표했다. 자유학기제란 '중학교 교육과정 중 한 학기 동안 학생들이 중간・기말고사 등 시험 부담에서 벗어나 꿈과 끼를 찾을 수 있도록 수업 운영을 토론, 실습 등 학생 참여형으로 개선하고 진로탐색 활동 등 다양한 체험 활동이 가능하도록 교육과정을 유연하게 운영하는 제도'를 말한다.

실제 학교교육에서 회자되고 실천되는 그것의 중요성과 관심에 비해 실제 역량기반 교육과정을 둘러싼 모형과 담론 그리고 이러한 것에 의해 뒷받침되는 자유학기제는 교육과정으로서의 의미와 성격 그리고 구체적인 모형으로 자리 잡지 못한 채 어젠다의 성격을 벗어나지 못하고 있는 실정이다. 예컨대, 역량기반 교육과정이 새로운 시대의 요구에 걸맞게 자유교육의 이념이나 경험중심 교육과정 그리고 목표 모형 등 종전의 교육과정 논리 및 모형과 어떤 차별성을 갖고 새로운 교육과정 모형을 보여 주는지에 관한 논의는 찾아보기 어렵다.

한편, 자유학기제 시범운영 연구학교의 추진 방향을 깊이 들여다보면 진로탐색 집중학년제와 연계되면서 핵심 영역으로 진로교육이 강조되고 있는데, 대부분이 직업체험 교육으로 이루어지고 있다. 또한 연구학교에서 일반화한 내용을 수용하여 운영하고 있는 현장 학교들의 교육과정에서도 진로교육을 그 중심에 놓고 직업체험 위주의 교육으로 방향을 잡고 있다.

직업체험 학습은 진로교육의 중요한 영역이다. 하지만 역량을 직업 능력 개발이라는 좁은 의미로만 해석하여 진로교육을 직업 체험 위주로만 진행해서는 안 된다. 단순히 직업을 잘 찾아가는 것이 진로교육이 아니라는 것이다. 역량기반 교육의 실현을 위한 진로교육이 이렇게 직업 체험 위주의 교육으로 진행되고 있다는 것은 단순하게 직업 역량 요소를 심어 주기 위한 교육에 치중하고 있는 것으로 볼 수 있다. 이는 능력이나 체험이라는 협소한 목표를 달성했을 뿐, 더 넓은 의미의 역량을 위한 교육이라고 보기에는 다소 무리가 있다. 그러므로 진로교육은 더 넓은 의미의 역량으로 확장하여 미래 사회에서 요구하는 다양한 인성을 익히고 포괄적으로 내면화하여, 상황과 맥락을 잘 인식하며 자신의 역량을 마음껏 발휘할 수 있는 성인으로 성장할 수 있도록 진행되어야 한다.

마찬가지로, 최근 개정 국가교육과정에서는 역량기반 교육과정을 구현하고자 하였다. 그러나 역량의 총체성과 사회성보다는 분절화된 기술(skill) 수준으로 환원시켜 왜곡하여 반영함으로써 추후 그 실효성에 의문을 남기고 있다.

역량기반 교육과정이 종전의 교육과정 모형과 차별성을 가진 교육과정 모형으로 자리 잡지 못하고 있는 데에는 여러 가지 이유가 있겠지만, 그 가운데 하나는 교육과정 개발 모형에 깊숙이 자리 잡아 온 기능주의 이해에서 찾을 수 있다.

전통적으로 교육과정 이론과 설계는 이른바 기술적 합리성이라는 이념하에 다루어져 왔다. 교육과정 재개념화주의자인 파이너(W. Piner) 교수는 교육과정 분야 연구자의 85~95%가 기술적 합리성과 결탁되어 있거나 깊은 연관이 있다고 주장한다. 교육과정 분야에서 기술적 합리성은 1920년대 과학적 경영 운동과 그 맥을 같이하여 전개되었고 보비트(F. Bobbit)와 같은 교육과정에 관한 초기 연구자들에 의해 적극적으로 수용되었다. 기술적 합리성에 기반을 둔 초기 교육과정 연구자들은 교육과정을 설계하는 단계에서 과학적으로 접근함으로써 학습의 효율성을 꾀할 수 있다고 보았다. 그리고 총체화된 인간의 경험이나 일, 더 나아가 삶과 문화 등을 분절화된 요소들로 환원시켜 다룰 수 있다고 믿었다. 한 세기가 지난 지금 돌이켜 보면 그러한 신념은 20세기를 풍미했던 기능주의와 과학주의가 가진 순진한 생각에서 비롯되었다.

교육과정 영역에서 나타나는 핵심적인 기능주의 이념과 논리가 무엇인지 열거해 보면 다음과 같다(손민호, 2014).

- 교육과정과 교육과정이 실현되는 조건, 예컨대 교육과정 운영 또는 교육과정 거버넌스는 서로 분명히 구분된다.
- 교육과정은 객관적이고 보편타당해야 하는 만큼 무인격적(in-personal)이고 탈맥락적인(decontextualized) 지식의 체계로 되어 있다.
- 교수 방법이 주어진 교육 내용에 대한 전달 체제인 만큼 교육과정은 투입과 산출의 문제로 다루어진다.
- 교과는 가장 합리적이고 보편적인 지식의 구조로 되어 있는 만큼 삶과의 연관성 문제로부터 상대적으로 자유롭다.
- 교과 내용은 항상 하위 요소, 예컨대 영역 및 단원 등으로 분절화될 수 있다.
- 지식과 경험, 정서, 활동 등은 각각 서로 성격이 다른 독립된 교육과정 요소이다.
- 교사는 텍스트를 매개로 학습자들과 집단적으로 그리고 기능적으로 관계를 맺는다.

푸코(Foucault, 1980)에 따르면 시대마다 지배적인 통념을 규정하는 서로 다른 인식층(episteme)이 존재한다. 학교교육과 관련해서 우리 시대에 지배적으로 팽배하고 있는 개념이 있다면 그것은 기능주의에 전제되어 있는 전달 모형 그리고 습득의 문화(culture of acquisition)로 규정해 볼 수 있다(Lave,

1988). 오늘날 학교교육에 관한 담론과 실제를 가로질러 전횡하는 기능주의 이념에 따른 습득의 문화는 교육과정을 둘러싼 담론에 만연해 있으면서 우리로 하여금 현실 가운데 어떤 측면을 오해하거나 간과하도록 한다. 오래전부터 슈왑(Schwab, 1973)은 현장에 결코 맞지 않는 과학주의적인 교육과정 모형의 이론을 포기하고 학교교육을 둘러싼 실제(practicality)에 관해 면밀히 검토할 필요가 있음을 주장하였다. 여기서 과학주의는 실제 현실의 복잡하고 개별적인 삶의 양태를 통제 가능한 몇몇 기능적인 요인으로 환원하고자 하는 기능주의를 전제로 한 이념을 가리킨다.

교육과정 연구 영역에서는 오래전부터 기능주의 교육과정 모형에 상응하는 대응적인 담론들이 지속적으로 다루어져 왔다. 대표적인 예로는 소위 교육과정 재개념화주의에서 제기되어 온 쿠레레, 즉 삶의 궤적으로서의 교육과정 담론을 들 수 있다. 삶의 궤적 또는 정체성(identity)의 형성과정으로서의 교육과정 개념은 교육과정 개발의 논리나 모형보다는 개인, 특히 청소년기 개인의 생애 형성과정에 관한 이해주의 입장을 취함으로써 교육과정 개발 모형과는 거리가 먼 것으로 알려져 있다. 이 장에서는 역량의 총체적인 성격을 반영한 교육과정을 설계하고자 할 때 한 가지 대안으로서 정체성 개념이 탈기능주의 교육과정 개발의 논리와 모형으로 정립 가능한지에 관해 살펴본다.

2. 역량기반 교육과정의 두 가지 해석: 신자유주의와 공동체주의

하그리브스(Hargreaves, 2011)에 따르면, 오늘날 교육 영역에서 상정하고 있는 역량을 소위 지식사회가 요구하는 능력의 의미로만 받아들인다면 그것은 편협한 오해 때문이다. 오히려 그는 지식사회를 넘어서는 보편적인 요구에 귀 기울여 역량의 의미를 살펴보아야 한다는 것을 다음과 같이 역설하였다.

> 우리는 편협함과 개인주의, 배척과 불안정이 점점 커지는 균형 잡히지 않은 세상에 살고 있다. 따라서 지식사회의 대응 세력으로서의 교사가 된다는 것은 성취도뿐만 아니라 인격을, 인지적 학습뿐만 아니라 사회적이고 감정적인 학습을, 전문적 지식의 학습뿐만 아니라 개인적이고 전문적인 개발을, 협동뿐만 아니라 집단의 삶을, 인지뿐만 아니라 배려를, 모험과 변화에 대한 촉진뿐만 아니라 일관성과 안정성을 보존하는 데 관심이 있다는 것을 의미한다. 그것은 사회적 자본을 개발하여 민주주의의 정서적 토대를 쌓고 세계주의적 정체성의 핵심을 형성하는 것을 의미하는 것이다. 지식경제를 넘어서는 교육이라는 것은 단지 가치를 전달하는 것뿐만 아니라 가치에 의해 추구되는 새로운 직업을 갖는 것을 의미한다 (Hargreaves, 2011, pp. 125-126).

지식사회를 준비시키고자 하는 신자유주의 흐름을 반영하는 차가운 의미에서의 역량을 넘어서서 공동체 일원으로서의 자질과 개인적 탁월함을 동시에 추구하는 따뜻한 의미에서의 역량이란 무엇일까?

이러한 맥락에서 핵심 역량을 바라보는 입장은 신자유주의 관점과 공동체주의 관점으로 구분해 볼 필요가 있다. 전자는 '지식기반사회에 대비하는' 교육의 수월성 및 지식의 수행성과 학교의 책무성을 강조하면서 기능적 합리성을 극대화하는 방안으로 역량기반 교육과정을 역설해 온 반면, 후자는 '지식기반사회를 넘어서는' 보편적 지성을 다루는 교육과정의 중요성을 강조해 왔다. 예컨대, 창의성이나 협력이라는 가치는 새로운 세대들에게 준비시켜야 할 지식기반사회에 부응하는 새롭게 부각된 가치이기도 하지만 '오래된 미래'와 같이 새로운 사회에서도 지속 가능하게 될 보편성을 담고 있는 가치이기도 하다.

신자유주의 교육관에서 학교 교육과정에서 강조하게 될 핵심 역량은 직업능력일 것이라는 기능주의적 인식이 다소 드리워져 있는 만큼 기존의 교육과정 목표 모형, 즉 교육을 하나의 훈련으로 보고 구성하는 교육과정 모형과 차별성은 없다고 보아도 무방하다. 또한 이러한 입장에서는 역량은 지식의 수행적 가치를 반영한 지적인 행위로 표출된 행동이어야 한다는 행동주의적 인식과 더불어 받아들이는 경향이 있다. 이는 결과의 효율성을 제1목표로 두고 사태를 인식하기 때문에 초래된 현상이다.

반면, 공동체주의 관점에서 보면 핵심 역량은 보편적인 인격성의 개념과 다르지 않다. 여기에서 공동체주의란 개인의 정체성은 공동체적인 토대와 공생적 조화의 관계에 있다고 말하는 입장을 가리킨다(송재룡, 2001; Wenger, 1998). 전통 사회에서 기존의 인성 개념이 전통이나 관습의 규칙 또는 규율을 따르는 것이라는 소극적인 도덕적 덕목을 강조했다면, 현대 사회에서는 보편적인 인격성 개념으로서 규칙 또는 규율을 따르는 것을 넘어선 적극적인 덕목이 요구되고 있다. 이러한 덕목은 글로벌 사회의 다원적 가치를 이해하고 포용할 뿐만 아니라 불확실성의 시대가 초래하는 예기치 못한 상황들에 대처하고 변화무쌍한 상황들 속에서 일관성을 유지하고 관리해 나가야 하는 능력을 가리킨다. 변화무쌍하게 질주하는 물적 환경 안에서 정체성이라고 하는 일관된 태도와 행위를 유지 및 형성하는 것은 소극적인 사안이 아닌 적극적인 사안의 문제로 바뀐 것이다. 자신의 선택과 결정 그리고 참여와 헌신의 덕목이 중요한 덕의 한 측면이고 핵심 역량은 이러한 측면에서 고려되어야 한다.

이러한 보편적 인격성은 지식과 경험 그리고 실천이 비판적 사고를 통해 통합된 것으로, 인성과 감성을 아우르는 총체적인 개념이다(김태준, 백선희, 홍영란, 류성창, 장근영, 2014). 역량은 다음과 같은 점에서 보편적인 인격성을 띤다고 볼 수 있다.

첫째, 역량은 특정 기능적인 능력과는 다르게 정체성이 표출된 상태인 정서의 양태를 띤다. 그것은 역량의 통용적인 어법을 살펴보면 잘 알 수 있다. 예컨대, '그는 역량 있는 사람'이라고 표현할 때에는 그에게서 실현태보다는 가능태, 뭔가를 실현하고자 하는 태도와 정서를 더욱 발견할 수 있다는 것을 의미한다. 기든스(Giddens, 1991)는 현대성과 그에 따라 요동치는 정체성은 동전의 양면과도 같다고 피력하면서, 성취한다는 것은 내가 선하다는 느낌, 가치 있는 사람이라는 느낌을 촉진하는 것을 뜻하기 때문에 성취를 위한 노력은 도덕적인 현상이라고 지적한 바 있다. 그에 따르면, "나는 내 자신의 자기가치를 고양시킴에 따라 더 많은 온전함, 정직, 동기, 원기, 사랑을 느낄 것임을 안다"(Giddens, 1991: 149). 유사한 의미에서 하이데거(Heidegger, 1927)는 진정성(authenticity)이 어떤 선험적 본질을 회복하는 것이 아닌 '바로 그것다움' '바로 나다움'을 실현하는 것에 있다고 주장하였다.

둘째, 능력(ability)은 개인 내적인 힘의 의미를 담고 있는 반면, 역량은 개인 간 혹은 개인과 그가 처한 상황 간의 관계를 의미한다. 제대로 내면화된 지적 능력은 상황적으로 그리고 실제적으로 발휘된다고 볼 수 있는데, 이는 개인의 능력이 그가 처하게 되는 상황적 조건과 맞물려서 표출되기 때문이다. 예컨대, 개인은 그에게 어떤 능력이 있어도 어떤 환경적 조건하에서는 그것을 발휘하지 않을 수도 있다. 새로운 문화권에 들어간 낯선 이방인은 그의 문화권에서 아무리 역량 있는 사람이었다고 할지라도 새로운 문화권에서는 역량 있는 사람으로 처신하기가 쉽지 않을 것이다. 마찬가지로 내키지 않은 조직에 몸담은 구성원은 자신의 역량을 힘껏 펼치지 않는다. 결국 역량의 의미에는 그 당시 현실화된 현실태적인 의미의 능력으로서의 역량뿐만 아니라 '어떤 상황에 처하게 되었을 때' 발휘되는 미래 성취에 대한 의지와 노력의 부가 등 가능태적인 의미, 곧 열린 지평의 정서와 태도도 함께 포함되어 있다. 이러한 맥락에서 곽병선(1998)은 역량을 '상황주도력'으로 규정하기도 하였다.

셋째, 역량은 개인 내적인(intra-personal) 능력이 아닌 개인 간(inter-personal) 능력의 속성을 띤다. 역량은 체화된 지식이나 기술, 즉 암묵지나 실천지 형태로 발휘된다. 이러한 암묵지나 실천지는 개인적 수행이나 연습을 통해 성취되지만 그 이면을 보면 타자와의 부단한 조율과 협상이 개입되어 있다. 이러한 암묵지나 실천지가 그 개인의 정체성, 즉 정체성과 밀접히 연관되어 있는 것도 바로 이 점 때문이다. 정체성은 다른 사람이나 사물과 자기 자신을 동일시함이라는 의미를 담고 있다. 즉, 정체성의 형성과정은 다른 누군가와 자기 자신을 동일시 하는 데서 출발한다. 자기 자신의 타인과의 동일시는 상상과 정서적 유대가 기반이 되어야만 가능하다(Wenger, 1998). 특히 실존적인 자기 선택과 결정 그리고 타자들의 집단(constellation), 즉 공동체와 자신의 동일시에서 나오는 참여와 헌신의 덕목은 기능적 합리성으로 설명될 수 없다(손민호, 2007).

이러한 점에서 역량은 인지와 정서, 실천 행위가 서로 불가분의 관계로 기능하는 양태를 가리킨다. 따라서 총체적 구조로서만 기능함으로써 성립하는 역량은 하위 요소의 분할 방식으로는 형성될 수 없다. 문제해결 능력, 대인관계 능력, 정보활용 능력 또는 인성 역량, 사회 역량 등으로 핵심 역량의 하위 요소 또는 종류를 분절화해서 다루는 것은 역량을 다루는 방법으로 타당하지 않다. 사회와 기술의 구분, 인지와 비인지의 구분은 역량을 통해 꾀하고자 한 교육의 방향과는 거리가 멀다. 물론 어떤 능력들이 요구되고 강조되는지를 분명히 하는 데에는 필요하다. 그러나 그것을 역량기반 교육과정 설계에서 핵심 내용으로 다루는 것은 재고될 필요가 있다. 가법적인 역량기반 교육과정의 설계는 사실상 종전의 목표 모형으로 귀결되기 쉽다.

역량교육을 정체성 형성의 과정으로 보고자 하는 관점은 과거 돌봄의 공동체로서의 학교교육의 논리나 협력적 가치를 고양시키는 교육의 논리보다 훨씬 근원적이다. 왜냐하면 지식이나 앎이라고 하는 것은 구성원들이 공존하면서 의미를 공유하고 정체성을 형성하며 하나의 인격체로 성장해 나가는 과정을 기반으로 해서 나오는 부차적 산물이라는 인식론적 전제에 근거해 있기 때문이다.

정체성으로 수렴되는 자기 자신의 스타일, 성향, 태도 및 정서 등은 반복되는 선택과 결정 속에서 형성되는데, 이는 상황을 보고 인식하고 행위함에 있어서 제 의미를 선택하고 결정하는 데 성찰과 기대라는 우리 사유의 기제가 작용함으로써 가능하다. 그리고 자신이 동일시하고자 하는 공동체는 그러한 성찰과 기대에서 암묵적인 준거로 작용한다. 타자들로 구성된 집단을 자신과 동일시하고 그에 부합하려고 하는 데에서 요구되는 참여와 헌신의 덕목은 기능적 합리성으로 설명될 수 없다. 암묵지와 실천지의 속성을 내포하고 있는 역량은 바로 그러한 속성으로 인해 인격적 측면을 근간으로 함양된다.

공동체주의 관점에서 보면 역량은 글로벌 사회의 다원적 가치를 이해하고 포용할 뿐만 아니라 불확실성의 시대가 초래하는 예기치 못한 상황들에 대처해야 하며, 변화무쌍한 상황들 속에서 일관성을 유지하고 관리해 나가야 하는 능력이다. 역동적인 물적 환경 속에서 정체성이라고 하는 일관된 태도와 행위를 유지하는 것은 소극적이 아닌 적극적인 사안의 문제로 바뀌게 된다. 그리고 이러한 현상은 정체성을 기반으로 하는 삶의 궤적 중심의 평생교육을 의미하게 된다.

〈표 7-1〉 신자유주의와 공동체주의의 비교

신자유주의	공동체주의
기능적 합리성 (functional rationalism)	보편적 지성 (universal intellectualism)
차가운 역량 (cold competence)	따뜻한 역량 (warm competence)
역량기반 교육 (competence-based education)	정체성 기반 교육 (identity-based education)
직업교육 중심의 진로교육 (career education in vocationalism)	삶의 궤적 중심의 평생교육 (life-long education in life trajectory)

3. 정체성 메타포와 '삶의 설계 체제'로서의 학교 교육과정

목표 모형에 의거한 역량기반 교육과정은 그 역량과 역량교육에 관한 이해가 작금의 21세기 글로벌 사회의 흐름에 균형 있고 총체적인 기반을 두고 있지 않고, 편파적인 가치와 비전에 바탕을 두고 있다. 지속 가능한 사회의 존립을 위해 핵심이 되는 공동체적인 따뜻한 역량보다는 신자유주의 사회에서 요구하는 차가운 역량을 강조하고 있다. 그 결과, 교육의 가치와 기능을 직업을 위한 역량으로 환원시켜 다룬다. 나아가 평생학습사회(life-long learning society)에서 요구되는 올바른 시민 육성을 위한 평생교육에는 '삶을 위한, 삶을 통한, 그리고 삶에 대한 역량'이 필요한데, 그럼에도 이는 간과되는 경향이 있다. 양 갈래의 두 가치와 비전은 동전의 양면과도 같이 양립되기 어렵다.

삶을 위한 역량이란 역량의 비인지적 차원들, 즉 공감과 협력 및 조율 등의 정서가 기초가 되어 형성되는 지적인 역량을 말한다. 삶을 위한 역량으로 연계된 교육은 삶이 우선이고 학습은 그다음이라는 논리를 취한다. 학습도 그것을 경험하고픈 정서적 여건이 갖춰질 때 비로소 성취되기 때문이다. 더 나아가 역량기반 교육과정을 운영하기 위한 조건은 소통과 참여라는 구성원들의 헌신을 통해 배양된다. 역량기반 교육과정의 성과는 어떠한 특정 프로그램의 기획으로도 수렴되지 않는다. 그것은 오직 학교의 생태적인 여건이 무르익었을 때만 그 결실을 맺는다. 그래서 학교에서 민주주의와 참여는 이러한 역량이 지향하는 '촘촘한 돌봄'의 삶을 위한 교육과정이 설 수 있는 기반 조건이다. 아무리 좋은 프로그램도 구성원들의 소통과 참여 없이는 그 질을 담보할 수 없기 때문이다.

역량기반 교육과정을 편성 · 운영한다는 것은 곧 삶의 설계를 교육과정 편성 및 운영에 있어서 핵심 원리로 받아들인다는 것을 의미한다. 교육과정을 학생의 삶의 설계과정으로 본다는 것은 곧 넓은 의미에서의 진로 활동의 일환으로 교육과정을 편성·운영하도록 하는 것을 말한다. 여기서 넓은 의미의 진로 활동이란 학생이 '어떤 삶이 좋은 삶인지' '자신이 기대하는 삶을 살기 위해서는 어떤 준비가 필요한지' 그리고 '교육과정 경험이 자신이 추구하는 삶과 어떤 연관성을 갖는지' '교과 내용이 자신의 정체성 및 이를 둘러싼 세상과 어떻게 연관성을 갖는지'라는 질문을 통해 스스로 자신의 삶을 설계함으로써 자신의 현재와 미래의 정체성을 탐색하고 형성해 나갈 수 있도록 하는 활동을 말한다(이수광, 2014). 삶의 설계로서 구현된 교육과정은 학생이 자신의 삶을 바람직한 방향으로 개척할 수 있도록 그 경로를 안내하는 기제라고 할 수 있다.

이를 위해 단위학교는 학생이 자신의 진로 희망에 맞는 학습 이력을 갖출 수 있도록 하기 위해 학교 교육과정을 유연하게 편성·운영하도록 한다. 단위학교는 학생이 자신의 적성을 발굴하고 진로를 탐색하며 자신의 삶의 궤적을 설계해 나갈 수 있도록 하기 위해 수준별 교육과정, 적성과 진로에 따른 선택 교육과정, 그리고 개인 연구, 직업 탐색 및 체험 등 진로 중점 프로그램을 적극적으로 개발하여 운영하도록 한다.

교육과정을 정체성 혹은 삶의 설계로 바라보는 관점은 교육과정 연구 영역에서는 결코 새로운 관점이 아니다. 교과 지식과 삶을 유리시키고자 하는 기능주의에 대한 재개념화주의자들의 비판은 낯설지 않다.

> 지식은 자기 자신의 의미를 생성하는 자기형성적 과정, 즉 앎의 주체와 알려진 대상 간의 해석 관계를 포함하는 과정과는 거리가 멀다. 앎의 주체적인 측면은 사라지고, 오직 축적과 범주화가 지식의 목적이 된다.…… 전통적인 교육과정 모형은 지식이 단지 외부적 현실에 '대한' 것이 아니라 비판적 이해와 해방을 지향하는 자기 지식이라는 중요한 생각을 놓치고 있다(Giroux, 1988, p. 60).

전통적인 교육과정학자 슈버트(Schubert, 1986)가 예고한 교육과정을 바라보는 시각의 변화는 시대적 전환의 예후를 잘 반영하고 있다.

> 교육과정학의 지평으로 새롭게 부각되기 시작한 모형 가운데 하나로 교육과정을 정태적이 아닌 동태적인 개념으로 보고자 하는 소위 쿠레레라는 관점을 잘 눈여겨볼 필요가 있다. 이 관점에서는 교육과정을 경주로라는 어원적 의미로 받아들이는 대신, 경주로에서의 경주, 즉 한 개인이 자신의 삶의 궤적(autobiography)을 탐색하고 일궈 나가는 과정으로 보고자 한다. 개인은 소용돌이치는 현재의 사건들 속에서 의미를 찾고자 할 뿐만 아니라 자신의 본연성을 회복하고자 자신의 과거를 되짚어 보고, 더 나아가 가능태적인 의미에서의 자신의 미래를 창출하기도 한다. 여기서 교육과정은 타자들과의 교감과 공감을 통해 재구성해야 하는 삶에 대한 자신의 관점을 의미한다. 교육과정은 또한 자기 자신과 타자들 그리고 세계에 대해 더욱 숭고한 이해를 재구성해 가는 사회적 과정을 가리킨다. 새로운 시대가 의미하고자 하는 교육과정은 생애 경험에 대한 해석을 가리킨다 (Schubert, 1986: Slattery, 2013, p. 67에서 재인용).

여기서 슈버트가 말하는 정태적이 아닌 동태적인 교육과정 개념이란 텍스트에서 벗어난 콘텍스트상의 경험을 말한다. 콘텍스트상 경험은 일회적인 경험이 아니라 자기 프레임과 일관성으로 점철된 경험, 즉 생애사적 경험을 가리킨다. 정체성이라는 교육과정 메타포(metaphor)에 따르면 교육과정의 기준은 코스를 제공하는 입장에서 벗어나 학습 경험을 생성해 나가는 학습자의 입장으로 전환되어 재상정되어야 한다.

교육과정이라는 개념을 표준화된 학교 교육과정, 더 나아가 국가 교육과정과 동일시해서 생각하는 것은 관료화된 학교 풍토가 만들어 낸 신화이다. 그것은 개개인들의 삶의 이력이나 배움의 경험이 특정 기준에 따라 정형화된 것에서 비롯되었다.

물론 정체성을 메타포로 한 교육과정의 이러한 재이해는 교육과정 연구 영역에서 새삼스러운 것이 아니다. 일반적으로 생애사적인 경험의 궤적 형성에 관한 연구로서의 교육과정 탐구는 개발 모형이 아닌 이해의 담론으로서 재개념화주의로 이미 잘 알려져 있다(Goodson, 2005; Pinar, 2015). 보다 최근에는 교과 내용의 학습을 교과 관련 정체성의 형성과정으로 보는 연구들도 찾아볼 수 있다(강은희 외, 2015; Gee, 2000) 개발 모형과 이해의 담론은 서로 간에 공유 가능성이 전혀 존재할 수 없는 서로 다른 패러다임으로 알려져 있다.

그러나 탈기능주의 교육과정 모형을 찾고자 할 때 상황은 달라진다. 한 가지 대안으로 기능주의 모형 대신 메타포로서의 모형 또한 상정해 볼 수 있다. 메타포는 일상에서 체화된 이야기와 이미지를 통해 우리의 경험을 이끈다(Lakoff & Johnson, 2003). 객관주의 과학관을 따르는 전달 모형은 과학적인 교육과정 개발의 원리라고 하겠지만, 실제 현실에서 그것은 그 이념만큼이나 그리 과학적이지도 않고 원리적이지도 않다. 오히려 기능주의 전달 모형 또한 과학적 원리이기 이전에 일상의 삶 속에서 상정하는 메타포이다.

이러한 메타포는 투입과 산출의 기능주의 교육과정 모형에 비해 그 기능이나 효과가 애매모호하다고 볼 수 있다. 지루(Giroux, 1988)의 다음과 같은 지적에서 교육과정 연구사에 있어서 교육과정 재개념화주의와 같은 사조가 왜 이러한 문제의식을 갖게 되었는지를 잘 엿볼 수 있다.

> 전통적인 교육과정 모형이 투입-산출의 언어를 사용할 때, 새로운 교육과정 사회학은 그것과는 다른 낯선 언어를 사용해야 한다. 이 언어는 난해하더라도 반드시 새로운 것이어야 한다. 그래야 그 언어를 사용하는 사람들이 교육과정 분야에서 새로운 종류의 관계를 개발하고 여러 가지 다른 문제를 제기할 수 있다. 이는 논쟁의 대상이 아니다. 낯설어 보이는 언어와 사고를 채택한다는 이유로 비판가들을 쫓아내는 것은 사기일 뿐이

> 다. 요컨대, 새로운 교육과정 사회학은 사용된 언어와 개념들이 교육과정 분야 자체에 대해 중요한 문제와 쟁점을 풍부하게 제시하는가 하는 점에 관심이 있다(pp. 71-72).

전통적인 교육과정 개발 영역에서는 소위 재개념화주의에서 핵심적인 연구 대상으로 다루고 있는 삶의 궤적 또는 정체성의 구성이 학교 교육과정 개발과는 무관한 연구로 간주되고 있다. 그러나 분명 현 사회에 대한 그들의 이해는 시대적인 실천을 비춰 주는 거울체이고 따라서 그 거울체에 반영된 모습은 이해든 개발이든 목하 실용적 동기와는 상관없이 제도권 내 교육을 설계하는 데 분명 영향을 미칠 것이라는 점에서 되새겨 볼 필요가 있다.

교육과정 재개념화주의

교육과정의 전통적인 이론은 1960년대 들어와 현상에 대한 보다 면밀하고 비판적으로 바라보는 연구들에 의해 문제 제기의 대상이 되었다. 전통적인 교육과정에서는 '왜 이 지식인가?'라는 질문을 '이 지식을 배우는 최선의 방법은 무엇인가?'라는 질문으로 대체해 버렸다. 교육과정 재개념화주의에서는 교육과정을 인간의 체험과 표현의 궤적으로 보고, 교육과정의 주체적 경험과 정치사회적 기능에 대해 비판적으로 바라보았다. 해석학과 현상학적 접근, 비판이론, 포스트모더니즘 등에 입각해서 전통적인 행동주의에 입각한 교육과정 개발 패러다임에 대하여 정면으로 도전하였다.

- 교육과정에 대한 역사적 연구: 학교교육이나 교과의 생성 및 변천과정 연구
- 교육과정 이론 및 실천의 의미와 그 관련성에 관한 연구: 교사의 교육과정 구성 및 운영에 관한 실천지 연구(대표적인 예: 과학적 지식 vs. 내러티브 지식)

- 실행 연구(action research): 연구자로서 교사의 역할 부각, 현장 개선이 일차적 목적
- 정치경제적 관점에서의 교육과정 연구: 교육과정 결정을 둘러싼 사회적 집단 간 정치적 파워 연구
- 공식적 교육과정 지식을 통한 사회문화적 재생산 탐구: 애플(Apple), 영(Young), 번스타인(Bernstein), 지루
- 미학적 관점에서의 교육과정 탐구: 교육과정에서 예술 영역에 대한 중요성 부각, 교육과정의 미학적 측면 강조−아이스너(Eisner)의 교육비평론
- 현상학적 관점에서의 교육과정 탐구
  - 인간의 체험 및 표현 과정 연구
  - 자서전적 연구
- 문화 연구
  - 교육과정을 통한 남녀 간 사회적 불평등 재생산 문제 탐구
  - 교육과정에 나타난 시대적 이데올로기로서의 근대성 비판과 포스트모더니즘

4. 따뜻한 역량기반 교육과정을 바라보는 새로운 가정

역량기반 교육과정이 가법적인 교육과정 모형, 즉 교과 지식과 온전히 융합되지 않은 채 느슨한 연관성을 갖고 수업에 적용될 경우 현행 교과 교육과정 운영에서 쉽게 빠질 수 있는 분절화되고 탈인격적인 교육의 한계에서 벗어나기 어렵다. 시간상으로나 내용상으로 분절화된 현행 교과 교육과정에서 다루는 교과 내용은 자칫 학생에게 그것들이 자신의 삶과 어떻게 어우러져 의미화될 수 있는지 그 연관성에 관해 보여 주지 않은 채 다루어짐으로써 삶 속에서의 이해와 판단 그리고 분석과 통찰로 나아가지 못하는 파행적인 교육

의 모습을 답습할 수 있다.

새로이 설계된 역량기반 교육과정이 반영되어 학교 현장에 나타난다고 해도 역량의 의미를 분절적인 의미로 받아들이고 처방하는 한 여전히 그러한 괴리나 한계에서 그다지 크게 벗어나지는 못할 것이다. 따라서 분절화되고 객체화된 역량 개념을 지양하면서 학생 개개인의 정체성 형성과정과 삶의 설계를 의미하는 일련의 개념으로 보완하는 노력이 요구된다.

역량기반 교육과정은 교과 및 비교과 교육 활동이 학습자에게 단순히 학습 경험으로 그치지 않고 자신의 정체성 경험으로 연계되도록 하는 것을 목적으로 하고 있다. 현대 사회에서 정체성은 주어지는 것이 아니며 스스로 끊임없이 구성해 나가야 하는 기획의 대상이다. 정체성이 갖고 있는 연관성 체계, 즉 정체성의 궤적을 원리로 해서 교육과정은 재구성되어야 한다. 이러한 재구성 원리에 대한 가정은 다음과 같다.

1) 인격적 개인 함양을 위한 개인 맞춤형 교육과정

따뜻한 역량기반 교육과정은 학생 개개인의 인격과 개성의 함양을 교육과정의 편성·운영의 핵심 원리로 하는 교육과정을 말한다. 최근 개인화에 대한 관심이 많아지면서 대량 맞춤형 교육과정에도 개인별 맞춤 형태의 학습이 반영되고 있다. 개인별 맞춤 학습이란 학생 개개인의 진로적성뿐만 아니라 학습 스타일에 맞게 교육과정이나 수업을 제시하는 것을 말한다. 그러나 하그리브스와 셜리(Hargreaves & Shirley, 2009)는 학습의 개인화가 다음과 같은 학습자상을 실현시킨다고 한다.

- 자신의 생각을 분명하게 표현할 줄 알며 자율적·협력적 성향을 지닌 학습자
- 기회나 도전 과제를 풍부하게 제공받아 교육적 경험에 몰입함으로써 높

은 수준의 메타인지와 포괄적인 학습 기술을 획득한 학습자
- 다양한 인적 · 물적 지원을 받으며 분산된 리더십을 통해 교육적인 문화를 갖춘 학교 안에서 학습을 향유하는 학습자

이를 바탕으로 발전된 완전한 개인화는 새로운 형태의 학교교육을 요구하

〈표 7-2〉 N 고등학교 진로 교육과정 편성 사례

교과목명	주요 내용
통합기행	• 학년별 주제 기행 • 모둠별 학습 기행
농촌봉사활동	• 자매결연 농촌에서의 2박 3일 봉사활동
삶과 철학	• 인간존재에 대한 철학적 이해 • 자유의지와 삶의 형식 • '관계적 자아'의 실현과 나의 삶의 목표 등
생태 탐구	• 생활 세계에 대한 생태적 관점에서의 재해석 • 우리 동네 생태계의 현실 • 생태순환 논리와 인간의 삶, 나의 삶
미래사회와 진로	• 미래사회의 예측 • 미래사회에서의 시민 윤리 • 미래사회의 역량과 진로 지형의 변화
한국사회와 인권 (한국사회 소수자 연구)	• 한국의 인권 현실 • 인권 현실에 대한 논쟁적 이해 • 한국사회 소수자 실태 분석 • 소수자들의 사회적 삶과 생활철학
삶과 예술	• 다양한 예술 체험 활동 • 예술가의 삶 조명
지역사회 연구	• 지역의 개발과 삶의 변화
IR(indivisual research)	• 학생 스스로 주제를 정하고 탐구 보고서를 제출 • 자기주도 코스워크(2학년 단계) • 교사는 주제 관련 자료 제시 및 학생의 진행상황 체크 • 보고서 종료 후 발표회 개최(학부모 참여)

게 되는데, 그것은 학습의 단위가 항상 짧은 단원으로 분절화하여 정해지는 형태가 아니라 프로젝트와 같이 보다 긴 호흡을 필요로 하는 높은 수준을 강조하는 교육 형태를 취한다. 그리고 여기에는 삶에 대해, 삶을 위해 학습한다는 의미를 담는다. 개인 맞춤형 교육과정은 자신이 하고 싶은 것만을 하는 것이 아니라 개인적으로 관심 있는 분야에 대해 심도 있는 탐구와 발견을 진행하며 좀 더 깊이 있는 활동에 매진하는 것을 의미한다.

개인의 인격 함양을 위한 개인 맞춤형 교육과정이란 학생 개개인의 삶의 설계를 위한 교육과정을 말한다. 이를 위해서 협소한 의미의 진로 활동이 특정 교과 또는 비교과 활동으로 더해진 가법적인 방식을 취하지 않고 학생의 삶의 설계가 학교 교육과정의 편성 및 운영에서 핵심 원리로 자리매김할 수 있도록 해야 한다. 예컨대, 학생들이 자신의 진로 희망에 맞는 학습 이력을 갖출 수 있도록 교육과정 편성 및 운영이 유연화되는 사례들이 여기에 해당한다.

2) 제3의 논리와 실천으로서 역량: 경험과 지식, 분절화된 교과와 비교과

미래형 역량기반 교육과정은 분절화된 지식 교과의 운영을 지양하는 가운데 구축 가능하다. 역량은 각각의 요소가 별개로 능력을 발휘하는 것이 아니라 유기적으로 연결되어 있으며 전체로서 하나가 되는 총체적 모습으로 발휘된다. 현행 학교에서 시행되고 있는 표준화된 국가 교육과정에서는 분절화된 교과서가 분절화된 단원을 중심으로 운영되고 있는데, 여기서 중요한 문제는 어떠한 경험들을 분절화하는 순간 그 의미는 상실되며 자체로서 존재할 수도 없다는 것이다. 즉, 소위 '지식의 구조'로 일변되는 교육과정 개념은 학교교육의 관료화와 긴밀히 맞물려 생겨난 것으로 교과나 지식의 구조라는 아이디어는 모든 교과가 교과의 지위를 누리기 위한 정당한 논리로 둔갑해 왔다. 분절화되어 있는 현행 교과들은 소위 인류 보편적인 지식의 구조라는 논리로 그 지위를 정당화하고 있다. 그리고 그러한 논리는 학교에서 다양한 경험의 양상이나 실천 양식들을 제대로 다루지 못하게 하는 데 일조하고 있다.

인간 경험과 실천의 총체성을 이해하지 못하고 양자를 분리시켜 생각하는 한, 교육은 기능주의에서 벗어날 수 없다. 그러나 상황 실천적 속성을 담고 있는 역량의 이해에는 경험과 지식을 새롭게 아우르는, 듀이(Dewey)가 말한 '양자 포괄적인 이해'가 수반되어야 한다. 지식을 통한 연습을 등한시하기 쉬운 경험 중심의 학습이나 경험적으로 무엇인가를 하는 것을 무시하기 쉬운 지식 중심의 학습과는 다른 형태의 실천 양식이 무엇인지 궁리해 보아야 한다. 자칫 역량기반 교육과정을 기능주의적으로 파악하게 되는 경우, 지식과 경험이라는 전통적인 이분법적 프레임 속에서 벗어나지 못하는 위험에 처할 수 있다. 역량의 비인지적 속성을 고려한다면, 지식과 경험의 이분법적 논리를 기반으로 하여 성립된 교과와 비교과 간 현재의 구분은 지양되어야 한다.

나아가 현행의 교과교육과 비교과교육을 구분 짓는 논리와 실천은 학습자의 경험을 기준으로 한 것이기보다는 관료주의와 밀접히 연관되는 기능주의 이데올로기에서 비롯된 것이다. 우선, 지식과 경험이라는 이분법적 사고는 보편타당한 준거에 의한 구분이라기보다는 특정한 지식관에서 비롯된 발상이다. 기능주의와 실증주의 논리에 따른 교육과정 담론에서 지식과 경험 그리고 정서, 지식 또는 기능은 여전히 서로 다른 차원의 실체로 다루어진다. 이는 단지 추상적인 논의뿐만 아니라 실천을 둘러싼 담론에 고스란히 투영되어 있다.

지식과 경험의 구분이 그것을 옳은 것으로 생각하는 인식론에서 비롯되었다기보다는 관리의 편의성과 정치성에서 도모됨에 따라 비롯되었다는 점에서 기능주의는 항상 관료주의와 결합되어 나타난다. 실제로 비교과교육은 관리나 기획 그리고 운영 면에서 교과교육에 비해 학교 측의 비용과 수고를 훨씬 많이 요구한다. 그러나 수요자 입장에서 의미 있는 비교과 활동의 경험은 교과 수업에서의 경험만큼이나 중요하다. 교과든 비교과든 수요자 입장에서 보면 학교에서 하는 다 같은 교육과정일 뿐 그 구분이 무의미하다. 예컨대, 비교과 시간에 경험한 사회에 관한 이해는 비교과 경험의 산물이고 사회 교과의 일환으로 이루어진 사회 체험은 교과 지식의 산물이라고 할 수 있는가? 실제로 국가 교육과정에 교과와 비교과의 구분이 명시되어 있는 나라는 많지 않다.

교과와 비교과 구분의 이데올로기적인 속성은 방과후 프로그램에서 더 명료하게 나타난다. 수요자 입장에서는 방과후 프로그램도 학교 교육과정의 일부일 수 있다. 그러나 관료화된 우리 학교 현실에서 방과후 프로그램은 학교 교육과정의 일부가 될 수 없다. 특히 교과만을 자신의 정체성으로 받아들이는 중등학교에서 방과후 비교과 활동은 구조적으로 간과되거나 소홀하게 된다. 이러한 구도 속에서 학교는 비교과 활동이나 방과후 활동을 본연의 역할이 아니라고 생각한다.

그 이유, 즉 교육과정과 비교육과정을 구분 짓는 경계 기준이 존재할 수 있는 이유로는 무엇보다도 방과후 프로그램을 운영하게 되는 강사들 대부분이 국가가 공인하는 교사로서의 자격을 갖추고 있지 않아서 방과후 프로그램이 정규 교육과정화되거나 좀 더 양보해서 정규 교육과정과 연계될 수 없다고 보는 관점이 있다. 따라서 이들이 운영하게 되는 시간과 정규 교사가 운영하는 시간 사이에는 분명히 법적인 경계가 존재해야 한다고 본다. 이러한 법적인 경계는 학교에서는 해당 업무를 실질적으로 누가 떠맡게 되느냐 하는 이슈로 나타난다. 방과후 프로그램은 단위학교가 학생들의 전인적인 성장과 실존적인 요구에 의해서 주체적으로 기획하고 운영하는 시간이라기보다는 떠맡겨져서 불가피하게 운영해야 하는 골칫거리 부가 업무이기 때문이다. 그러나 교육적인 기준이 아니라 강사의 교사 자격증 여부가 교육과정의 경계를 가르는 기준이라고 한다면 그 경계 기준의 정당성은 재고되어야 한다. 이렇게 놓고 보면 국가 교육과정 기준이 선행하고 있고 그에 따라 교육과정 운영 및 거버넌스의 사안들이 후행한다는 기존의 통념은 재고되어야 한다. 이미 '순수한' 교육과정 기준에는 후자의 사안들이 너무나 은밀하게 자리 잡고 있기 때문이다.

만약 방과후 프로그램도 학습자의 성장에 미칠 수 있는 교육적 경험이라는 점을 인정한다면 교육과정 기준을 현행 기준보다 더 포괄적으로 다루지 않아야 할 이유는 없다. 그럼에도 불구하고 교육과정과 방과후 프로그램을 구분 짓는 논리와 관행이 현실화된 것은 학습자의 경험을 기준으로 했다기보다는 지식과 경험을 구분 짓는 기능주의 이데올로기 그리고 관리와 행정으로 특정지어지는 관료주의에서 비롯된 것이 아닌가 되짚어 볼 수 있다.

3) 공동체를 기반으로 한 교육과정 운영

학교 조직을 소위 공동체화하는 것은 학생들이 정체성을 느끼도록 하는 장치이다. 즉, 정체성은 개인의 발달 이전에 공동체라는 장치가 더욱 확고해짐으로써 형성된다. 학생들이 자신들의 정체성에 관해 느끼고 경험하고 생각해 볼 수 있도록 하는 것은 교육과정만의 문제가 아니며 학교 조직을 어떻게 공동체화하는가의 차원에서 다루어야 한다는 것이 교육 개혁가들에 의해 오랫동안 지적되어 왔다(손민호, 2011).

정체성 경험은 학생 자신만의 문제이기 이전에 공동체라는 무형식적 장치가 더욱 확고해짐으로써 생성되는 속성을 가지고 있다. 정체성 수준까지 깊숙이 영향을 미치는 교육적 경험은 항상 공동체에 기반을 두고 있어야만 가능하다. 공동체는 정체성 경험이 생성되는 암묵적 기제이기 때문이다. 단위학교는 학생 개개인이 배움의 삶의 여정을 이어 갈 수 있도록 '(돌)봐 주는' 공동체 역할을 수행해 주어야 한다. 현행 학교 조직에 이러한 공동체성이 존재하지 않는다는 것은 아니다. 어느 학교에도 나름 공동체는 학교 문화를 둘러싸고 저변에 형성되어 있다. 다만, 여기서 문제 삼는 것은 그것이 어느 수준까지 더 고양되어야 하는가이다.

이에 학생들이 자신들의 정체성에 관해 느끼고 경험하고 생각해 볼 수 있도록 하는 것이 형식적 교육과정의 차원으로 경영될 문제가 아니며 학교 조직의 풍토를 어떻게 공동체화하는가의 차원에서 다루어져야 한다는 점은 여러 교육 개혁가에 의해 오랫동안 지적되어 온 바이다. 학교 개혁에 관해 고민해 온 연구자들은 학교도 하나의 정체성을 갖는 인격체라는 점 그리고 학교 개혁에서는 항상 이 점이 간과되면 실패할 가능성이 많다는 점을 일깨워 주었다.

대부분의 조직에서 사람이 학습하고 발전하기 위해 사용할 수 있는 가장 강력한 자원 중 하나는 구성원들 간의 상호작용이다. 이는 동료 전문가들 간에 지식을 공유하고 발전시키는 방식을 포함하며, 아이디어와 전문가적 식견을 공유하고, 복잡한 개별 사례들에 관해 같이 논의하는 정신적 지원을 제공하는 것으로 강한 동료 관계의 본질이자 효과적인 전문가 공동체의 기반이라고 할 수 있다. 이러한 탄탄한 전문가 공동체는 교사의 전문성과 학생의 학습 성취 결과의 수준을 향상시키는 직접적인 역할을 한다(Hargreaves, 2011).

최근 교사들의 전문적인 학습공동체가 활성화된 국내 사례는 적지 않다. 소위 전문적 교사 학습공동체란 다양한 교과 교사가 함께 만들어 가는 교육과정을 추구하는 학교 조직을 말한다. 교사들로 구성된 전문 학습공동체는 지향하는 가치와 목적의 공유, 협력적 학습과 적용, 지원적 환경과 분산적 리더십 속에서 개인적 실천 공유, 그리고 구성원들의 실천적 지식을 명시적 지식으로 전환할 수 있는 계기 제공 등의 특징을 지닌다(곽영순 외, 2015).

〈실천공동체의 성립 조건〉

- 호혜적 관계(mutual engagement)
- 공동의 관심사(joint enterprise)
- 자원의 공유(shared repertoire)

〈실천공동체의 조성 수준을 평가할 수 있는 척도〉

- 호혜적 관계의 지속 가능성
- 협력 관계의 수준
- 지식의 유통과 혁신의 전파 속도
- 소통에서의 탈형식 정도
- 의제 상정과 협의에서의 탈형식 정도
- 소속감 수준
- 구성원들 간 직무, 역량, 기여도에 관한 상호 인지 정도
- 자신들만의 평가 방식
- 자신들만의 도구, 표현 방식
- 자신들만의 스토리, 스타일
- 암묵지의 공유 수준

5. 단위학교만의 고유한 문화 기획 및 운영으로서의 학교 교육과정의 편성 및 운영

삶의 설계로서 지향하고자 하는 교육과정은 형식지가 아닌 구성원들 간 암묵지와 실천지, 즉 문화가 공유됨으로써만 비로소 실현 가능하다. 암묵지와 실천지는 교육과정 편성, 즉 어떠한 형식적인 프로그램으로도 기획되기 어렵다. 그것은 오직 비공식적이고 무형식적인 문화를 통해서만 자생한다. 학교도 사람처럼 인격성을 갖고 있다고 말하기도 하는데, 그것은 바로 이런 연유에서이다. 이는 곧 학교도 삶의 무늬를 띠고 있다는 말로 해석된다. 학습을 숨을 들고 내쉼의 연속에 있는 과정이라고 본다면, 구성원들의 삶의 무늬들로 이루어진 문화가 교육과정이 아니라고 할 이유는 없다.

학교가 하나의 인격체라는 것은 그 조직이 매뉴얼에 의해서 작동되는 시스

템이 아니라 구성원들의 참여에 의해서 운영되기 때문에 그들 특유의 무늬를 가진 문화를 형성하고 있는 조직체라는 것을 뜻한다. 여기서 문화란 삶의 의지가 다양한 장르의 실천으로 표현되고 의례화된 양태를 말한다.

하그리브스(2011)는 학교도 하나의 정체성을 갖는 인격체라는 점 그리고 학교 개혁에서 항상 이 점이 간과되면 실패할 가능성이 많다는 점을 지적한 바 있다. 여기서 학교도 하나의 인격체라는 것은 그 조직이 매뉴얼에 의해서 작동되는 시스템이 아니라 그 구성원인 사람들에 의해서 운영되기 때문에 그 특유의 실천과 문화를 갖는 조직체라는 것을 뜻한다. 또한 교육과정이 학교를 바꾼다기보다는 그러한 교육과정을 실현하기 위해 구성원들이 서로 소통하고 참여하는 가운데 부각된 학교 문화가 교육과정을 바꾼다고 볼 수 있다.

6. 교육과정 특성화와 학교의 정체성

이 장은 역량기반 교육과정이 교육과정을 바라보는 새로운 논리와 모형을 요구한다는 문제의식에서 출발하였다. 특히 시장주의의 기능적인 역량을 넘어서서 공동체적인 가치를 반영하는 따뜻한 역량이라는 균형 잡힌 접근이 필요한 시점임을 주장하고자 하였다. 그리고 그에 부합하는 교육과정 모형은 기능주의에 따라 처방될 수 없음을 보여 주고자 하였다. 나아가 정체성이라는 개념을 통해 어떻게 학교 교육과정 자체가 좁은 의미에서의 진로교육이 아닌 넓은 의미로서의 진로교육, 즉 삶의 설계로서의 교육과정인지 정리해 보고자 하였다.

교육과정 개발이냐 이해냐라는 오래된 질문을 넘어서서 따뜻한 역량을 구현할 수 있는 교육과정을 가리켜 굳이 모형화된 이름을 붙이자면 정체성 기반 교육과정이라고 할 수 있다. 학생 개개인의 정체성이야말로 교육과정을 설계하고 운영하는 데 기준이 되어야 할 핵심 원리이자 가치여야 한다. 단기적으로 기획해서 투입되어야 하는 모형이 아니라 학교교육과 함께 생각하고 살아가야 할 메타포이다(Lakoff & Johnson, 2006). 학생 개개인이 자기 자신에 관한 스토리를 만들어 갈 수 있도록 학교 교육과정이 이를 뒷받침하고 지원하는 시스템으로 바뀌고 있다는 점은 이미 잘 알려진 바이다. 다만, 기능주의 교육과정의 논리와 모형은 이러한 변화를 설명하지 못한다. 더욱이 기능주의 역량기반 교육과정은 교과 교육과정과 진로교육 간의 괴리를 심화시킬 수 있다고 본다.

인격체로서의 학교를 바로 세우고 학생들에게 자신의 정체성을 느낄 수 있도록 하는 정서적 자극을 지속적으로 해야 한다는 주문은 제도와 방안을 바꾸는 것보다 추상적인 질문으로 비춰질지 모른다. 그렇다면 최근 조직혁신을 화두로 삼는 기업으로 눈을 돌려 보자. 일부 기업은 과거 산업 조직체에서 벗어나 소위 지식기반시대에 알맞은 조직 형태로 혁신하기 위해 다양한 방안을 마련하여 시행하고 있다. 구성원들의 암묵지를 공유하고자 하는 노력은 그 가운데 하나이다. 넓은 의미의 암묵지란 특정 지식이나 기술에 관한 노하우와 함께 인격적 정서를 지칭한다. 최근 지식 조직을 지향하고자 하는 기업들이 조직 문화를 바꾸어 보려고 하는 것도 이러한 차원에서 더욱 가속화되기도 하였다. 기업들도 고민하는 마당에 하물며 학교가 이러한 점에 관해 고민하지 않을 이유는 없다고 본다.

교육과정 이론에는 교사 배제(teacher proof) 교육과정이라는 개념이 있다. 그것은 관리 당국이 일선 학교로부터 개혁을 이끌어 내기 위해서 교육과정을 조정하는 것을 뜻한다. 새로운 아이디어의 설계는 국가와 전문가가, 그리고 그 효용성에 대한 증명은 현장의 교사가 한다는 의미에서이다. 우리는 지난 몇 십 년 동안 여러 차례 소위 '과잉 적재'된 교육과정 개정 정책들을 경험하면서 교사 배제 교육과정이 결코 효율적인 전략은 아니라는 점을 잘 알고 있다. 일단 교육과정이 개정되고 시행되면 개정된 교육과정이 구현하고자 하는 목적은 온데간데없고 단위학교의 교육과정 편제를 어떻게 바꿀까 하는 기능주의 담론과 혼선만 무성하기 때문이다.

기능주의 교육과정 담론에서 최대한 분절화되고 형식적인 논리만이 수용되며 하향식 모형을 탐색해 오면서 탈기능주의 논의는 애매모호하다는 이유로 체계적으로 배제되어 왔다. 그러나 메타포는 덜 형식적이고 덜 모형적이지만 우리가 현실을 현실답게 바라볼 수 있도록 해 주는 강력한 기제이다. 어떤 메타포를 상정하느냐에 따라 우리의 삶의 모습은 확연히 달라지기도 한다.

기능적 합리성으로 물든 개념과 논리로는 역량기반 교육과정을 구현하기 어렵다. 설사 설계된다고 하더라도 그것은 '차가운' 역량기반 교육과정, 결국 참된(authentic) 학력에 부적합한 모형을 초래하게 된다. 따뜻한 역량기반 교육과정은 정체성 기반의 교육과정 운동을 추구한다. 지식은 결국 자기 지식이고 역량은 정체성 행위이기 때문이다. 탈기능주의 담론은 교육과정 개념을 확대 해석할 것을 요청한다. 교육과정 담론은 투입이라는 현실태의 모형을 추구하기보다는 산출이라는 가능태의 모형을 기획해야만 한다. 가능태의 모형은 모형이라기보다는 메타포로만 표현될 수 있다.

따뜻한 역량을 향한 교육은 삶이 우선이고 학습은 그다음이라는 논리를 취한다. 학습도 그것을 경험하고픈 정서적 여건이 갖춰질 때 비로소 성취되기 때문이다. 그래서 역량기반 교육과정의 도입은 소통과 참여라는 구성원들의 노력 여하에 달려 있다. 역량기반 교육과정의 성과는 어떠한 특정 프로그램의 기획으로도 수렴되지 않는다. 그것은 오직 생태적인 여건이 무르익었을 때만 그 결실을 맺는다. 그래서 학교에서 민주주의와 참여는 역량이 지향하는 '촘촘한 돌봄'의 삶을 위한 교육과정이 설 수 있는 기반 조건이다. 아무리 좋은 프로그램도 구성원들의 소통과 참여 없이는 그 질을 담보할 수 없다. 교육개혁 전문가들은 교육개혁 성패의 실마리가 교육과정이 아닌 학교교육의 생태적 조건에 있음을 누누이 강조해 왔다.

훌륭한 아이디어로 출발한 많은 연구학교 모델이 지속 가능성을 갖지 못하는 까닭은 그러한 생태적 조건이 무시되기 때문이다. 학교 내 구성원들 사이에 소통과 참여가 무르익으면 그들만의 문화가 형성되고, 그들만의 문화가 형성되면 그 학교만의 개성과 같은 인격성이 나타나기 시작한다. 학생들이 학력이라 일컫는 수월성을 갖춰 가는 것 역시 자신이 동일시하게 될 모델을 교과 수업에서든 학교생활에서든 결국 문화 안에서 그리고 문화를 통해서 확인하는 기반 위에서 성립 가능하기 때문이다. 오늘날 학교교육의 지상 목표가 되고 있는 창의성은 그 어떤 프로그램을 통해서가 아닌 학교를 둘러싼 사회 자본, 즉 정서적 관계가 어느 정도 확보될 때 비로소 자생적으로 창출될 것으로 기대할 수 있다. 교육과정을 삶의 궤적으로 보고자 하는 관점은 교육과정학에서 낯설지 않다. 기능주의 담론을 고수하고 있는 특정 교육과정 논리 바깥으로 눈을 돌려 본다면 상당히 많은 연구과 실천이 이미 전향된 관점을 취하고 있음을 알 수 있다. 이제는 정체성과 그 형성의 과정에 대해 교육과정 개발의 모형으로서도 그 가능성을 타진해야 할 것으로 본다.

제8장

역량기반 교육과정과 진로형 교육과정의 재구성

Lectures on Curriculum Studies and Process of Education

1. 역량기반 교육과정과 진로교육의 괴리

최근 역량에 관한 논의는 역량기반 교육과정이 삶의 궤적으로서 학생들의 삶의 맥락과 통합되어 제시되어야 한다는 방식으로의 역량의 총체성에 주목하고 있다. 그리고 이러한 논의는 역량기반 교육과정에서의 진로교육의 확대와 교육과정 재구성을 위한 통합과 융합에 관한 논의들로 이끌고 있다. 그럼에도 불구하고 여전히 학교 현장에서는 늘어난 진로교육 활동을 채우기 위한 근시안적인 프로그램 개발에만 급급한 채 그에 적당한 방법적 논리를 찾지 못하고 있는 실정이다. 여기에서는 현장의 진로교육이 안고 있는 한계로서 진로관의 성격과 진로기반 교육과정 재구성에서 선행되어야 할 논의로서 교과 통합에 대한 오해들을 짚어 보고자 한다.

1) 단선형 직업 중심의 진로관에서 삶의 양식으로서의 진로관으로

우리는 끊임없이 확장하는 사회, 발전하는 기술, 변화하는 사회적 관습, 사회의 통제를 넘어서는 다른 큰 영향력 등이 존재하는 세계에 살고 있다. 오늘날 사람들은 그들이 고등학교를 졸업할 무렵에는 존재하지도 않았거나, 몇 년 전까지는 부적절하다고 여겨지거나 손길이 미치지 않았던 일에 종사하고 있다. 또 많은 사람은 바로 직전 세대까지 드물었던 가족 및 대인 관계 양식을 보이며 살아가고 있다. 오늘날을 살아가는 사람들의 삶의 경로는 일에 대한 경로라는 의미를 넘어서 개인, 가족, 직업인으로의 정체성을 완성하고 삶의 가치와 의미를 성취하고 만족하는 생애 전반에 대한 경험으로 확장된 이해를 필요로 한다. 이러한 변화된 환경에서는 지금까지 전형적이라고 여겨 왔던 진로 유형, 즉 일반 교육을 받은 다음에 보다 전문적인 교육을 받고 그에 맞는 직업을 선택하며 정해진 경로를 통해 사회적 지위로 올라가는 단선형 진로 유형의 의미를 넘어설 필요가 있다. 여기에는 개인의 생활양식처럼 복잡하고 다양한 삶의 방식을 바라보는 진로관에 대한 이해가 필요하다.

진로교육을 바라보는 관점들에 관해 살펴보면, 우선 진로교육의 결과로서 정체성 혹은 자아정체감의 확립과정을 상정함에 있어서도 진로 탐색 및 결정을 연령에 따른 발달 단계에서 거쳐야 할 과업으로 보는 경향을 가장 두드러지게 찾아볼 수 있다(조성심, 주석진, 2010; 최윤정, 2012). 특히 중고등학교의 진로교육에 관한 연구는 제공된 교과 활동이나 비교과 프로그램 등을 통한 경험이나 성과에 대한 분석이 대부분을 차지하고 있다(이승건, 정남용, 2014; 임미옥, 정연옥, 2010). 이러한 연구는 진로의 탐색과 결정의 요인들을 개인 내적 심리의 문제로 다룸에 따라 개인의 내적 성장과 발전을 강조하고 독려한다는 측면에서 의미를 갖지만, 한편으로는 복잡하고 변화무쌍한 외부적 요인들에 따른 진로의 선택이라는 측면에 대해서는 상대적으로 관심이 적다. 우리나라 학생들은 초등학교에서 중 · 고등학교로 갈수록 수용 가능한 진로 대안 영역을 점차 좁혀 나간다. 그러나 초 · 중 · 고를 거치면서 계속 축소되었던 진로 대안 영역은 대학에 오면서 다시 확대된다. 이러한 연구 결과는 많은 학생이 대학생이 되어서야 비로소 다양한 진로 대안에 대해 생각하기 시작하고 초 · 중 · 고 때보다 더 적극적으로 진로를 탐색하기 시작한다는 점을 말해주는 것으로, 이는 현행 진로교육에서 제공하고 있는 진로교육의 방향성에 대해 신중히 재고해야 한다는 문제를 제기하는 것으로 볼 수 있다.

단선형의 직업관에서는 진로교육을 기능주의적인 도구로 치부하는 경향이 강하다. 많은 학교에서는 진로교육을 별도의 프로그램이나 상담 등을 통한 직업 소개나 진학 상담, 성격이나 적성 진단, 심지어 명상 등으로 운영한다(오정숙, 2012; 이지연, 2001). 실제로 초 · 중등학교 진로교육의 핵심 활동 중 하나는 객관성을 강조하는 정보 자료 제공을 통한 자기이해 활동이다. 이러한 활동의 내용을 살펴보면, 직업흥미 검사나 직업적성 검사, 예컨대 커리

어넷이나 워크넷 등의 온라인 검사와 사설 기관 오프라인 검사를 통한 진로 관련 심리검사가 주류를 이루고 있다. 또한 직업 체험이나 외부 강사 초빙 등과 같은 행사성 프로그램 혹은 상급학교 진학 관련 상담과 같은 단기적 정보 제공 프로그램이 주된 활동 내용이다.

역량기반 교육의 실현을 위한 진로교육이 이렇게 직업 체험이나 진학 위주의 교육으로 진행되고 있다는 것은 진로를 직업이나 학과의 선택이라는 지엽적인 의미로 해석하고 있다는 것을 보여 준다. 이처럼 진로교육을 직업안내교육과 동일시하다 보니 직업흥미 검사나 직업적성 검사 등 진로 관련 측정 도구를 사용하는 검사에 치중하거나, 직업 체험이나 외부 강사 초빙 등 단기 행사성 교육에 집중되는 경향을 보인다. 물론 이러한 활동은 진로탐색 시기에 있는 학생에게는 자기 자신과 직업 세계에 대한 이해와 정보를 제공할 수 있다는 점에서 중요하다. 하지만 진로교육이 진로 역량을 위한 활동으로서 의미를 갖도록 하기 위해서는 직업 체험과 직업 및 진학 정보 등을 제공하는 방식에 치중하여 진행하는 것만으로는 불충분하다. 더욱이 교과를 중시하는 학교교육 풍토에서 진로교육을 체험 활동이나 일회성 프로그램으로 동일시하는 관점은 자칫 진로교육의 지위와 가치를 사소화하기도 한다. 진로교육의 정체성이 하나의 명확한 역할과 의미를 가진 교육적 가치로 확립되기 위해서는 진로교육의 내용이 계열성과 계속성이라는 교육과정 구성 원리에 따라 운영되어야 한다. 진로교육이 기존의 단선형 진로관에 뿌리를 둔 목적 지향적인 성격에서 관리·운영되던 것에서 탈피하여 한 개인의 삶의 양식으로서 총체적인 역량을 함양시키는 삶의 양식을 확립하기 위한 교육 활동으로 이루어져야 할 필요가 있다.

2) 비통합적 교과에서 메타교과로서 통합적 진로교육으로

현행 자유학기제를 통한 한 학기 동안의 진로탐색 활동은 진로 오리엔테이션 수준에 그치는 경향이 있다. 예컨대, 일반 고등학교 진로교육의 목표 및 내용 체계를 살펴보면, '나의 이해' '진로탐색' '진로의사결정' '진로 계획 및 준비'라는 영역으로 총 34차시의 내용 요소가 마치 교과 내용처럼 제시되고 있다. 이러한 내용은 학생들에게 자신의 진로에 대해 고민하고 탐색할 수 있도록 지원하는 정보를 제공해 준다고 볼 수는 있으나, 그것이 실제적으로 학생들의 삶의 과정 속에서 의미를 갖고 동기화될 수 있는지는 모호하다(김승보, 박태준, 서유정, 2011).

또한 교양일반선택과목으로 '진로와 직업' 교과를 채택하거나 창의적 체험활동 시간을 활용하여 진로 수업이 이루어지고 있으나, 교육 내용, 교수-학습 방법, 운영 방법 등이 거의 전적으로 그것을 구현하는 진로교사 개인의 역량에 의존해 있다. 특히 일반 고등학교에서 진로교육은 대학입시라는 틀 안에서 운신할 수밖에 없는 한계성을 갖는다. 대학입시 결과가 진로교육의 성패를 의미하는 고등학교의 경우 진로교육이나 진로지도가 진학지도로부터 자유로워지기 쉽지 않다. 일반 고등학교에서 이루어지고 있는 진로 캠프나 진로 프로그램들조차도 대학 입학을 위한 목적으로 활용되고 있는 실정이다.

이러한 진로교과 운영상의 어려움을 해결하기 위해 2015 개정 교육과정에서는 진로교육과 관련하여 교과에 통합하는 진로교육을 지향하고 있다. 교과통합 진로교육은 학생부종합전형에서 교과 세부능력 특기 사항을 강조하는 등 정착화를 위해 노력하고 있지만 사실상 진로교육과 교과교육은 서로 접점을 찾지 못하고 평행선을 유지해 오고 있다. 이처럼 현장에서의 상황은 이념만 있을 뿐 방법과 내용은 여전히 모호한 실정이다. 무엇보다도 보통교과에 진로교육 통합(infusion)을 위한 실질적인 세부 지침이 제시되어 있지 않기에 실제 운영은 교사 개개인의 노력과 선택에 달려 있다. 일부 시 · 도에서 관련 교수−학습 자료를 보급하거나 교사연수를 실시함으로써 교과통합 진로교육을 위해 노력하고 있으나 이에 대한 이해 부족과 현실적 어려움 등으로 통합적 접근이 반영되지 못하고 있다. 뿐만 아니라 장애 학생, 학업중단 학생 또는 일반 고등학교에서 비진학 학생이나 예체능 전공 희망 학생들과 같은 진로 취약계층 학생들에게 제공되는 진로교육 지원은 거의 전무한 상황이다(김경애 외, 2014).

또한 한국교육개발원(2015)의 자유학기제 연구에 따르면 자유학기의 성패는 그에 뒤따르는 일반 학기와의 연계성에 달려 있다고 볼 만큼 일반 학기에서의 변화가 자유학기제 성과를 가늠하는 중요한 관건이다(신철균 외, 2015). 이는 자유학기제의 중심이 되고 있는 진로교육의 계열성과 연속성에 대해 시사하는 바가 크다. 역량이 한 개인의 총체성이라는 점에서 볼 때, 자유학기제와 진로교육에서 함양하고자 하는 바는 하나의 교과나 한 학기의 활동으로 단절된 경험은 아니기 때문이다. 이러한 경험이 전체 교과나 학생들의 삶 전반에 대한 잠재성을 키워 주는 밑거름으로 작용할 수 있는 통합적 역량 함양을 위한 학습 경험들로 지속될 때, 이는 역량기반 교육의 취지와 새로운 시대에 요구되는 메타교과로서 진로교육의 성격과도 부합하는 방향성이 될 것이다.

2. 진로기반 교육과정[1)]의 내용적 준거

이 장은 역량기반 교육과정에서 진로교육과의 통합적 연계 방향성 탐색을 위한 개념적·방법적 논의를 바탕으로 교육과정 재구성 모형을 도출하는 것을 목적으로 한다. 이러한 교육과정의 진로교육적 재구조화는 지금껏 익숙한 학교 교육과정의 문법들에 대한 고찰을 바탕으로 새로운 교육적 패러다임에 부합하는 교육과정 재구성 모형의 기틀을 마련해 보기 위한 관심에서 비롯되었다. 따라서 이하 내용에서는 먼저 '진로기반 교육과정 재구성 모형' 개발에 앞서 삶의 궤적으로서 교육과정이 제공해야 할 정체성 형성 경험이 담아내야 할 실천적 차원의 내용적 준거들을 되짚어 보고자 한다. 이를 위해 참여와 실천을 통한 학습에 관한 논의로서 웽거(Wenger, 1998)의 실천공동체 이론에서 제시한 정체성 형성 기제[2)]를 중심으로 다양한 역량 관련 연구물을 종합하여 정리하고 이를 통해 '역량기반 교육'이 어떻게 '진로기반 교육'이 될 수 있는지 검토해 볼 것이다. 이러한 논의는 학교교육을 지식의 전달소가 아닌 일상의 삶의 장면으로 바라보기 위한 쿠레레 교육과정에 대한 숙의과정으로서, 교육과정과 삶을 통합하기 위한 방법적 준거의 기초가 되어 줄 것이다.

1) 수행적 경험

크럼볼츠(Krumboltz, 2009)는 우연학습이론을 설명하면서 한 사람의 삶에서 일어나는 예기치 않은 다양한 사건은 그 사람의 진로에 영향을 미치게 되며, 이러한 영향이 그 사람의 삶에 의미 있게 작용하는 것을 가리켜 계획된 우연(planned happenstances)이라고 하였다. 삶의 과정에서 경험하는 우연적이고 일상적인 사건들은 한 개인의 선택과 결정을 통해서 때론 인생의 전환점이 되기도 하고, 때론 사소한 일상의 한 부분이 되기도 한다. 이러한 선택과 결정은 자아를 구성하는 연대적 경험들을 조직하는 방식으로서 내가 하고 싶은 것, 내가 할 수 있는 것, 내게 익숙한 것, 내가 이해할 수 있는 것, 내가 사용할 수 있는 것 등을 고려하여 이루어진다.

최근 역량기반 교육과정에서 역시 개인 내면의 문제로만 여겨졌던 인간의 인지와 사고에 대한 이해 방식이 상황적 변수들의 영향 속에서 파악해야 하는 역동적 개념이라는 인식의 전환을 바탕으로 하고 있다. 진로 개발의 핵심 역량 역시 자기에 대한 지식, 즉 정체성(identity)과 적응력(adaption)을 꼽는다(Hall, 2002). 이러한 변화된 관점은 개인의 삶을 바라보는 근원적인 이해를 달리하며 진로교육에 대한 새로운 시각을 요청한다. 여기에서 개인의 삶은 생애 발달 단계마다 계획한 과업을 성취하기 위한 목표 달성의 과정으로서 존재하는 것이 아니다. 오히려 그것을 예측할 수 없는 우연적이고 상황적인 요인들에 적극적으로 대처하고 조율해 나감으로써 행복과 의미를 추구하는 생동의 과정이다. 이러한 관점에서 진로교육은 직업적 삶을 포함한 삶 전반에 대한 계획이나 설계와 같은 기능적인 활동이 아니라 자신만의 의미를 갖는 행복이란 기치하에 자아의 확립을 돕는 삶의 태도와 가치에 대한 이해를 수반한 활동이다. 다시 말해서, 진로설계는 삶의 과업으로서의 계획이라는 의미를 넘어서 생애설계로서의 통합적 자아실현 과정인 것이다(정연순, 진성미, 2009; Littleton, Arthur, & Rousseau, 2000).

이러한 관점에서 자아의 형성은 성숙한 자아를 준비하는 것으로 어떠한 사회적이고 외재적인 기준과 잣대가 아닌 나다움 안에서 행복한 삶의 방식을 찾는 성찰의 과정이다(Fromm, 1976). 예컨대, 직업이나 일과 같은 제도적 역할의 성취는 자아를 구성하는 일부이며 그것이 자신이 진정으로 추구하는 행복한 삶의 방식과 조화를 이룰 때에만 그것으로서의 가치와 의미를 갖게 된다. 따라서 진로의식이란 나의 직업이나 일을 선택하기 위한 객관적인 정보 이상의 것으로, 인간의 삶에 대한 의미와 존재 가치 등을 비롯한 철학적이고 성찰적인 사유의 과정이 동반되어야 한다.

서로 다른 환경과 여건에서 서로 다른 경험을 하고 서로 다른 성격을 지닌 개인들이 형성하는 정체성은 어느 누구도 동일할 수 없다. 이것은 개인의 문제로서의 성격이나 가치관의 차이임과 동시에 행복이나 세상을 이해하는 세계관의 차이이기도 하다. 또한 이러한 삶의 방식은 삶의 과정 전반에서 이루어지는 선택과 결정의 순간들에 영향을 미치며 한 개인의 삶의 궤적을 형성해 나간다. 요컨대, 진로교육은 한 개인이 살아가는 모든 상황에서 이루어지는 삶에 대한 조망의 순간들에 스며들어 있는 일상적 성찰의 행위와 다름 아닐 것이다.

2) 인격적 경험

역량은 본래 현대 사회에서 성공적으로 살아가는 데에 필요한 인간 능력의 내용과 조건을 드러내기 위해 고안된 개념으로, 역량 접근은 직업교육이나 훈련 분야에서 중점적으로 논의되다가 최근에 이르러 학교교육으로 전이되었다. 따라서 역량이란 용어는 종래에는 주로 기업교육이나 직업교육의 맥락에서 찾아볼 수 있었다. 예컨대, 기업 역량, 마케팅 역량, 간호 역량, 교수 역량 등이 이에 해당한다. 이처럼 역량을 직업 위주로 바라보고자 하는 해석은 소위 신자유주의 관점과 맞닿아 있다. 교육과 관련지어 신자유주의 관점이 긍정적이라고 보는 입장도 있겠지만, 교육 분야에 신자유주의를 분별없이 도입하는 것이 부정적 결과를 가져올 가능성을 내재하고 있거나 이미 그러한 결과를 초래하고 있다는 공감대는 더욱 확산되고 있는 추세이다(Hargreaves, 2011).

이러한 역량에 대한 대안적 접근으로 제시되고 있는 것이 소위 역량에 내포된 근원적 속성으로서의 인격적 속성을 강조하는 공동체주의이다. 여기서 인격적이라는 것은 통상적인 의미로서 도덕적이거나 포용적임을 뜻하는 것은 아니다. 이러한 관점에서 역량은 지식이나 기술의 습득과 활용을 통한 수행성이라는 기능주의적인 이해를 넘어서 주체의 성장으로 정체성의 변화를 의미한다. 이것은 역량이 가진 총체성으로서 인격적 속성을 반영함과 동시에 공동체의 재생산 과정으로서 역량이 한 개인에게서 어떻게 실현되는지를 함축적으로 보여 준다.

오늘날 아무리 정보처리 능력이 뛰어난 컴퓨터라도 '용량(capacity)'으로 일컬을 뿐 '역량(competency)' 있다는 표현은 사용하지 않는다. 컴퓨터의 정보처리 및 문제해결 능력이 인간의 한계를 훨씬 능가하는 수준으로 발전해 왔음에도 불구하고 현존의 인공지능은 자유 의지를 통한 선택과 결정을 할 수 없다. 정확한 데이터와 알고리즘을 바탕으로 작동되는 인공지능은 인간의 행위와 같이 맥락적 의미의 모호함 속에서 선택하고 결정하는 것이 불가능하다. 인간의 행위로서 상황적인 선택과 결정이 가진 실존적인 속성은 그것이 정서적인 속성을 띠며 존재한다는 것을 의미한다.

다시 말해, 역량의 함양이란 외재적 목표를 향해 내달리는 기능적 능력의 발달만을 의미하지는 않는다. 직업적인 성공과 그에 따른 행복은 결코 타인의 삶과 무관하지 않고 공동체에서 덕이나 선으로 용인 가능하도록 하는 배려와 공감을 기반으로 하기 때문이다(MacIntyre, 1984). 이런 점에서 교육 현장에서 강조되고 있는 창의 · 인성 · 진로라는 키워드는 사실상 개개인 역량의 신장임과 동시에 공동체의 헌신이라는 이타성을 전제로 하고 있다는 통합적 의미를 내포하고 있다.

3) 몰입적 경험

자아의 선택과 결정에는 인지적으로 분별하기 힘든 정서적 몰입의 상태로서의 긍정적인 경험들이 관여한다(Dewey, 1934). 정서적 경험으로서 몰입의 경험은 다른 어떠한 목적을 위한 수단적 행위들에서는 가질 수 없는 것으로, 모든 대상이 하나의 통일된 정서를 형성하는 집단적 공감의 상태이다. 개인들은 이러한 몰입의 경험을 통해 즐거움을 느끼고 행복을 경험한다. 이는 몰입의 경험이 불러오는 매우 직관적이고 감각적인 행위들에서 발생하는 정서적 안정감과 조화로움이라는 내적 보상 때문이다(Csikszentmihalyi, 2000). 개인은 이러한 정서적 경험을 기반으로 때론 인지적으로 설명할 수 없는 호감이나 비호감의 감정들을 경험하게 되기도 한다. 이렇게 지속적으로 추구해온 감정들은 하나의 습관화된 정서로서 삶의 모든 선택과 결정에서 하나의 경향성을 형성하며 개인으로서의 자아 정체성을 형성해 간다.

우리는 무엇인가에 흠뻑 빠져 심취해 있는 무아지경의 상태를 몰입이라고 한다. 칙센트미하이(Csikszentmihalyi, 2000)는 미술가, 음악가, 스포츠 선수들에 관해 연구하면서, 이들이 작업할 때 다른 모든 것을 잊고 집중하는 모습에 깊은 감명을 받고 몰입에 대한 연구를 시작하였다. 그는 삶이 고조되는 순간, 마치 자유롭게 하늘을 날아가는 듯한 느낌이나 물이 흐르는 것처럼 편안하고 자연스럽게 행동이 나오는 상태에서 몰입이 일어난다고 하였다. 그는 몰입을 촉진하는 요인을 설명하면서 목표의 중요성에 대해서 언급하고 있는데, 보통의 경우 목표를 추구하며 기울이는 주의가 의식의 질서를 만들고 이것이 몰입을 강화시킨다고 보았다. 여기서 목표는 외재적인 것보다는 그 일 자체가 즐거운 것으로서 내재적 동기일 경우 더욱 강한 몰입이 가능하다고 설명한다.

> 스웨덴 일간지 스벤스카 더그블라뎃(SvD)은 한국 교육 분석 기사에서 우리나라 학생들의 학업성취도가 국제 순위에서 세계 최상위 수준으로 나타나고 있지만, 주입식 공부로 학생들이 미래를 꿈꿀 여유가 없다고 한국 교육의 성과 이면을 비판한 적이 있다. 도서관이 문 닫는 밤 11시에 다시 사설 학원으로 향하는 학생들의 고단한 일과를 소개하며, 하루 12시간을 공부하면서도 정작 자신의 미래나 꿈에 관해 생각할 겨를이 없는 것이 한국 교육의 실정임을 자세하게 설명하고 있다(연합뉴스, 2013. 12. 4.).

우리 청소년들은 많은 시간을 공부에 할애하고 있음에도 불구하고 정작 지금 하고 있는 공부가 자신의 삶과 어떻게 연결되는지 그 의미를 찾지 못하고 있다. 이로 인해 많은 수의 학생은 진학이라는 '목표'는 있지만 자신이 하고 싶은 것이 무엇인지 모르는 '꿈' 없는 아이가 되어 버린다. 꿈을 꾼다는 것, 무엇이 되고 싶다는 것, 어떻게 살고 싶다는 것이 결국 역량의 한 측면이라는 점에서 앞서 제시한 뉴스 기사는 청소년들의 삶과 행복의 의미가 어떻게 역량의 문제일 수 있는지에 대해 시사하는 바가 크다.

3. 진로기반 교육과정의 방법적 준거

앞서 정리한 바에 따르면, 진로기반 교육과정의 내용적 준거로서 교육과정 재구성을 통해 다루어야 할 교육 내용들은 역량의 총체성을 기반으로 한 개인의 정체성의 형성 기제를 의미한다. 결국 개인의 정체성 형성과정으로서 역량의 함양은 일상과 괴리된 학교교육이 아닌, 학습자들의 자연스러운 삶의 궤적으로서 교육과정을 의미한다. 그렇다면 그러한 삶의 궤적으로서 학습의 과정은 이전과는 다른 새로운 실천의 논리를 필요로 할 것이다. 여기에서는 교육과정 재구성의 방법적 준거이자 교수-학습 설계의 논리를 참여와 실천의 관점에서 다음과 같이 제시하고자 한다.

1) 외현화

참여와 실천이 내포한 인격적 차원은 그것을 수행하는 매우 구체적인 수행에서의 배려와 공감 능력을 전제로 할 때 실현 가능하다. 흔히 역량에서 강조하는 수행성(performance)의 개념은 생각하거나 계획한 바들을 실제로 드러내 보이는 것이라는 점에서 실천은 자신의 경험을 구체화 혹은 객체화하는 활동을 의미한다. 따라서 공동체에서의 실천은 필연적으로 그러한 실천을 공유하는 타인에 대한 배려와 공감을 전제로 수행될 때 비로소 역량의 발휘로 나타난다. 일례로, 좋은 수업 혹은 좋은 발표는 그때의 맥락, 예컨대 학습자나 청중, 강의의 목적과 내용 등에 대한 충분한 이해가 필요하며, 또한 이러한 이해는 실천으로서 상호작용의 매 순간 맥락의 변화와 흐름을 포착해내는 민감한 반응적 학습이 동반될 때에 가능하다.

플루트 연주자의 궁극적인 목표는 연주를 잘하는 것이며, 구두를 만드는 사람의 궁극적인 목표는 좋은 구두를 만드는 것이다. 그런데 이것을 공동체의 관점에서 바라보자면, 플루트 연주자에게 좋은 연주는 다른 사람들에게 좋은 음악을 연주하는 것이며, 구두를 만드는 사람에게 좋은 구두는 다른 사람에게 편안하고 아름다운 구두이다. 이는 다른 일에 종사하는 경우에도 마찬가지이다. 그 활동이 무엇이든 간에 그것을 훌륭하게 수행한다는 것은 그 기능을 잘 완수하게 되는 것임과 동시에 타자와의 상호작용을 전제로 한다. 연주자와 제화공의 예에서처럼 타자와의 상호작용을 통한 높은 수준의 성취는 필연적으로 대상에 대한 이해와 공감 그리고 배려를 통해 가능하다. 결국 타자에 대한 이해와 배려가 객체에 대한 공감에서 비롯된다고 볼 때, '타인에게 좋음'이 '나에게 좋음'이라는 사실에 대한 이해는 결국 지식의 생성과 발전이라는 생산적 활동의 전제 조건이기도 하다(Wenger, 1998).

결국 역량이 한 개인의 총체적 삶의 양태라고 볼 때, 역량의 함양은 인지적 차원의 개념을 넘어서 비인지적 차원의 공감과 협력 그리고 조율 등의 정서를 기초로 한다(김태준 외, 2014). 이러한 관점에서 진로교육은 단절된 개인 능력의 개발을 넘어서 공동체의 참여를 통한 협력적 해결이라는 방식으로 수행될 때 진정한 의미의 역량을 함양할 수 있다. 진로 역량 역시 자신의 삶을 이해하고 진로를 선택하고 개발하는 과정 전반에서 자신만의 이익이나 목적 달성을 위한 이기적인 합리성에서 벗어나 공동체의 지속 가능한 상생의 삶을 위한 태도와 행위가 전제될 때 궁극적 의미의 행복한 삶으로 나아갈 수 있다(정연순, 2011).

학습 장면에서 교수자는 학습자에게 끊임없이 자기실현으로서 표현과 창조의 기회를 제공해야 할 것이다. 이러한 기회는 학습자에게 자기결정권을 높여 줄 뿐만 아니라 그에 따른 결과를 통해 상황에 대한 민감성을 기르도록 도울 것이기 때문이다. 결국 참여의 매 순간은 자기실현의 과정이며 그 과정은 타인과의 공감과 소통의 인격적 경험일 것이다.

2) 개별적 맥락

학습을 참여와 실천으로 이해하는 관점에서 역량은 유동적이고 맥락적인 개인의 양태(aspect)이다. 따라서 개인은 삶의 과정에서 갖게 되는 모든 경험을 자신의 일부로 학습해 가면서 자신의 고유성을 만들어 나감과 동시에 변화시켜 나간다. 이러한 관점은 흔히 평생학습적 관점에서 취하는 상황학습의 관점으로, 여기에서 개인의 정체성은 상황적이고 맥락적으로 발현되는 것이다. 그렇다면 개인이 맥락을 자기정체화하는 학습의 과정은 어떠한 기제를 통해 설명이 가능할까? 이것은 교육의 장면을 어떻게 삶의 장면과 일치시킬 수 있을 것인지에 대한 관심이기도 하다. 뿐만 아니라 이러한 관심은 학습설계에서의 주된 논의 주제인 '학습자 맥락'에 대한 이슈와도 맥을 같이한다. 학습자들은 자신의 이야기를 담아냄으로써 맥락적 학습을 경험하며 의미를 발견할 수 있기 때문이다. 그렇지만 때론 이러한 논리가 학습자의 흥미와 관심의 중심이 되어 수업에서 교과 고유의 지식이나 가치를 잃게 할 수 있다는 우려의 목소리가 나오기도 한다. 이러한 우려는 현재 진로교육 프로그램이 갖고 있는 문제이자 진정성에 대한 우려와 다르지 않으며, 진로교육이 결국 학습자에게 어떻게 지속적이고 반복적인 진로 경험을 제공해 줄 수 있느냐의 문제라는 점에서 학습자의 맥락에 대한 이해가 필수적이다.

최근 참여적 관점에서 학습을 이해하는 새로운 학습과학에서 맥락은 학습자가 인지하는 것으로서 개별적 맥락이며, 학습자의 시간적 흐름 안에서 존재한다(Clark & Bruce, 2014). 다시 말해서, 교수자가 설계한 학습 맥락이 학습자에게 동일한 맥락으로 인식되기는 어렵다. 학생들은 물리적으로 동일한 시간과 공간을 경험하고 있지만 이러한 경험들은 개별 학습자들의 이전 경험이나 실용적 목적 등에 따라서 때론 중요한 것으로 여겨지기도 하고 때론 사소한 것으로 치부되기도 한다. 예컨대, 교사가 제시하는 수학 수업에서의 수행평가 상황은 지금까지 학습한 내용을 정리하고 확인하는 '수행'의 시간으로서 의도를 갖지만 학생들에게는 어떻게든 잘 모면해야 하는 '평가'의 상황으로 인식될 가능성이 높다. 학습자의 맥락은 그것의 단위를 이전보다 더 잘게 쪼개어서 볼 때 더 실제적으로 이해 가능하다.

학생의 진로 경험에 대한 한 가지 맥락을 생각해 볼 수 있다. 한 학생이 수학교사가 되고 싶다는 꿈을 갖게 되었다고 생각해 보았을 때, 그러한 꿈을 갖게 된 데는 분명 어떠한 경험이 그 학생에게 의미 있는 순간을 경험하도록 했을 것이다. 여기에서 그러한 경험은 아마도 수학과 관련된 '어떠한' 기억, 수학을 다루었던 '어떠한' 경험이었을 것임이 분명하다. 그렇다면 그가 경험한 맥락이란 수학이라는 지식일까, 수학을 다루었던 어떠한 방식일까? 또한 그 학생이 열심히 공부하여 수학교사가 되었다고 가정해 보자. 그는 수학교사로서의 삶에 대하여 매우 만족할 수도 있고 매우 불만족할 수도 있을 것이다. 그렇다면 이러한 경험은 수학교사라는 직업 그 자체에 대한 것일까, 수학교사로서의 삶의 방식에 대한 것일까? 이러한 가정은 맥락적 학습이란 그것을 다루어 본 실제적 방식에 대한 경험이지 탈맥락적인 대상으로서의 지식 자체에 대한 이해가 아님을 보여 준다.

현행 학교 교육과정은 대체로 교과의 내용을 중심으로 편성되며, 교과를 경계로 운영된다. 이러한 교육과정 편성과 운영 방식은 교과를 중심으로 전달해야 할 지식의 내용과 성취 기준을 명확히 제시함에 따라 교육과정 재구성을 부차적인 과정으로 치부하게 만들고, 교사에게는 지식의 전달자, 학습자에게는 피동적 학습자라는 오명을 씌우게 한다. 결국 앞서 제시한 맥락적 학습의 두 전제에 따르면, 학습이 개별 학습자들 고유의 참여과정이라는 점에서 교과는 내용 요소 중심의 교과에서 벗어나 학습자들의 관심과 흥미를 담아낼 수 있는 유연성을 확보해야만 한다.

3) 지속과 반복

탈근대의 후기 산업사회에서 정체성(identity)이란 고정된 실체가 아니라 가정과 학교 등과 같은 일상 경험과 사회적 상호작용을 통해 지속적으로 생동하는 삶의 전 과정이다. 즉, 참여의 경험들은 사회적 상호작용에서 타자들과의 관계를 구축하고 자신의 존재 의미를 찾기 위한 노력에서 비롯된다. '나는 어떤 사람인가?' '당신은 어떤 사람이다.'와 같은 자아에 대한 생각이나 말들은 정체성의 일부가 될 수는 있지만, 한 개인의 전부를 설명할 수는 없다. 뿐만 아니라 기관 차원의 규정이나 역할들 역시 그 사람의 책임이나 권리, 지위나 대우 등과 같은 행위와 존재 방식에 대한 가늠의 매개로서만 작용할 뿐 그 사람의 정체성을 온전히 설명해 주지는 못한다. 정체성은 삶의 전 과정에서 일상적 생활방식을 통해 지속적으로 드러나고 형성되는 실제적인 자아의 존재 양태이기 때문이다.

듀이(Dewey, 1934)에 따르면 습관은 한 개인의 지속적인 존재 양태로서 정체성의 정서적인 특징을 잘 보여 주는 예이다. 습관은 이때까지 해 오던 방식으로 활동하는 데서 편안한 느낌을 가지는 상태를 가리키며, 습관을 바꾸기 위해서는 거북하고 힘든 노력이 뒤따르지 않으면 안 된다. 여기에서 한 개인의 행위 방식으로 지속성을 유지시키는 동인으로는 결코 의식적이고 심리적인 앎이 아닌 친숙성에 의거한 신체적 지각과 감각의 문제로서 몸이 관여된다. 이처럼 정체성이 비교적 지속적인 한 개인의 정서적 에너지에 기반을 둔 것이라고 볼 때, 그것은 결국 한 개인의 성격이나 경향성 그리고 스타일이라고 할 수 있다. 즉, 유사한 방식의 선택과 결정이 익숙하고 편안한 느낌을 가지는 습관적 행위라면, 새롭고 낯선 상황에 대한 선택과 결정에 따르는 고민과 난처함의 정서적 경험은 자아의 확대를 의미하는 습관화의 과정이다.

우리는 사회와 학교를 통해 목표로 나아가기 위한 노력과 고통을 가치 있는 것으로 평가하고 그러한 시간들에 대한 희생을 강요하는 문화에 익숙하다. 따라서 우리의 삶은 대부분 실용적 가치들을 위한 수단적이고 도구적인 과정으로 채워지기 마련이다. 학창 시절은 좋은 대학에 진학하기 위해 공부에만 매달려야 하는 인고의 시간이고, 대학은 좋은 직장을 얻기 위해 학점을 관리해야 하는 시간으로 존재하며, 그렇게 얻은 좋은 직장은 더 나은 삶의 질을 위해 끊임없이 자기개발을 하며 승진에 목을 매야 하는 시간으로 채워진다.

정체성이 생애사적이고 지속적이고 누적적인 경험을 통한 습관적 정서라는 점에서 진로교육이 놓치지 말아야 할 것은 현재와 순간의 가치와 의미에 대한 성찰의 환경이 되어야 한다는 것이다. '내일의 나'를 위한 삶을 살아가는 누군가에게는 훗날에도 '오늘의 나'가 존재하는 삶을 살아가기는 쉽지 않다. 결국 진로교육은 미래의 내가 성취해야 할 무엇인가를 갈망하도록 하는 삶에 대한 태도와 정서가 아닌, 현재의 나의 존재와 가치, 행복과 의미를 되새기고 몰입적 경험을 통해 행복과 자아 성장을 경험하도록 하는 자기이해의 장이 되어야 한다. 이를 위해서 교육과정은 교과 활동을 통해서도 지속적으로 자신의 관심과 흥미를 담아낼 수 있도록 교과 간 경계 혹은 학교와 학교 밖 경계를 유연하게 하여 교육을 적극적으로 삶의 영역으로 통합시킬 수 있다. 반면, 학생들의 과도한 학업 부담을 덜어 주고 삶의 쉼표를 제공해 줄 수 있는 다양한 방법을 고안하여 학생들이 여유와 돌아봄의 시간을 즐기도록 하는 것도 역설적인 의미의 진로교육의 한 방식이 될 수 있다.

4. 진로교육과 교육과정 전문성

진로교육은 교육학에서 또 하나의 전공 영역이면서 융합 분야로 부상되고 있다. 한편, 교육과정학은 형식교육 장면에서의 교육과정을 개발할 뿐만 아니라 쿠레레(currere), 즉 인생의 경주로를 분석, 이해 그리고 더 나아가 설계하는 전문 분야이다(Pinar, 2004). 다시 말해, 쿠레레의 이해와 설계는 교육과정학의 핵심 내용이다. 국가 교육과정 또는 학교 교육과정의 개발 또한 궁극적으로는 쿠레레에 대한 이해와 설계에 기초한다. 예컨대, 평생교육(life-long education)의 관점에서 보면 국가 교육과정은 국민들이 자신들의 생애 개발을 위해 무엇을 학습 경험으로 갖추어야 하는지 설정한 기준이다. 그리고 단위학교의 교육과정은 학생들 하나하나가 자신들의 진로에 맞춰 생애 개발을 해 나갈 수 있도록 지원하는 시스템이라 할 수 있다.

현재 진로교육에 대해서는 다학제적으로 접근할 수 있다. 그러나 교육과정학에서는 진로교육을 그 본연의 영역으로 다루고 있지 않다. 교육과정 영역은 협의의 진로교육 전문성과는 무관한 것으로 파악될 수 있지만 광의의 진로교육관의 입장을 취하게 되면 그렇지 않다. 교육과정 전문성이야말로 진로교사가 갖춰야 할 가장 핵심적인 역량일 수 있다. 교육과정 전문성이란 학교 교육과정 편성 · 운영 등의 교육과정 개발뿐만 아니라 학생 개개인이 자신들의 적성과 특기 및 진로에 맞게 그들의 생애를 개발해 나갈 수 있도록 지원하는 환경으로서의 교육과정 개발에 관여하는 역량을 의미하기 때문이다.

앞에서 편협한 진로관과 심리적 접근이 현행 진로교육을 학교교육에서 사소한 것으로 만들고 있다고 지적하였다. 교과 수업을 접하는 동안 경험하는 것들이 학생의 진로 포부로 연결되는 사례를 흔히 볼 수 있는데, 이는 그만큼 진로와 학교 교육과정이 서로 떼려야 뗄 수 없는 관계에 있다는 점을 잘 말해준다. 이런 점에서 진로교육이 교육과정 전문성의 일환으로 재정립되어서 학교 교육과정이 학생 개개인에게 삶의 역량을 키우고 자신의 정체성을 형성해 갈 수 있는 학습 환경으로 계획되고 제공될 수 있도록 하는 역할로 확대되어야 할 것이다.

결국 진로 역량을 함양하기 위한 교육이란 개인의 삶 속에서 경험하는 다양한 대상에 대한 이해와 배려 속에서 생겨나는 정서적 공감 능력을 바탕으로 자기를 개발하는 노력과 끈기의 정서적 습성을 길러 주는 교육을 의미한다. 학교 현장과 그 경계를 넘어서는 모든 삶의 경험이 가진 의미와 가치를 발견할 수 있는 안목과 힘을 키우는 것이 진로교육의 목적이 되어야 한다. 이를 위해서 별도의 교과나 진로 상담의 특정 시간으로 분리시켜 진로교육을 편성·운영하기보다는 교과와 비교과, 공식적 교육과정과 비공식적, 잠재적 교육과정을 넘나들며 영향을 줄 수 있도록 진로교육을 기획·운영할 필요가 있다. 그리고 그렇게 될 때에만 개인이 삶의 궤적 안에서 연속적인 의미를 형성하며 자신의 삶에 대한 자연스러운 고민과 이야기가 담긴 진로 역량을 형성할 수 있을 것이다.

후주

1) 이 절에서 '진로기반 교육과정 재구성'이란 광의의 진로 개념을 역량기반 교육과정의 핵심으로 강조하기 위한 것으로, 본 논의에서 조작적으로 정의하여 활용하고자 한다. 이는 교육과정이 정체성의 완성과 생애 전반 경험을 포함하는 것으로 교육과정 본연의 의미를 회복하고 외현을 확장하기 위함이다. 이 장에서 제안하고자 하는 교육과정 재구성의 방법적 논리의 기반을 함축적으로 담아냈다.

2) 웽거(1998)는 그의 연구에서 실천공동체론의 공동체 소속 기제라는 개념을 통하여 정체성이 어떻게 형성되는지를 참여의 기제에 의존하여 설명한 바 있다. 그는 정체성 형성의 세 요소로서 상상력(imagnation), 참여(engagement), 조율(alignment)과 협상(negotiation)을 제시하고 이 세 가지 요소는 서로 간에 영향을 주며 다양한 경험에 선별적으로 의미를 부여하며 학습의 궤적을 형성한다고 보았다. 본 논의에서는 상상, 참여, 조율이라는 세 가지 요소를 역량의 관점에서 재해석하고 교육과정에서의 상식적 수준의 용어로 재명명하여 세 가지 내용적 준거로 제시한다.

제9장

학교급별 교육과정과 정체성

Lectures on
Curriculum Studies and
Process of Education

1. 중학교급의 교육과정과 문화의 정체성 바로 세우기

오늘날 중학교 학생들이 소위 질풍노도의 정체성 혼란에 빠지는 것은 그 연령대에서 자연스럽게 나타나는 현상이기도 하지만, 또 한편으로 보면 오늘날 우리가 알고 있는 중학교라는 학교급의 정체성 혼란이 그것을 더욱 부채질한 결과라고 볼 수 있다. 초등학교는 경험 중심의 교육과정과 돌봄을 위한 학급담임제 등을, 그리고 고등학교는 심화선택된 지식 교과와 대입 준비를 그 고유한 정체성으로 정착시켜 올 수 있었다. 그러나 중학교는 고등학교와 분리된 20세기 초 이래로 교육과정 및 그 운영 면에 있어서 고등학교의 하위 학교급쯤으로 유지되어 왔다. 그 결과, 작금의 중학교 연령대 학생들이 겪는 정체성 혼란은 청소년 시기의 정체성 혼란과 더불어 학교급의 정체성을 확립하지 못한 중학교의 구조적 문제도 한몫하지 않았을까 생각한다. 그 말은 분명 그 나이대에 보다 걸맞은 교육과정과 문화를 개척해서 정착시킬 수 있다면 오늘날 중학교 아이들이 겪는 병폐 현상은 좀 더 완화되지 않을까 하는 생각이다.

그런 점에서 중학교급에서 자유학기제의 필요성이 제기된 것도 우연은 아니라고 생각된다. 즉, 초등학교나 고등학교와 차별화된 중학교 학교급만의 정체성을 찾고자 하는 시도의 일환으로 해석될 수도 있다는 것이다. 문제는 초등학교급과 고등학교급과는 차별화된 정체성, 즉 중학교만의 고유한 교육과정과 문화를 어떻게 바로 세워 나갈 수 있을지에 대한 방안이다. 자유학기제의 시도와 과제가 특정 정부의 일시적인 정책이 내놓은 단기적 처방에 그치지 않고 지속적인 관심을 가지고 탐색하고 노력을 기울여야 하는 것인 이유도 바로 그런 점에서 재음미해 보아야 한다. 그래서 여기서 마침 최근에 불거져 온 어젠다, 즉 경험과 지식을 다른 의미에서 포괄하고자 하는 역량, 이 역량을 중심으로 하는 교육과정의 편성 및 운영의 논리와 방안들이 더욱 중학교급에서 탐색하고 시도해 볼 만한 것들이 아닌가 생각된다. (사실, 역량기반보다 정체성 기반 교육과정이 더 현실적일는지 모른다!)

1) 기술주의적 교육과정 담론으로의 환원의 위험 I: 어떤 진로교육이어야 하는지에 관한 고민은 어디에?–'직업'교육과 '나다움'

결론부터 말하자면, 자유학기제가 중시하는 진로교육을 '교육과정 편성 및 운영 방법'이라는 단기적 처방의 문제로 다루고 있다는 생각을 떨쳐 버릴 수 없다. 많은 전문가는 우리나라 교육의 고질적인 병폐가 다양한 진로를 찾지 못하고 한 줄로 서열을 짓는 데에서 비롯된다고 진단해 왔다. 진로교육이 활성화된 나라의 경우 우리와 같은 고질병은 그리 심하지 않다는 것이 진단이다. (이런 논리를 펴는 전문가들은 북유럽 학교들을 흔히 모델화해 왔는데, 여기서 수상한 점은 그들이 이러한 교육 문화가 사회가 아닌 학교로부터 비롯된다고 본다는 점이다!) 이런 관점에 따르면 중학교야말로 진로에 대한 고민을 진지하게 해야 하는 적절한 시기이다. 이에 자유학기제를 시도하는 학교들은 직업교육과 관련된 다양한 프로그램을 개발하고자 한다. 여기에도 질문은 실종되어 있다. 왜 직업교육 프로그램을 운영해야 할까? 과연 직업교육 프로그램을 새로 만들고 시간을 늘린다면 자유학기제의 취지가 구현될까?

우선, 자유학기제에서 상정하고 있는 진로교육이 직업교육과는 또 다른 차원의 개념과 의미를 담고 있다는 것은 조금만 생각해 보면 '누구나 다' 쉽게 알 수 있지 않을까 짐작한다. 진로는 특정 직업을 전제로 해서 성립되는 개념이라고 생각할 수도 있지만, 조금 더 생각해 본다면 자신의 삶의 궤적, 즉 정체성에 관해 자각해 가는 과정이라는 좀 더 커다란 의미도 담고 있음을 알 수 있다. 초등학교급이 사회화, 즉 사회에 대한 적응을 위해 준비하는 시기라면 중학교급은 자신을 찾아 나가기 시작하는 시기라는 의미에서 자유학기제의 어젠다가 제기되지 않았을까 짐작한다.

넓은 의미의 진로! 즉, 나다움을 경험하고 탐색해 가는 시간과 경험은 항상 직업 정보의 탐색과 연관되어 있을까? 설령 진로의 의미가 그런 좁은 의미만을 갖고 있다 해도 학생들이 학교에서 생활해 나가는 가운데 언제 어디서 진로의 의미를 깨닫게 될까 하는 것은 예단할 수 없다. 그것은 '어떤' 주지교과 시간에 느낄 수도 있고, 선생님과 대화하는 가운데 발견할 수도 있다. 예컨대, 어느 수학 교과 전문가는 어렵고 지루한 수학이라도 학생들이 제대로 경험한다면 정서적 감수성을 맛보게 될 수도 있다는 점을 알려 주었다.

나다움은 탐색되어야 하는 것이기도 하지만 회복되어야 하는 것이기도 하다. 교사 또는 동료 학우들과의 정서적 유대 속에서 학생들은 자신의 인격적 존재 가치와 자기애를 맛보게 된다. 물론 그러한 정서적 유대가 생활지도 속에서만 이루어진다고 생각할 필요는 없다. 심지어 교과 내용을 다루면서 지적인 호기심을 공유하는 가운데 긴밀하고 끈끈한 유대감과 자신을 느낄 수도 있다. 그래서 어느 심리학자가 사람들은 어떤 일에 몰입하는 가운데 자기 자신을 경험할 수 있다고 하지 않았던가! 물론 오늘의 진도에 해당하는 내용을 가지고 학생들에게 얼마나 지적인 호기심을 조장할 수 있는가 하는 것은 교사의 몫이지만 말이다.

예컨대, 자유학기제를 시도해 보려고 하는 학교들은 새로운 프로그램을 준비하기에 앞서 몇 가지 질문을 공유해 보았으면 한다. '내가 이 학교의 한 구성원으로서 이 시간에 참여하고 있구나.'라고 하는 정서적 동기를 학생들이 가지고 있는가? 참된 지식에 대한 배움이라면 그것은 항상 실천으로서, 실천과 함께, 실천으로 공유될 수밖에 없다. 그리고 실천으로 공유되는 이상 정체성 경험으로 이어지기 마련이다. 학생들이 나다움을 찾아가기 위해서는 특별한 교육과정과 특별한 교육 방법을 운영해야 하는 것이 아닐 수 있다. 협력학습이나 프로젝트 수업을 많이 한다고 해도, 그리고 직업체험 프로그램이 아무리 많아도 여전히 학생 개개인이 그 시간 동안에 자신의 성장을 주변에서 돌보고 있다는 정서적 경험을 하지 못한다면 소용이 없을지도 모른다. 그러한 정서적 경험을 할 기회는 아마도 다른 곳에서 찾아야 할지 모른다.

2) 기술주의적 교육과정 담론으로의 환원의 위험 II: 매뉴얼 조직에서 인격체로서의 공동체로!

학생들이 정체성을 느끼도록 하는 유일한 장치 가운데 하나는 학교 조직을 소위 공동체화하는 것이다. 정체성 경험은 학생 자신만의 문제이기 이전에 공동체라는 장치가 더욱 확고해짐으로써 성립하는 속성을 가지고 있다. 학생들이 자신들의 정체성에 관해 느끼고 경험하고 생각해 볼 수 있도록 하는 것이 교육과정만의 문제가 아니며 학교 조직을 어떻게 공동체화하는가의 차원에서 다루어져야 한다는 점은 교육 개혁가들에 의해 오랫동안 지적되어 온 바이다. 많은 교육 개혁가는 학교도 하나의 정체성을 가진 인격체라는 점, 그리고 학교 개혁에서는 항상 이 점이 간과되면 실패할 가능성이 많다는 점을 일깨워 주었다. 학교도 하나의 인격체라는 것은 그 조직이 매뉴얼에 의해서 작동되는 시스템이 아니라 구성원들에 의해서 운영되기 때문에 그 특유의 문화를 가진 조직체라는 점을 뜻한다. 그래서 일부 학교 개혁 운동에서 교육과정과 수업에 관련된 노하우 이전에 이 부분을 고민하는 것도 최근에 적지 않게 찾아볼 수 있다. 여기에서는 구성원들 간 상호작용 방식 또는 학교나 학급 거버넌스 형태에 관해서 많은 탐구와 시도가 이루어지고 있다.

인격체로서의 학교를 바로 세우고 학생들에게 자신의 정체성을 느낄 수 있도록 하는 정서적 자극을 지속적으로 해야 한다는 주문은 제도와 방안을 바꾸는 것보다 추상적인 질문으로 비춰질지 모른다. 그렇다면 최근 조직 혁신을 화두로 삼는 기업으로 눈을 돌려 보자. 일부 기업은 과거 산업 조직체에서 벗어나 소위 지식기반시대에 알맞은 조직 형태로 혁신하기 위해 다양한 방안을 마련하여 시행하고 있다. 구성원들의 암묵지를 공유하고자 하는 노력은 그 가운데 하나이다. 넓은 의미의 암묵지란 특정 지식이나 기술에 관한 노하우와 함께 인격적 정서를 지칭한다. 최근 지식기업들이 조직 문화를 바꾸는 것도 이러한 차원에서 더욱 가속화되기도 하였다. 기업들도 고민하는 마당에 하물며 학교가 이러한 점에 관해 고민하지 않을 이유는 없지 않을까?

그럼에도 불구하고 많은 학교는 여전히 교육과정과 수업 방법이라는 '매뉴얼'에 관해 고민한다. 물론 행정 지침 성격을 보다 명확히 담을 수 있다는 장점 때문에 교육 개혁 담론은 오랫동안 교육과정 영역 안에서 다루어져 왔다. 교육부나 교육과정 문서와 같이 제도 운영을 관리하는 입장 또는 관점에서 학교 풍토를 바꿔라, 구성원들 간 소통 방식을 바꿔라 할 수는 없는 노릇 아닌가! 그래서 시수를 어떻게 조정하고 교과 내용을 어떻게 재구성하며 어떤 수업 방법을 활용하도록 하자는 구체적인 매뉴얼로 제시될 수밖에 없지 않은가?

우리나라 교육과정 정책의 맹점은 학교교육에 대한 기획 · 설계에 관한 모든 문제를 좁은 의미의 교육과정(또는 수업), 즉 지침 매뉴얼의 문제로 환원시켜 다룬다는 점이다. 즉, 거버넌스, 의사결정, 풍토 조성, 구성원 간 소통과 상호작용 등의 사안들까지도 교육 내용, 시간과 방법 등의 문제로 다룬다. 물론 학교 개혁의 담론이 학교 교육과정을 바꾸는 데 집약되는 현실이 이해가 가지 않는 것은 아니다. 교육과정 문서에 담긴 내용들이 그나마 현장의 실제에 직접적으로 영향을 미칠 수 있는 가장 가까운 행정 지침이 될 수 있기 때문이다.

실제로 시범학교 보고서들에는 학교 개혁 관련 담론이 교육과정과 수업 방법에 관한 명시지의 덫에 걸려 피상성에서 벗어나지 못한 채 회자되는 반면, 정작 구성원들 간 암묵지와 정서의 공유에 관한 고민과 궁리는 실종된 상태이다. 문제는 그러한 질문이 추상적이거나 구체적이거나 하는 점을 따지기에 앞서 수많은 처방을 끌어온다고 해도 여전히 그러한 질문에 대한 답변이 부재하거나 부정적이라면 '방법'들에 관한 노력과 처방은 결코 성공하지 못한다는 점이다. 오히려 그러한 방법들만 벤치마킹하고자 하는 학교들 입장에서는 투입 대비 성과 면에서 효율성이 떨어진다는 불만과 평가가 줄을 잇게 될 것이다. 그러고 나서 시간이 흘러 어젠다가 바뀌면 이전의 처방은 망각된 채 새로운 처방을 찾아 도입하느라 분주하게 된다.

3) 교육과정과 학제: 중학교 교육과정 사례

최근에 불거져 나온 우리 사회에서의 학제 개편과 관련한 논쟁은 그동안 우리가 당연하게만 받아들여 온 현재의 학교 체제에 대해 다시 한 번 생각해 보는 계기를 마련해 주고 있다. 학제 개편과 관련해서 다양한 시각에서 살펴볼 수 있지만, 이하 논의에서는 교육과정과 관련하여 중학교급에 초점을 맞추어 다루어 보기로 한다.

이를 논의하기에 앞서 현재 제기되고 있는 학제 개편 가운데 중학교와 관련된 부분에 한해 간략히 살펴볼 필요가 있는데, 다음과 같은 주장과 논리들을 찾아볼 수 있다. 우선, 초등학교와의 관계를 달리하는 부분을 찾아볼 수 있는데, 초등학교와의 연계 방식을 달리 보고자 하는 데에는 다음 몇 가지 이유를 들고 있다.

- 초등학교 고학년의 정신적 · 신체적 발달이 저학년의 발달과 현저하게 차이가 나고 예전 중학생의 발달과 큰 차이가 없다.
- 지역적으로 차이가 있기는 하지만, 초등학교 5학년 이상에서 중학교의 교육 내용에 대한 선행학습을 하는 학생들이 많아졌다.
- 외국의 경우 초등학교의 연한을 줄이는 사례가 있다.

다음으로, 고등학교와의 연계를 달리 규정해 보려는 의도 또한 엿볼 수 있다. 고등학교와의 연계 방식을 보다 확실하게 구축하려고 하는 주장 속에서 제기되는 방안 가운데 하나는 현재의 중학교와 고등학교라는 학교급의 구분을 현재의 체제보다는 훨씬 실용적인 목적을 위해 개편하자는 것인데, 그 내용은 국민 공통으로 적용되는 교양교육의 기간과 진로에 따라 적용되는 진로 준비로서의 기간을 분명히 구분할 필요가 있다는 것이다. 예컨대, 현재 각각 3년으로 되어 있는 중학교와 고등학교의 학제에서 중학교 3년을 고등학교에 포함시키자는 의견을 볼 수도 있으며, 초등학교 6학년을 중학교에 편입함으로써 중학교를 1년 연장하면 진로 탐색과정에 역점을 두게 되어 학생이 장래 진로에 대한 일차적 결정을 하도록 할 수 있을 것이라는 의견도 찾아볼 수 있다. 혹은 더 나아가 지역에 따라서 중학교와 고등학교를 통합하여 운영함으로써 중학교급과 고등학교급에 상존하고 있는 교육과정 중복의 문제도 피하고 이후 삶에 대한 준비, 즉 고등교육이나 취업 준비과정을 좀 더 내실 있고 연계성 있게 운영할 수 있다고 하는 주장 또한 발견할 수 있다.

중학교는 초등학교와 고등학교 사이에서 어떻게 정착되어야 할 것인가 하는 문제가 핵심 이슈이다. 이 문제에 관해 논의하는 데 있어서의 효율성을 위해 다음 질문에 주로 초점을 맞추고자 한다.

- 연계과정, 즉 초등학교나 고등학교와 차별화된 중학교만의 고유한 문화나 교육과정 시스템이 정착 가능한가?
- 평생교육시대에서 중학교는 어떤 역할을 해야 하는가?

4) 사회 변동과 중학교의 성격

학교급의 구분은 무엇보다도 두 가지 측면을 적극적으로 반영하고 있다고 볼 수 있다.

첫째, 청소년기 발달 단계의 구분이다. 과거라면 청소년기에 보이는 세대적 단절의 폭이 상대적으로 적었을 터이니 학교급의 구분은 그리 문제시되지 않았겠지만, 시간이 갈수록 아이들을 둘러싼 사회문화적 환경이 변화하는 속도는 빨라질 터이니 그만큼 세대 단절이 상대적으로 심화되고 따라서 학교급을 세분화하는 문제가 더욱 요구되었을 것이다.

둘째, 연령상 시기에 따른 진로 구분의 기회를 마련하는 장치인데, 이러한 측면에서 보면 학교급의 구분은 다른 트랙으로 나갈 합법적 기회를 제공해 주는 것이다. 이러한 관점에서 보면 학교급을 구분한다는 것은 한 학교급의 교육과정을 이수하고 이에 따라 사회로부터 소정의 능력을 인정받을 수 있는 장치를 마련해 주는 것을 의미한다. 나아가 학생들은 이렇게 인정받은 능력을 가지고 다른 트랙의 학교나 사회에 진출할 수 있도록 되어 있다. 한 국가의 학제 시스템은 그 나라의 고유한 역사를 반영하며 학생들의 사회와 학교 혹은 학교와 학교 간 이러한 전입과 전출을 보다 유연하고 적합하게 수용하는 방향으로 진화해 왔다.

중학교 역시 이를 반영하기 위해 소위 초등교육과 중등교육 사이에서 생겨난 역사적 산물이다. 중학교의 성격을 학생들이 공교육을 마친 이후 나아가게 되는 직업이나 사회 세계와 어떤 관계에 있는 것으로 규정할 것인가에 따라 학제의 개편을 바라보는 시각이 달라진다. 현재의 시스템은 고등학교에서 인문계와 실업계를 구분하고 중학교까지는 국민공통 기본교육과정의 성격으로 규정짓고 있다. 독일을 위시한 몇몇 나라를 제외하면 중학교급을 진로의 결정 시기로 보는 사회는 그리 흔하지 않다.

중학교가 어떤 성격의 교육기관으로 정착되어야 하느냐에 관해서는 다양한 의견이 있을 수 있지만, 애초에 중학교급이 새롭게 생겨난 역사적 상황을 돌이켜 보면 그것이 그리 순탄치만은 않았던 것으로 보인다. 한 예로, 20세기 초 초등-고등학교의 시스템에서 중학교를 분리한 역사를 가지고 있는 미국의 경우를 들 수 있다(Tyack & Cuban, 1995). 이하에서 서술된 내용은 타이악과 쿠반(Tyack & Cuban, 1995)이 본 중학교 분리에 관한 역사를 정리한 것이다.

미국에서 중학교가 본격적으로 분리되어 정착하기 시작한 것은 20세기 초반 20~30년의 세월을 거쳐서이다. 당시 중학교 학제의 분리 독립에 대한 요구가 커지도록 한 계기는 다름 아닌 초등학교 고학년에서 학교 중도 탈락자의 비율이 증가한 데 있었다. 1900년도 초반 당시 8학년으로 되어 있는 초등학교에서 8학년까지 올라가는 학생은 전체의 약 반 정도였고, 고등학교 진학률은 10명 중 한 명꼴이었다. 학교 개혁가들은 그 원인이 가난한 이민 자녀들이 엄격한 학문중심 교육과정에서 뒤처지는 것에 있다고 보았다. 그들에게 초등학교 고학년 2~3년은 시간 낭비와 같았다. 또한 이러한 기간은 수준이 높은 아이들에게도 문제였다. 학문 교과의 학습에 대해 별반 필요성을 느끼지 못하거나 수준이 되지 않는 학생들과 섞여 고등학교로 진학하기까지 2~3년을 보낸다는 것은 시간 낭비와 같았다. 이러한 문제를 해결하기 위해 개혁가들은 중학교 제도를 창안해 내었다. 이와 같은 문제의 현안에 대한 해결책으로서 이외에도 당시 개혁가들에게는 다음과 같은 기대 또한 작용하고 있었다.

- 중학교가 인문계 고등학교와 직업 세계로 학생들을 분리해서 진학하도록 완충 역할을 할 수 있을 것이라고 보는 측면이 있었다.
- 전통적인 초등학교나 고등학교와는 다른 새로운 교과와 교수법이 자리잡도록 하는 새로운 형태의 학교가 생겨날 것이라는 기대가 있었다.
- 20세기 초 사회의 발달에 따라 아동기(초등학교)와 청년기(고등학교 이후) 사이의 청소년기가 발달하였고 따라서 청소년기를 뭉뚱그려 취급하기보다는 좀 더 세분화해서 각각의 단계에 알맞은 교육을 처방해야 한다는 주장이 설득력을 얻고 있었다.

이러한 기대를 등에 업고 국가는 중학교의 분리를 추진하였다. 1920년에는 94%가 중학교 제도를 받아들이지 않고, 0.4% 정도만이 고등학교와 완전히 분리된 중학교로 신설되었다. 그러다가 제2차 세계대전 이후에야 비로소 중학교와 고등학교의 비율은 역전되어, 분리된 중학교가 더 많아지기 시작하였다.

그렇다면 그 당시 중학교를 분리함으로써 실제 얻은 효과는 어떠했을까? 이에 대해 객관적인 평가를 내리기란 쉽지 않지만, 적어도 앞서 언급한 기대와 비교하여 얻은 효과에 관해서는 이야기해 볼 수 있다. 우선, 중학교를 분리해서 운영함으로써 중도 탈락은 초등학교에서 고등학교로 이전되기 시작하였다. 물론 그 이유는 중학교의 신설 때문만은 아니다. 당시 학교의 팽창, 의무교육 신설, 아동 노동법의 통과, 아동 노동의 불필요성 대두 등의 사회경제적 요인들은 학생들의 중도 탈락 문제나 직업교육 문제가 고등학교로 이전되도록 하였다.

새로이 생겨난 중학교의 역할은 기껏해야 새로운 교육과정의 시범 무대 정도였는데, 이 또한 별로 탐탁지 않았다. 왜냐하면 대부분의 중학교 교육과정이 그냥 고등학교의 패턴에 맞춰 운영되었기 때문이다. 애초부터 그 설립 목적이 애매모호하여 그 성패 결과를 판단하기 어려웠던 중학교의 신설은 그다지 새로운 내용 없이 세월에 따라 현실 속에 자리 잡게 되었다. 예를 들어, 중학교가 고등학교 체제와 비슷한 이유 또한 학교의 조직에서도 잘 드러난다. 1970년대까지만 해도 중학교는 고등학교와 학교 건물과 교사를 공유하는 식이었다. 두 학교 수준 간에 뚜렷한 편제와 교육과정 혹은 수업 방식, 특별활동을 제공하기 위해서는 비용이 매우 많이 들었으며, 설사 제공했다고 해도 그 결과는 그리 탐탁지 않은 것으로 여겨졌다. 따라서 별도의 시스템을 구성하려 노력하기보다는 중학교를 고등학교에 속한 하나의 부속기관으로 받아들였다.

이는 교과목에 있어서도 마찬가지이다. 중학교에 직업 과목이나 청소년 상담 과목 등이 있다고 하더라도 대부분의 중학교는 고등학교처럼 학문 교과를 다루되 고등학교에서 배우는 학문 교과 체제, 즉 영어, 과학, 사회, 수학, 기술, 체육 등을 유지한 채 그 내용과 수준을 약간씩 줄이고 쉽게 한 정도였다. 그리고 특별활동은 중학교 학생들과 고등학교 학생들이 뒤섞여 함께 수행하도록 되어 있었기 때문에, 중학생은 고등학생들과 어울려 구기 종목이나 댄스 등의 특별활동을 하였다.

이처럼 개혁가들이 생각하던 것과는 달리, 중학교 체제는 고등학교 체제와 별다름 없이 유지되었다. 물론 개혁가들은 항상 초등–고등학교라는 체제가 가진 당시의 문제점, 즉 완전히 서로 체제가 다른 두 학교급 간의 연계성 문제, 학생의 발달차에 맞는 교과 내용의 구성, 사회적 요구에 맞도록 이원적 학교 체제를 변형해야 하는 문제 등에 대해 의식하고 있었다.

물론 타이악과 쿠반은 중학교가 분리되면서 고등학교나 초등학교에 실제로 영향을 미친 것도 간과할 수는 없었다고 지적한다. 그것은 대부분 교사생활을 중학교에서부터 새로이 시작한 교사들에 의해 생겨난 것들로, 팀티칭이나 통합 교육과정, 청소년 상담 등이 중학교에서 고등학교까지 영향을 미쳤다. 또한 초등학교에 전공전담 교사를 두는 것 또한 중학교에서 영향을 받은 것이다. 그러나 그 개혁에 투자된 비용과 노력 그리고 애초에 의도했던 취지에 비해 중학교 학제의 분리 독립이 가져온 실제 효과는 상대적으로 미미했던 것으로 평가하고 있다.

5) 중학교 교육과정과 학제의 연관성

앞에서 지적된 중학교의 위상에 대한 역사적 평가는 미국의 경우에만 한정되지는 않는 듯하다. 현재 우리 현실에서도 비슷하게 찾아볼 수 있는데, 그것은 곧 중학교는 학교급별로 볼 때에는 분명히 초등학교와 고등학교와는 다른 독자적인 고유한 위상을 가지고 있지만 실제 그 안을 들여다보면 그렇지 못하다는 것이다. 무엇보다도 중학교 시스템은 여러 방면으로 고등학교와 별 차별 없이 운영되어 왔고 대부분 이를 당연시해 왔다. 예를 들어 보자. 중학교의 교과과정이 초등학교의 교과과정과 상당히 차별화되어 있지만 고등학교의 교과과정과는 상당히 유사하다는 점은 잘 알려져 있다.

소위 국민공통 기본교육과정으로 되어 있는 현재의 교과 편제는 중학교

1학년, 즉 7학년부터 고등학교 1학년, 즉 10학년까지의 교과들을 동일한 범주로 다루고 있다. 물론 국민의 기본 교육 기간을 10년으로 하여, 그동안의 교과 교육과정을 학교급이 아닌 학년제에 기초하여 개발함으로써 학교급간 교육과정에서 발견할 수 있는 내용의 중복이나 비약을 극복하겠다는 목적으로 제시되었다. 지난 제7차 교육과정 개정 당시, 각 교과 교육과정 개발에 앞서 총론의 아이디어를 상세화하여 제시한 '교과 교육과정 개정의 방향과 지침'에서는 이러한 취지를 다음과 같이 밝히고 있다.

> 국민공통 기본교육과정인 1학년부터 10학년까지를 하나의 체제로 보고 일관되게 구성하기 위해서는 학년 간, 학교급 간, 교과 간에 과다한 중복과 비약을 제거한다는 시각에서 교과별로 현재의 내용 영역 구분 방식이 적절한지 재검토할 필요가 있을 것이다(이돈희 외, 1997, p. 29).

그럼에도 불구하고 중학교 교육과정에서 나타나는 이전 그리고 이후 과정과의 연계성 내지는 차별성 측면에 있어서 문제는 여전히 상존한다.

한 교과 내에서의 내용 구성 방식을 예로 들어 보자. 흔히 교육 내용을 선정하여 제시하는 방식은 크게 두 가지로 나누어진다. 하나는 활동이고 다른 하나는 개념이다. 전자는 추상적 사고가 발달하기 전에 좀 더 내실 있는 구체적인 사고를 발달시키는 데 도움을 주기 위해서 제시되며, 후자는 구체적 사고를 기반으로 해서 추상적 지식을 조작할 수 있는 능력을 키워 주도록 하기 위해 제시된다. 따라서 이 두 가지로 구분한 기준은 교과서 편집 체제가 어떻게 달라지는가에 직접적으로 영향을 미치기도 한다. 예컨대, 과학과 교육과정 내용의 선정과 조직의 측면에서 비교적 뚜렷이 드러나는 특징으로서, 우선 개념을 가르치는 것에 초점을 두고 있는 중등교육과정의 목표와는 달리 과학과 초등교육과정은 활동 중심으로 처방되어 있다. 일찍이 과학과 교육과정에서는 교육 내용을 선정하고 조직할 때 교과의 지식과 논리에 보다 초점을 둘 것인지 혹은 교과 지식이 가진 기능적 측면에 보다 강조점을 둘 것인지에 따라 교육 내용의 선정과 그 제시 방식이 다른 것으로 간주해 왔다. 이러한 사실은 과학과 교육과정이 그 내용을 크게 '지식' 영역과 '기능' 영역으로 구분하여 왔고, 제5차와 제6차 교육과정에 이어 제7차 교육과정에서는 '기능' 영역을 더욱 강화하여 처방하고 있다는 데에서 찾아볼 수 있다. 『제7차 초등학교 과학과 교육과정 해설서』(교육부, 1997)에서 발췌한 다음 인용문은 그러한 의도를 잘 대변해 준다.

> 학년이 올라감에 따라 교육과정의 내용 제시 방법이 점진적으로 변하게 하였다. 초등학교 3~5학년과 같이 구체적 활동기에 있는 학생들에게는 교육과정의 내용을 활동이나 현상 중심을 구성하고, 중학교 2~3학년이나 고등학교 1학년의 경우는 개념의 이해를 중시하는 교육과정으로 개발하며, 아울러 초등학교는 현재보다 학습 주제 수를 늘려 여러 개념을 학습하고, 동시에 지적으로 비슷한 수준의 내용을 학습하도록 하며, 학년이 올라감에 따라 점차 학습 주제 수를 줄여 심도 있게 학습할 수 있도록 구성하였다. 이는 저학년에서는 주제의 크기를 작게 하여 어느 정도 단편적인 지식을 습득하는 활동이 주가 되고, 고학년으로 올라가면서 주어진 내용을 깊이 있게 학습할 수 있도록 개발하기 위한 것이다(p. 80).

이분법적 내용 선정 및 제시 기준은 단지 수사학적인 기준을 넘어서서 실제 교육 내용의 선정과 교과서 서술 방식에 여실히 반영된다. 소위 초등학교급의 생활의 활동이냐 또는 고등학교급의 학문 지식의 추구이냐의 이분법적 기준에서 중학교 교육과정은 설 자리가 없는 것이 사실이다. 중학교 교과에서 내용 범주들을 고등학교와 거의 유사하게 설정함으로써 비록 그 수준을 달리했다고 하지만, 어느 수준까지만 다룰 것인가에 대한 합의가 부족하여 초등학교에서 중학교로 진학한 학생들이 경험하는 학습 내용의 비약에 대한 부담은 적지 않은 것이 사실이다.

현재 중등학교 교육과정 체제에서 볼 수 있는 소위 나선형적인 교육 내용 구성 방식, 즉 동일한 범위의 내용을 중학교급과 고등학교급에서 심화 반복하여 다루는 방식에 관해 달리 생각해 볼 필요가 있다. 동일한 범위의 내용을 중복하여 다룸으로써 결과적으로 중등 6년 동안 다루는 내용이 지나치게 많아지는 것은 아닌지 하는 측면에서도 따져 볼 필요가 있다. 만약 정신적 · 신체적 발달이 빨라진 현재의 초등학교 6학년을 중학교급으로 개편하려고 한다면 이러한 문제에 대한 논의가 심각하게 다루어져야 할 것이다.

이상에서는 교육과정에 초점을 맞추어 중학교의 위상에 관해 논의했지만, 중학교의 고유한 위상의 문제는 각 학교급별 교사 양성과정도 마찬가지이다. 초등학교 교사는 그 양성기관과 프로그램에 있어서 학생이나 학교의 특성상 중 · 고등학교와는 분명히 다른 차별성을 추구하고자 하며 양성되고 있다. 그러나 중 · 고등학교 교사 양성과정에서는 양자의 구분이 따로 없이 함께 양성하는 것을 당연하게 받아들이고 있다. 중학교 교육과정이 초등학교와 고등학교 사이에서 독자적 성격을 가지고 있다는 점을 부각시키려고 해도 여지껏 중학교 교육과정이 고등학교 교육과정으로부터 크게 벗어난 적이 없었기 때문에 그 필요성을 느끼지 못한다.

중학교의 시스템, 교육 내용을 비롯하여 교사의 특성이나 학생을 다루는 방식 등이 초등학교보다는 고등학교의 그것에 더 가깝다는 사실은 학교 문화에 여실히 반영된다. 초등학교를 갓 졸업하고 중학교에 들어가 첫 일 년을 보내는 학생들은 자신들이 경험하는 문화에 대해 상당히 생경하다고 느끼기도 하며, 적응과 부적응을 되풀이하여 경험한다. 문화적으로든 심리적으로든 간에 중학교에 들어가면서 경험하는 커다란 충격에 잘 적응한 학생들은 순탄한 중학교 생활을 보낼 것이며, 어떤 학생들은 그렇지 못하고 뒤처지게 될 것이다. 학제에 대한 논의를 거시적인 사회 구조의 변화 속에서 바라볼 필요도 있지만, 학생들의 눈높이를 반영하는 시각에서도 충분히 검토해 볼 필요가 있다.

6) 미래 사회에서 인력 개발과 중학교의 위상

오늘날 작금의 학제 개편 논의에 대한 불씨를 당긴 것은 무엇보다도 평생교육시대를 대비하여 학교교육을 어떻게 재구조화할 것인가에 대한 염려인 것 같다. 현재의 학교교육이 한 개인에게 있어서 교육이 학교교육으로 어느 정도는 마쳐지던 시대와는 달라져야 할 것 아닌가에 대한 시각이 급격히 반영되고 있는 듯하다. 그리고 이러한 우려의 목소리들은 소위 지식사회라고 불리는 오늘날의 사회가 중등학교의 교육에 대해 일반 교양교육보다는 학생 개개인의 적성과 진로에 맞도록 특성화된 교육에 더 역점을 두고 있다는 점을 역설하고 있다. 이에 따라 공통필수보다는 선택심화, 일반 인문계보다는 특성화 고등학교의 수요가 확대되고 있다는 점을 강조하고 있다. 물론 진로심화에 따른 교과목 선택의 확대에 대한 요구는 중학교에는 직접적으로 해당되지 않지만, 중등학교를 함께 묶어 바라보는 일반적인 시각에서는 중학교급에서도 지금보다는 훨씬 더 진로의 탐색이나 결정에 중점을 두어야 한다는 의견들이 많다. 그러나 학제 개편은 시대적인 당위성에 맞추는 데 급급하기에 앞서 차분히 성찰하는 가운데 추진되어야 할 일이다.

학교교육이 학생들로 하여금 사회에 나아갈 수 있도록 하는 준비 기능을 한다는 사실은 무시할 수 없다. 사회 준비 기능과 관련해서 전체 사회 구조 속에서 학교교육이 보여 주고 있는 실제 기능을 보면 두 가지로 나누어 생각해 볼 수 있다. 첫째, 학교는 그것이 공식적으로 제시하는 교육 내용을 통해 학생들로 하여금 사회 준비 기능을 하게 할 수 있다. 이는 그나마 일찍 자신의 특기나 적성을 발견하여 그에 맞추어 중・고등학교 시절을 보낸 학생에게 해당한다. 둘째, 학교는 그 존재 자체로 인해 학생들로 하여금 사회 준비 기능을 하게 할 수 있다. 두 번째 주장의 내용을 보면, 대다수 많은 학생이 사회에 나와 갖게 되는 직업이나 역할은 그들이 중・고등학교에서 배운 지식이나 기술과 직접적으로 관련되지는 않는다는 것이다. 다만, 학교는 학생들을 사회에 직접 노출시키지 않고 그들로 하여금 자신의 진로와 관련된 여러 가지 가능성과 기회를 탐색하게 하는 암묵적인 기능을 제공하고 있다. 공식적 교육과정보다는 비공식적 교육과정이, 혹은 학생에게 노출된 학교 밖 생활이 학생 개개인이 자신의 적성과 진로를 발견하는 원천으로 오히려 더 잘 작용하는 측면도 있을 것 같다. 이러한 시각에서 보면 학교교육에서 적극적으로 학생들의 진로 적성에 맞추어 교육을 하는 것이 반드시 필요한 것만은 아니다. 해당 학교급에서 혹은 해당 연령대에서 더 충실히 했으면 하는 보편적 교양과 시민의식의 교육에 대한 요구도 있을 것이다.

이와 같은 맥락에서 다시금 생각해 보아야 할 측면이 있다. 과연 오늘날의 지식사회라고 하는 사회 시스템은 어떤 사회인을 요구하고 있을까 하는 것이다. 어떤 직업 세계에서 어떤 능력을 요구하는지에 대해서 일반화하여 단정지어 말하기는 어렵다. 어떤 직업 세계에서는 전문적인 능력을 요구할 것이고, 또 어떤 직업 세계에서는 보다 폭넓은 능력을 요구하기도 할 것이다. 한마디로 말해 이중적인 모습인데, 하나는 특성화된 지식이나 기술을 갖춘 전문 지식인의 모습일 것이고, 다른 하나는 실천적인 지식을 잘 활용할 줄 아는 일반적인 문화 소양을 갖춘 시민의 모습일 것이다.

일반적으로 파악하기란 어렵지만, 공교육은 일반 시민을 대상으로 하는 이상 후자의 필요성에 좀 더 귀 기울일 필요가 있다. 여기서 문화 소양을 갖춘 시민이란 지식을 활용할 줄 아는 기본 능력을 갖춘 시민을 말한다. 소위 포스트포디즘을 특징으로 하는 오늘날의 달라진 직업 세계는 특정한 지식만을 갖춘 사람보다는 소위 '지식을 경영하고 관리하는 능력'을 갖춘 사람을 더 요구할지도 모른다. 근대 조직에서는 근로자들이 조립 생산 라인에서 특별히 규정된 기능을 수행하는 데만 관여했던 반면 보다 최근의 생산 시스템에서는 작업과정의 더 많은 단계에 관여한다는 것이다. 이러한 연유에서 사회학자들은 오늘날 우리가 살아가고 있는 사회 세계의 조직 방식의 특징으로 탈분화된 조직을 들고 있다. 이러한 조직에서는 구성원들에게 협소하게 특화된 업무에서 탈피하여 폭넓고 보다 다양한 솜씨를 발전시키는 방향으로 변화할 것을 요구한다. 소위 포스트모던 조직에서는 직무의 여러 영역에서 능력을 갖춘다는 것이 한 가지 협소한 전문성을 발전시키는 것보다 중요하다.

이렇게 본다면, 일부는 전문 지식을 심화해서 그 역량을 마음껏 발휘하게 되는 영역에서 평생을 살아갈 수도 있지만, 또 다른 일부는 평생 동안 자신의 일을 몇 차례에 걸쳐 바꾸어야 할 필요가 있을지도 모른다. 심지어 요즈음 직장에서 흔히 볼 수 있는 유연한 조직으로의 탈바꿈과 기술 변화의 가속도는 그들에게 고정된 전문 지식보다는 멀티플레이어의 역할을 요구하게 될는지도 모른다. 필요한 정보를 자기가 목표로 하는 바에 따라 자유자재로 다룰 수 있는 능력을 갖춘 멀티플레이어 말이다. 사회 세계가 학교교육에 대해 표하는 불만은 필요한 지적 능력을 좀 더 조기에 발굴하여 키워 주었어야 한다는 것보다는 도대체 학교가 사회에서 필요로 하는 지적 능력을 키우고 있는지에 대한 것이라고 보아야 한다.

7) 학제 개편과 유연한 학력인정제도의 운영 방식으로의 변화 가능성

학제 개편에는 여러 의도가 있지만, 그 가운데 하나는 학제 내외에서의 학생의 유연한 이동 가능성을 보장할 것인가 하는 의도도 전제되어 있다. 특히 현재 우리나라와 같은 단선형을 채택하고 있는 국가에서는 학생이 선택할 수 있는 경로가 경직되어 있다고 본다. 현재의 시스템은 개인이 그 능력에 따라 직계와 방계 학교 시스템 혹은 여타 사회 세계로 자유로이 이동할 수 있는 체제는 아니다. 따라서 시수제, 연령제를 유일한 교육과정 이수 방식으로 받아들이고 있는 현 공교육 시스템에 대해서 이를 능력인증제로 전환하자는 과감한 주장도 있다. 소위 가방끈이 아닌 실제 능력에 따라 자격을 얻고 지위를 부여받을 수 있는 사회 시스템으로 바꾸어야 한다는 것이다. 영국과 같은 선진국에서는 국가직무능력표준과 같은 기준을 세우고 이를 직업 자격으로 자유롭게 상호 호환할 수 있도록 추진하고 있다.

반면, 우리나라에서는 동일한 연령대의 학생이라면 그가 누구이든 혹은 어디에 살든, 심지어는 수준이 어떻게 다르든 상관없이 동일한 교재를 가지고 배운다는 것이다. 일단 출석해 있다면 그는 소정의 교육과정을 배운 것으로 취급된다. 이러한 시수제, 연령제가 교육과정 이수 방식이 된 것은 오랜 역사를 지니고 있다. 인쇄 발달에 따른 교재 보급이 이러한 식의 교육과정 이수 방식을 정착하게 한 하나의 조건이었을 것이고, 국민을 관리하는 근대 행정 시스템의 발달이 또 하나의 조건이었다고 한다. 이는 교육과정 이수 방식이라는 제도에는 여타의 수많은 사회적 조건이 함께 맞물려 있다는 것을 의미한다. 이러한 점에서 새로운 이수 방식이 얼마나 가능한지 그 가능성과 한계의 범위를 타진해 보기 위해서는 수많은 조건과 여건을 함께 놓고 고려해 보아야 한다. 교육과정상 나와 있는 성취 기준에 따라 학력을 인증하고 이에 따라 자신의 학력을 다른 재화와 교환하는 방식만큼 유연한 학제는 없을 것이다. 만약 이러한 이상적인 제도가 현실에서 정착된다면 현재와 같은 엄격하고도 폐쇄적인 학교급의 구분이나 학제는 사실상 존속하지 않을 것이다. 어찌 보면 현재 우리가 경험하고 있는 학교급의 구분도 나름대로는 '넘나듦'이 가능할 수 있도록 해 주기 위해 역사적으로 진화해 온 장치와도 같은 것으로 볼 수도 있다. 이러한 점을 감안하면서, 급격한 진화가 아닌 부분적이고도 점진적인 변화를 도모해야 할 작은 혹은 미세한 부분이 있는지 탐색해야 한다. 중학교급과 관련해서 학교 중도 탈락의 비율은 어느 정도인지, 학교로부터 벗어난 이들이 새롭게 가고자 하는 곳은 어디인지, 혹은 다시 중학교에 들어오고자 하는 수요는 얼마인지, 돌아오는 데 걸림돌은 무엇인지 따져 보아야 할 것이다.

2. 마치며

중학교는 국민공통의 교양교육과, 사회 구성원으로 본격적으로 활동하게 될 개개인이 자신의 적성과 진로를 적극적으로 탐색하고 발견해야 하는 직업준비교육 사이의 과도기적인 시기라고 할 수 있다. 이를 위해서 중학교는 연계 학교급, 즉 초등학교와 고등학교로부터 독립적인 고유한 역할을 수행할 수 있는 시스템으로 탈바꿈해야 한다. 우선, 앞서 지적한 바대로 교육과정의 성격을 분명히 해야 한다. 상급학교나 직업 세계에 대한 준비 기능으로 부담을 안고 있는 고등학교와는 달리 중학교에서는 학문 교과들을 통해 기초능력을 함양하고 다지는 데 주력해야 한다. 이를 위해서는 현대 사회가 필요로 하는 기초 능력을 기르는 데 알맞은 학문 교과가 무엇인지 보다 세심한 관심을 가지고 조사해 보아야 한다. 학교 문화 역시 마찬가지이다. 현재 실정대로 중학교 문화가 고등학교 문화를 좀 더 답습하고 있다면 그것이 초등학교에 보다 가깝게 되도록 노력해야 한다. 중학교 문화에서 초등학교와의 연계성을 저해하는 요소가 무엇인지 따져 보아야 한다. 물론 여기에는 교사교육 내지는 교사 임용 방식도 포함될 것이다. 또한 중학교는 기본적인 진로가 나누어지기 직전의 단계인 만큼 진로지도 관련 교육이 가장 필요한 시기이기도 하다. 이를 위해 보다 내실 있는 진로지도 시간과 활동을 제도화해야 할 것이다.

학교급의 역할은 반드시 기존 사회 전체 구조나 기존 청소년기 학생들의 발달 단계에 소극적으로 맞추는 데에만 급급할 필요는 없다. 때로는 학생들을 현재의 상태에서 벗어나 적극적으로 바람직한 방향으로 이끄는 역할도 맡아야 한다. 현재 중학교의 위상은 교육과정뿐만 아니라 그 문화 역시도 상하학교급으로부터 독립적인 역할을 제대로 하지 못하고 애매모호한 채 존립되어 있는 실정이다. 그러나 중학교의 위상이 그렇다고 해서 해당 연령대의 청소년들 또한 발달상 고유한 시기가 아니라고 볼 수는 없다. 중학교에 해당하는 청소년 시기, 즉 13세에서 15세까지의 기간 역시 초등학교나 고등학교 연령 시기와 동등하게 중요한 시기이다. 그 연령대만이 공유하는 독특하고 고유한 경험 방식과 관심이 있을 것이다. 따라서 그것을 더 발굴하고 제도화하는 노력이 적극 뒤따라야 할 것이다.

제 10 장

과정중심평가의 원리

Lectures on
Curriculum Studies and
Process of Education

과정중심평가는 최근 '교육과정-수업-평가-기록 일체화(이하 교수평기 일체화)'로 현장에 소개되고 있다. 과정중심평가는 학습자가 '과정'을 통해 진정한 배움을 경험하고 이를 통해 자기주도적으로 탐구할 수 있는 배움의 힘, 즉 학습력을 기르는 것을 목표로 한다. 이러한 평가 모형에서는 학생의 성장을 위한 지속적인 피드백을 통해 학습자 스스로 성장을 이뤄 내며 이로써 탐구의 즐거움과 배움의 기쁨을 경험하는 것을 중시한다. 따라서 학습자가 학습의 과정을 주도하고 내적 동기를 유지할 수 있도록 하는 것이 학습설계의 핵심이다.

이러한 과정중심평가의 목표는 낯설고 새로운 것은 아니다. 학습자 중심의 학습과 배움 중심의 수업 등 소위 구성주의 교수설계나 학습학(learning science)에서 상정하고 있는 학습관과 교육의 목적은 대체로 이러한 목적과 그 궤적을 같이한다. 다만, 과정중심평가는 이러한 목표에 도달하기 위한 방법으로 '과정'에 대한 관심과 설계에 더 주목한다. 과정중심평가에서는 학습의 과정이 어떻게 경험되는지를 이해하고 학습자의 배움과 성장이 일어날 수 있는 경험의 궤적을 정교하게 설계할 것을 요구하고 있다.

학교 현장에서 공유하고 있는 교수평기 일체화 모형들은 대체로 다음과 같은 특징을 보여 주고 있다. 지식, 기능, 태도에 대한 종합적 평가를 위해 수업의 과정과 수행 평가를 강조하며, 학생들의 성장을 반영하기 위하여 다양한 평가 방법과 과정을 기록하는 데 관심을 둔다. 이러한 과정중심평가의 성과는 학교생활기록부를 통해 대학입시에서 학생부종합전형으로 활용되기도 한다. 학교생활기록부를 본다는 것은 학생의 학교생활을 통해 학생이 어떻게 성장했는지를 가늠한다는 것을 의미한다. 이러한 기록을 위해서는 학생이 참여하는 적극적인 활동이 풍부해져야 하며 그 활동과정에 대한 교사의 관찰력도 매우 중요하다.

학교는 학생들이 참여하는 활동을 확대하기 위한 다양한 프로그램을 유기적으로 결합하여 제공할 필요가 있다. 그런데 여기에는 필연적인 한계가 따른다. 교사들은 보지 못한 학생의 행동을 기록할 수는 없다. 또한 모두 학교에서 이루어지는 활동만 담게 된다. 그러니 교사의 눈을 벗어난 학생의 성장과 배움은 기록되기 어렵다. 결국 학교생활기록부는 학교생활의 이력서는 될 수 있지만 학생의 성장과 역량을 온전히 담아내기에는 한계를 가질 수밖에 없다. 과정을 기록하는 방식이 과정중심평가라면 그것은 학생에게 절반의 배움과 성장의 이력이 될 수 있다.

과정을 세심하게 살펴보고 피드백을 주는 일보다 더 큰 문제점은 현장에서의 어려움이다. 학교 현장에서 많은 학생에게 다양한 기록을 남겨 주는 것 또한 교사들에게는 너무 큰 부담이다. 특히 대부분의 학생이 유사한 활동을 하고 유사한 성과물을 만들어 내는 현 체제의 수업 상황에서 그들의 창의성이나 특별한 적성을 발견해 낸다는 것은 결코 쉬운 일이 아니다. 또한 생활기록부의 10여 개 항목에 기록해야 할 다양한 경험을 위해서 학생들은 쉴 새 없이 여러 가지 활동에 기웃거려야 한다. 학생에 대한 교사의 관찰이 늘어나고 학생들이 다양한 경험을 하게 된다는 취지는 긍정적인 것으로 볼 수 있다. 하지만 그것이 얼마나 학생들의 진정성 있는 성장과 배움을 담보하는지에 대해서는 재고해 볼 필요가 있다. 기록은 있지만 역량은 없고 참여는 있지만 배움은 없는 생활기록부가 많아지고 있기 때문이다.

최근에 평가가 학생들이 어떠한 학습의 과정을 경험하게 될지에 결정적인 영향을 미친다는 것에 대한 자각이 커졌다. 이에 따라 과정에 대한 기록을 통해 과정의 내실을 꾀하도록 하는 실천이 확산되고 있고 학생들은 종전과 다른 학습 경험을 성취하기도 한다. 평가 기반의 교육과정 운영은 학교와 수업을 바꾸기 위한 가장 자연스럽고 효과적인 방법이다. 특히 대학입시가 막강한 영향력을 행사하는 우리나라의 교육 현실에서 평가는 더욱 강력하게 과정을 결정한다. 현재 이루어지고 있는 많은 교수평기 일체화 시도는 과정을 평가하고 기록하고 피드백함으로써 학생의 성장을 이끌 수 있다는 점에 주목하고 있다. 그러나 과정의 평가와 기록이 과정중심평가를 하기 위한 핵심 관건인가 면밀히 들여다볼 필요가 있다.

이러한 과정중심평가에 대한 관심과 함께, 학습자 주도의 탐구기반학습이자 과정중심평가 모델로서 IB(인터내셔널 바칼로레아, International Baccalaureat) 교육과정에 관해 자세히 들여다볼 필요가 있다. IB는 수업과 평가 혁신의 모델로 소개되며 도입이 검토되고 있지만 아직은 국가적 차원의 공교육 혁신 모델이 될 수 있을지는 불투명하다. 그렇지만 IB의 평가 시스템은 최근 현장의 평가와 수업 혁신에 대한 관심과 맞물려 활동 중심의 수업, 논술형 시험 등으로 대표되며 교육과정과 수업, 평가를 일체화하기 위한 과정중심평가의 모델로 그 평가 원리와 수업 방식에 대해서는 관심이 높아지고 있는 것이 사실이다.

IB에서 고교 단계 교육과정인 DP(Diploma Program)는 철저하게 대입 준비를 위한 대입 연계의 평가기반 교육 시스템이다. 그만큼 고교 단계에서 IB는 과정 중심의 교육과정이라고 하기에는 평가의 비중이 상당히 큰 교육과정이다. 일본에서는 IBDP를 '고대접속(高大接續)' 프로그램이라고 명명할 만큼 교육과정에서의 고교-대학 연계의 특성은 명약관화하다. 뿐만 아니라 IBDP는 교육과정의 내용과 형식을 대강화하였다는 점에서 우리나라 교육과정과 비교했을 때 훨씬 더 평가 중심의 교육과정 운영 방식이라고 할 수 있다. 그럼에도 불구하고 IBDP는 어떻게 과정중심평가라고 할 수 있을까?

과정중심평가를 둘러싼 몇 가지 이슈는 현행 교수평기 일체화 모형과 IB 교육과정의 평가 체계를 비교해 볼 필요성을 제기한다. IB와 교수평기 일체화 모형은 모두 평가를 통해 과정을 유도하고자 하는 교육과정 모형이라는 점에서 유사성을 갖는다. 그런데 두 체제는 학습과 평가에 관해 전제를 달리하며 실제 현장에서 다른 교육과정 운영과 수업 양상을 보여 주고 있다. 이

장에서는 IBDP의 평가와 수업 설계 원리를 중심으로 현행 일체화 모형과의 차이를 살펴봄으로써 과정중심평가가 어떠한 교육과정의 설계 원리로 자리매김해야 할지 살펴보고자 한다.

1. IBDP에서의 과정중심평가의 원리

1) 보편적 지식을 바라보는 관점: 학습의 개별화와 절반(折半)의 수행평가

IBDP의 경우, 절대평가를 통해 성적을 산출한다. 절대평가란 도달도 평가이기 때문에 평가 단계별로 다른 과제를 부여하고 그 과제를 완수하면 평가된 능력의 단계가 특정되는 방식이다. 이러한 평가의 원리는 평가의 관점에서 근본적으로 차이를 갖는다. 일반적으로 선발적 평가관에서는 평가자의 점수와 등수가 가장 중요하기 때문에 채점과정에서 객관성이 확보되는 객관식 문항을 활용하게 된다. 이는 성적을 비교하기 위하여 모든 학생을 같은 문항으로 평가하는 일제식 평가를 실시할 수밖에 없는 이유이다. 반면에, 발달적 평가관에서는 평가의 목적이 학생 간의 비교와 서열화가 아닌 개개인의 성장과 발달이기 때문에 일정 수준에의 도달 정도를 통해 단계를 특정하고 학습을 인증해 주면 된다.

평가관이 달라졌다는 것은 평가의 방식도 달라져야 함을 의미한다. 평가에서 어떻게 변별력을 확보할 것인지에 대한 문제는 기존의 평가 문항과 성취 목표를 전제로 할 때에만 성립하는 질문이다. 선발적 평가관에서는 학생 간 차이를 변별해 내는 것이 중요하기 때문에 동일 문제와 동일 답안을 전제로 하는 평가 조건의 동일성이 강조되지만, 발달적 평가관에서는 학습자의 발달 자체에 초점을 두기 때문에 조건의 동일성이 중요치 않다.

이것은 개별화된 학습의 조건이 형성될 수 있음을 의미하며 평가 문항과 형식은 다양성을 추구할 수 있게 된다. 평가 문항과 답안이 개별화된다는 것은 평가에서 상정하는 성취 준거 역시 모호할 수밖에 없음을 전제로 한다. 과목별로 다소 상이하긴 하지만, 대체로 IBDP에서 성취 준거의 제시는 대체로 과제의 '내용 요소'가 아닌 '수행의 질적 수준'을 차등하는 방식으로 이루어진다. 예컨대 〈표 10-1〉에 제시되어 있는 준거는 학생의 '지식과 이해' 수준을 평가하기 위한 평가 준거이다.

〈표 10-1〉 평가 루브릭에서 총체적 평가의 모호성 : IBDP 수학과 지식과 이해 영역

6	detailed knowledge and understanding, perceptive insight
5	
4	knowledge and understanding, some insight
3	
2	some knowledge but little understanding
1	
0	does not reach a standard described

이 표에 나오는 성취 준거가 보여 주듯이 성취 수준을 차등하는 기준은 'detail' 'perceptive' 'some' 'little' 등의 형용사로 구분 지어진다. 그런데 그것이 개별화된 과제에서는 정해진 답안을 얼마나 정확하게 작성했는지의 여부를 평가할 수 없기 때문에 개별 학습자의 자기지식화의 질적 수준을 수행의 질적 심화 정도, 깊이를 통해 평가할 수밖에 없다. 결국 평가 준거를 수행의 질적 수준으로 특정짓는 방식은 개별화된 과제설계에서는 필연적으로 따라오는 평가 준거의 특성이 된다는 것이다. 따라서 이러한 평가에서는 결과물에 대한 교사의 맥락적인 판단과 해석이 적극적으로 요구된다.

다시 말해서, 서로 다른 학습의 과정과 결과를 어떻게 객관적으로 평가할 수 있는지, 채점자 개인의 일관된 평가 방식을 통한 신뢰성 확보가 중요해진다. 이러한 관점에서 서로 다른 학습자 간이 아닌 학습자 개인의 도달 정도를

채점자가 어떻게 일관되게 변별하는지가 평가의 타당성을 결정짓는다.

익히 알려졌듯이, IBDP에서의 성취 준거의 모호함은 IBDP의 성적 조정(moderation) 절차를 통해 신뢰도와 타당도를 확보한다. 채점자 개인의 일관성과 더불어 채점자 간의 일관성을 확보하는 것이 필요하기 때문이다. 채점자의 평가 조정 절차는 평가에 미치는 다양한 맥락적 요소 사이에서 점차 보편성을 획득해 가는 방식이다. 이것은 개별성이 어떻게 보편성을 획득해나가는지에 대한 IB의 세계관을 엿볼 수 있는 측면이기도 하다. 학습자들은 학습의 과정에서 일관되게 사고와 견해의 차이를 인식해 간다. 이것은 평가설계를 통해 유도되는데, 정답이 존재하지 않는 개별화된 탐구 주제 완수를 통해 비로소 완성되는 평가 점수의 안배는 학습자들에게 결코 수동적 학습자로 안주할 수 없도록 만든다.

결국 학습자들은 끊임없이 지식의 가변성을 경험하며 탐구의 가치를 경험한다. 또한 그러한 과정에서 가변적 지식이 보편적 가치로 인정받는 데 필요한 공동체의 이해와 공감의 과정을 스스로 느끼고 터득한다. 따라서 학습자들에게 평가의 조정 절차는 교사의 오차나 오류를 발견하는 과정이 아닌 서로 다른 개별성이 어떻게 보편성을 획득해 가는지에 대한 협상과 조율의 과정으로 의미를 갖는다. 이러한 의미에서 IBDP의 평가 조정 절차는 IB의 학습자의 학습과정과 그 자체와 다르지 않다.

이러한 IBDP의 성적 조정 절차는 현장의 수행평가에서의 평가 방식으로서 절대평가와 가장 큰 차이를 보이는 지점이다. 현장의 수행평가는 절대평가를 산출의 원리로 삼고 있지만, 실지로 그것을 정량적으로 체크하는(몇 개 만족) 방식으로 학습자들에게 정확한 정답이나 해답의 요건을 제시하는 분석적 채점 방식을 취하고 있다.

이것은 IBDP가 절대평가 설계를 통해 유도하고자 하는 학습자의 개별성과 평가의 보편성의 확보 방식과는 근본적으로 다른 객관적 지식을 근거로 한 불완전한 형태의 절대평가 방식일 수 있다. IBDP에서는 이러한 측면을 보완하기 위해 조정 절차라는 보완적 절차를 활용하는 것과 달리, 평가 루브릭 자체를 바꿈으로써 학습자의 학습 경험 자체를 왜곡하는 문제를 낳게 된 것이다.

2) 과정을 이해하고 접근하기 위한 방법적 논리: 분절적 기록과 통합적 경험

이러한 과정설계에 대한 관심은 최근 교수평기 일체화라는 개념으로 교육과정과 수업, 평가와 기록을 일체화하는 방법적 논리들로 현장에 소개되고 있다. 이러한 과정중심평가의 사례로는 고등학교에서 시행되고 있는 학생부 종합전형을 들 수 있다. 학생들의 활동은 학습의 과정으로 기록되고 그것은 학습자의 성장을 평가하는 척도로 활용된다.

또한 현장에서 활용되는 수행평가도 일면 이러한 특징을 갖는다. 기말고사나 중간고사 사이에 시행되는 평가로 학습의 과정에서 참여와 활동을 평가하여 내신 점수로 반영 및 산출되는 평가들이 그러하다. 그렇지만 현장에서는 이러한 기록이 얼마나 신뢰할 만한지에 대해서는 다소 회의적이다. 과정에 대한 기록은 학습자들의 활동을 유도하지만 반대로 과정에서의 의미를 퇴색시키는 부작용을 낳았으며, 너무나 많은 수행평가 과제가 오히려 학습자들의 피로도를 높이고 학습의 질적 저하를 가져왔기 때문이다.

뿐만 아니라 이러한 평가 방식은 교사가 포착할 수 없고 기록에 담아낼 수 없는 학습자의 활동이나 탐구의 과정들은 어떻게 평가에 담아낼 수 있을지에 대한 고민을 남긴다. 이러한 논란은 과정에 대한 누적기록이라는 평가 방식으로는 학생의 성장과 배움을 담보할 수 없음을 보여 준다.

〈표 10-2〉는 IBDP 국어 A: 문학 과목의 평가를 평가 도구(작품)와 도구(작품) 선정의 주체, 평가 방식과 시기에 따라 분석한 것이다.

〈표 10-2〉 국어 A: 문학 평가의 특성

영역: 과목		그룹 1: 언어와 문학국어 A			
평가 특성		평가 도구(작품)	평가 도구(작품)의 선정 주체	수행 방식	평가 시기
외부	과제 1	새로운 지문 (부분 발췌)	IBDP	지필고사	졸업시험
	과제 2	학습했던 작품 (작품 전체)	학생 (지문)+문제(IBDP)	지필고사	졸업시험
	서면 과제	학습했던 작품 (교사 재량)	교사 혹은 학생	과제+1회 피드백	학기 중~학기 말
내부	개인 구술 면접	학습했던 작품 (부분 발췌)	교사	구술 면접	졸업시험
	구술 발표	학습했던 작품 (교사 재량)	학생	구술 발표	졸업 즈음의 수업 시간

이 표에 제시된 문학과의 평가설계를 살펴보면 평가는 다양한 조건의 조합을 통해 다면화되어 있다. 평가 도구로서의 작품은 이전에 학습했던 것에서부터 전혀 다루지 않은 새로운 작품에 이르기까지 다양하게 활용되며, 작품이 제시되는 방식에 있어서도 부분적 발췌에서부터 작품 전체를 대상으로 하는 방식으로 차이를 갖는다. 또 작품을 선정하는 주체도 학생 스스로 선택하는 것에서부터 교사 혹은 IBO(IB사무국, IB organigation)에서 선택된 작품을 다루는 방식으로 다양성을 도모하고 있다. 그리고 평가의 수행 방식 역시 지필시험에서부터 구술 면접과 발표, 과제 형식의 에세이 등으로 방법적 다원화를 추구한다. 그런데 주목할 것은 평가 시기는 모두 12학년을 마치는 졸업 시점에 집중되어 있다는 것이다. 이것은 과정을 누적하여 기록하는 방식의 교수평기 일체화 방식과는 매우 대조적이다. 과정을 그때그때 평가하고 기록하여 피드백으로 제공해야만 과정의 질이 높아질 것이라는 교수평기 일체

화의 전제와는 상충되는 설계인 것이다.

그렇다면 IBDP에서 과정의 설계란 어떻게 접근된 것일까? 과정의 설계란 결국 학생들이 성장을 지속할 수 있도록 하는 피드백을 어떻게 제공할지에 대한 설계이다. 앞서 제시한 문학과의 평가설계를 통해 귀납적으로 IB의 평가설계를 과정중심평가의 관점에서 추론해 보자면 다음의 세 가지 특징으로 정리할 수 있다.

첫째, 백워드 형식의 수업설계라는 점이다. IBDP가 평가 기반의 교육과정이라는 점은 익히 알려진 바 있다. 교육과정을 대강화하고 평가 체계를 정교화하여 학습을 유도한다는 측면에서 IBDP는 평가를 통해 과정을 통제하는 역순설계의 형식이다.

둘째, 수행 중심의 평가설계라는 점이다. IBDP에서 평가는 성취해야 할 내용 요소가 아닌 학습 결과를 구체화하기 위해 '다양한 형식'을 제공하는 데 초점을 둔다. 상대적으로 다루어야 할 내용적 요소에 관해서는 학습자 혹은 교사에게 선택의 자율성을 부여하여 대강화하고 있다는 점에서 수행 중심의 평가이다. 평가에서 강조하는 다양한 평가의 형식들은 학습자들이 학교 현장에서 경험할 수 있는 다양한 자기표현의 맥락들을 제공한다. 덧붙여 내용적 다양성이 허용된 평가의 방식은 학습자 간의 개별화된 성과물을 공유하고 그 차이를 인식하도록 하는 학습 문화를 형성하게 한다. 이러한 학습의 과정은 학습자 스스로 차이의 인식을 통해 자기 피드백의 경험을 제공받도록 한다.

셋째, 과정에 대한 접근으로 시간을 누적하는 방식이 아닌 결과에 통합된 경험의 총체성을 측정하는 방식으로 이루어진다. 따라서 과정에 대한 질적 제고를 위해 평가 시기를 과정의 중간이 아닌 마지막에 배치한다. 이러한 방식은 학습자에게 충분한 시행착오를 통해 성장을 지속시킬 수 있는 몰입적 환경을 제공하게 된다. 누적기록이 아닌 순수한 성장 지향의 피드백을 제공하는 것은 과정 자체의 의미와 가치를 경험할 수 있는 여유를 제공한다.

3) 개념중심수업과 역량기반수업의 유기적 연계

과정중심평가는 '과정'을 담아낼 수 있는 학습을 전제로 한다. 과정이란 실험, 탐구, 연습, 창작, 제작 등 문제해결을 위해 참여한 시간을 의미한다. 학습자의 참여가 개입되지 않은 채 지식을 습득하는 과정은 과정을 반영한 학습이라고 하기 어렵다. 결과중심평가를 과정중심평가로 바꾸어 나가는 작업은 과정을 반영하는 학습 과제를 어떻게 설계할 것인가에 관한 고민에서부터 출발한다.

교과서를 통해 전달한 지식을 얼마나 그리고 어떻게 학습했는지를 평가하고 피드백하는 형성평가 역시 다른 의미에서 과정중심평가라고 할 수 있다. 평가를 수업과정의 일환으로 했다는 점 그리고 평가가 학생이 취하게 될 다음 학습에 대해서 피드백 역할을 한다는 점에서 형성평가는 종종 과정중심평가와 동일한 것으로 간주되기도 한다. 그러나 이러한 형성평가는 과정을 담아내는 학습과 그에 대한 평가라는 취지에서 보면 과정중심평가라고 할 수 없다. 교과서에 나와 있는 분절화된 지식과 정답이 있는 지식을 학생이 얼마나 학습했는지를 진단하고 피드백하기 위한 형성평가라면 그것은 학생이 자신의 성장, 특히 역량의 성장을 경험하도록 하는 데에는 충분치 않다.

단원 중심으로 '과정'을 반영하는 과제는 시간상으로도 그렇고 단원의 분절적인 특성상 '일정 시간의 과정'을 요구하는 학생 성장을 유도하기에 한계가 있다. 과정중심평가가 성공적으로 이루어질 수 있기 위해서는 학생들이 '한동안' 참여하는 긴 호흡의 수행 과제와 이를 기반으로 한 수업과 평가를 어떻게 설계하느냐가 핵심 관건이다. 과제는 학생이 그 과제를 수행하는 과정에서 문제와 해결을 반복적으로 경험하면서 자신이 변화해 가는 모습을 스스로 발견할 수 있을 정도로 충분히 긴 시간을 요구하는 것이어야 한다. 그리고 과제는 학생 스스로 자신이 개입해야 그 문제를 해결할 수 있다고 느낄 만큼 자신이 발견한 과제이면서 충분히 복잡하고 그 해결이 열려 있는 것이어야 한다.

한편, 새 개정 교육과정을 도입한 이후 핵심 역량을 반영하여 수업과 평가를 어떻게 설계할 것인가에 대한 관심이 점차적으로 커져 왔다. 과정중심평가를 구체화하기 위해서 모든 단원과 모든 차시를 어떻게 참여형 수업으로 설계할 것인가를 두고 고민하기도 한다. 그리고 교과서의 지식을 단원별로 전달하고자 하는 수업이나 교사 중심의 강의식 수업, 그리고 학생들이 지식을 이해하고 외우고 연습하여 습득하는 방식은 지양해야 할 것으로 보기도 한다. 과정중심평가를 위한 수업에서 지식 습득을 위한 수업은 지양해야 할까? 결론부터 말하자면, 지식 습득을 위한 강의식 수업과 수행 과제를 중심으로 한 수업은 서로 배타적인 관계도 아니고 선후관계로 진행해야 할 선형적 관계도 아니다. 진도 나가기 수업과 수행 과제 중심의 참여식 수업은 함께 병행하면서 서로 순환적인 역할을 해 주어야 하는 관계에 있다.

이는 축구를 배우는 동아리에서 축구 실력을 향상시키는 방법을 보면 쉽게 이해할 수 있다. 축구 실력을 키워 주기 위해서는 드리볼, 패스, 슈팅 등의 기본기를 몸에 꼭 달라붙게 연습하도록 하는 것이 중요하다. 기본기를 강조하면서 학생들에게 무한 연습을 강조하는 교육 방식에 익숙해져 있다. 그러나 기본기의 연습만으로는 훌륭한 축구 선수가 되기에는 역부족이다. 더욱이 기본기 연습만으로는 연습생에게 동기를 부여하기가 쉽지 않다. 연습생이 마음에 품고 있는 것은 잉글랜드 프리미어리그의 맨체스터 유나이티드 올드 트래포드 경기장에서 뛰는 자신의 미래의 모습과 같은 것이다. 연습 경기라 할지라도 실제 경기를 통해서 학생들의 기량을 기르는 것도 한 방법일 수 있다.

외국의 학교 사례를 보면 스포츠 동아리에서 교내 또는 교외 토너먼트를 기획하고 경기를 대비하여 기본기와 경기를 연습시키는 경우를 자주 볼 수 있다. 경기 토너먼트가 학생들로 하여금 쉬는 날에도 학교에 나와 연습을 하도록 동기를 자극하는 학습 환경으로 설정된 것이다.

기본기 연습과 실제 경기 경험 간의 관계는 기본 개념을 설명하고 익히게 하는 수업과 과제를 수행하게 하는 참여식 수업 간의 관계와 동일한 원리라 할 수 있다. 전통적인 교육과정 설계에서는 기본 개념이나 원리에 대한 설명과 이해 그리고 그러한 개념이나 원리를 활용해서 수행하는 과제를 선형적인 관계로 구성해야 한다고 보았다. 둘 사이에 순서가 존재할 것이라고 보고 교육과정을 선형적으로 구성하는 방식에는 이론과 실제(실습), 기초와 응용, 개념과 활용 등의 관계에 대한 오랜 신념이 깔려 있다.

최근 전문가를 양성하는 대학에서 이러한 신념은 점차적으로 바뀌고 있다. 3학년까지 이론을 배우고 4학년에 교육 실습을 하던 사범대학에서 실습의 단계를 조금씩 낮추고 있는 추세이다. 미국의 의과대학이나 간호대학에서는 1학년부터 현장 실습을 하도록 되어 있다. 지식만을 다루던 교육과정과는 달리 전문성을 교육목표로 하는 교육과정에서는 이론과 실습이 순환적 관계에서 병행될 수 있게 한다. 바이엘 교본을 순서대로 연습하는 동시에 완성된 곡을 함께 연습하게 한다면 효과적으로 피아노를 가르칠 수도 있다. 학기말에 오케스트라 공연에 대비하여 바이올린 초보 학생에게 기초적인 코드 연습과 함께 위모레스크 곡을 연습하도록 하는 방법도 바이올린 연주에 빠져들게 하는 좋은 전략일 수 있다.

기본기 연습은 실제 경기에서 사용될 도구를 익히게 하는 과정과도 유사하다. 동기를 자극하며 실제 경기력을 성장시키기 위해서는 기본기 연습과 실제 경기 경험이 동시에 그리고 순환적으로 함께 가야 한다. 마찬가지로 기본 개념과 수행 과제는 동시에 그리고 순환적인 관계 속에서 함께 다루어 나가야 한다.

지식을 숙달하도록 하기 위해 학생들이 배운 내용을 반복하고 연습하는 것은 매우 중요하다. 그리고 이러한 목적에 부합하면 진도 나가기 식의 수업 역시 매우 필요하다. 문제는 교사 중심의 진도 나가기를 하느냐 마느냐가 아니라 그 시간들이 과정중심평가를 위한 전체 수업에서 어떤 역할을 하는가를 분명히 알고 있어야 한다는 것이다. 진도 나가기가 종국적으로 어떤 기능을 하느냐는 평가의 설계에 따라 그 의미가 크게 달라질 수 있다. 과정중심평가 설계에서 진도 나가기 수업은 학생들이 수행하게 될 과제에 활용하게 될 도구를 갖추게 하는 시간이다. 지식과 그것의 습득은 역량기반 교육과정에서 갖다 버려야 할 대상이 아니라 그것을 바라보는 우리의 인식을 바꾸어 달리 접근해야 할 대상이다.

학교교육에서 핵심 역량은 교과 지식을 기반으로 형성된다. 교과 지식과 별개로 다룬 능력이라면 그것은 역량이 아닌 기술(skill)이다. 실제로 학생들이 교과 내용에 대한 심화된 학습과 별개로 문제해결 능력이나 협업 능력을 발전시키는 경우를 종종 볼 수 있다. 범교과적 융합 차원에서 보면 그러한 수업도 역량기반 교육과정으로서의 의미를 가질 수 있다. 그러나 학교교육에서는 분명 학생들이 학습하기를 기대하는, 전수해야 할 지식이나 경험이 있다. 문제는 학습자들이 그것을 습득하는 경험으로 끝나는지, 아니면 그것을 충분히 활용하고 자기지식화할 수 있는 기회를 갖게 되는지이다.

2. 과정중심평가 설계 원리

1) 교육목표를 반영한 성취 기준의 재구성과 총체적 평가 루브릭의 구성

과정중심평가는 학습자가 교과 수업을 통해 성장하는 경험을 할 수 있도록 하기 위한 시도이다. 성장의 과정이 학습과 평가의 목표가 되도록 하기 위해서는 목표를 과정 안에 집어넣는 작업이 필요하다. 이를 위한 전략으로, 과정중심평가 설계를 위해서 우선적으로 해야 할 것은 교과의 목표와 수업 그리고 평가를 일체화하는 작업이다. 이는 성취 기준을 그 교과가 지향하고 있는 인간상, 즉 교과의 목표를 반영하여 해석하고 재구성하여 설정하는 일이다.

〈표 10-3〉 사회과에서의 교과목표의 예

사회과 교과의 목표
사회과는 학생들이 사회생활에 필요한 지식과 기능을 익혀 이를 토대로 사회 현상을 정확하게 인식하고, 민주사회 구성원에게 요구되는 가치와 태도를 지님으로써 민주 시민으로서의 자질을 갖추도록 하는 교과이다.

교과목표는 교과에서 지향하고 있는 교육의 방향, 즉 교과를 통해 길러지는 인간상을 말한다. 예컨대, 사회과는 '학생들이 사회생활에 필요한 지식과 기능을 익혀 이를 토대로 사회 현상을 정확하게 인식하고, 민주사회 구성원에게 요구되는 가치와 태도를 지님으로써 민주 시민으로서의 자질을 갖추도록 하는 교과'이다. 이러한 인간상은 학생이 교과를 통해 어떠한 인간으로 성장하도록 할 것인지에 관해 보여 준다.

〈표 10-4〉 사회과에서의 성취 기준의 예

사회과 성취 기준의 예: 통합사회
[10통사01-01] 시간적 · 공간적 · 사회적 · 윤리적 관점의 특징을 이해하고, 이를 바탕으로 인간, 사회, 환경의 탐구에 통합적 관점이 요청되는 이유를 파악한다.
[10통사01-02] 사례를 통해 시대와 지역에 따라 다르게 나타나는 행복의 기준을 비교하여 평가하고, 삶의 목적으로서 행복의 의미를 성찰한다.
[10통사01-03] 행복한 삶을 실현하기 위한 조건으로 질 높은 정주 환경의 조성, 경제적 안정, 민주주의의 발전 및 도덕적 실천이 필요함을 설명한다.

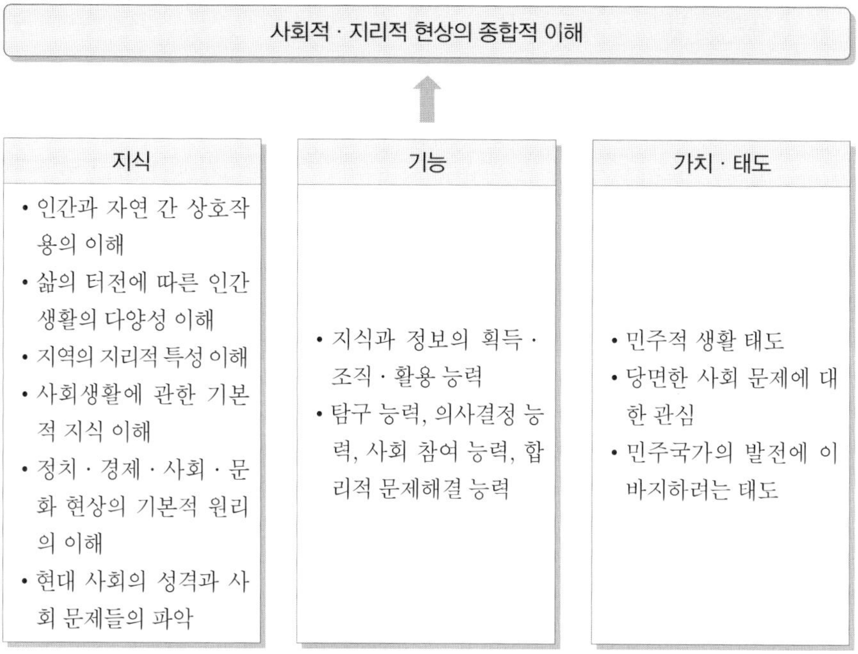

그림 10-1 사회과 교육의 목표

성취 기준은 학생들이 교과를 통해 배워야 할 내용과 이를 통해 수업 이후 할 수 있거나 할 수 있기를 기대하는 능력을 결합하여 나타낸 수업 활동의 기준이다. 각 교과에서 학생이 학습을 통해 얻어야 할 지식, 기능, 태도를 포함하고 있으며, 학습의 결과로 학생이 할 수 있어야 하는 것을 진술한 것이다.

한편, 현행 성취 기준을 보면 교과의 목표에서 지향하는 인간상을 충분히 녹여 내었다고 보기 어려운 정도로 분절화되거나 기능 중심으로 제시된 성취 기준이 많다. 즉, 과정중심평가를 위한 수업설계를 위해 현행 성취 기준을 그대로 따르는 것에는 다음과 같은 문제점이 있을 수 있다.

- 많은 현행 성취 기준은 여전히 기능 중심으로 설정되어 있어 어떠한 인간으로의 성장을 경험하도록 하는 데 미흡하다.

- 수업에서 다루고자 하는 어떤 성취 기준이 지식과 기능 그리고 태도를 잘 반영하고 있다고 하더라도 이를 분절적으로 접근할 경우 의도하고자 한 인간으로서의 성장 경험을 담아내기 쉽지 않다. 성장으로서의 학습 경험을 갖는다는 것은 분절적인 지식이나 기능의 성장이 아닌 통합된 경험을 가진 '한 인간으로서의 역량'의 성장을 의미하기 때문이다.

교과의 목표나 교과의 성격 등에는 교과에서 기르고자 하는 인간상 또는 교과에서 가르치고자 하는 핵심 가치가 제시되어 있다. 성취 기준 중심의 교육과정 재구성은 교과의 교육목표를 달성하기 위하여 보다 적절한 교육 내용이 무엇인지를 고민한 결과를 바탕으로 이를 효과적으로 구현하기 위하여 교육 내용과 수업 시수 및 인적·물적 자원을 적정하게 배분하는 것을 의미한다.

선정된 핵심 성취 기준을 학생들이 탐구 활동 또는 실기·실습 활동, 다양한 체험 활동을 통해 충분히 이해할 수 있도록 해당 단원 내 성취 기준 간 수업 시수를 재조정할 수 있다. 이때 핵심 성취 기준을 위한 수업 활동 시수가 반드시 일반적인 성취 기준을 위한 수업 활동 시수보다 증대될 필요는 없으며, 필요한 경우 핵심 성취 기준을 중심으로 관련되는 성취 기준을 통합적으로 재조직할 수도 있고 다른 교과와의 연계를 꾀할 수도 있다.

핵심 성취 기준을 활용한 교과 교육과정 재구성은 〈표 10-5〉와 같은 세

〈표 10-5〉 핵심 성취 기준을 활용한 교과 교육과정 재구성

관점 1	단원 내 차시 감축을 하지 않되 학습 내용을 줄여 수업 시간 동안 교사-학생 간, 학생-학생 간 상호작용을 촉진하는 방향으로 재구성
관점 2	단원 내 차시 간 증·감축을 통해 핵심 성취 기준 중심의 수업이 될 수 있도록 하고, 토의·토론 및 문제해결 학습, 프로젝트 학습 등 학생 참여·협력 중심의 수업을 위한 재구성
관점 3	단원 내 차시 감축을 하여 감축한 시간은 타 교과(목) 혹은 창의적 체험활동과 연계하여 수업을 할 수 있도록 재구성

가지 관점 차원으로 적용해 볼 수 있다.

교육목표를 반영하여 성취 기준을 해석하거나 재구성하고 나서는 과정중심평가를 위해서 평가 루브릭을 설계해야 한다. 평가 루브릭은 성취 기준의 설정과 함께 설계하고 학생들에게 과제와 함께 설명해 줌으로써 학생들이 충분히 공감과 상상을 할 수 있도록 해야 한다.

수행 과제에 대한 평가는 크게 총체적 평가 루브릭과 분석적 평가 루브릭의 두 가지로 설계할 수 있다. 평가 루브릭에서 총체적 채점은 학생들이 수행한 과제 전체의 완성도, 즉 과제의 질(quality)에 관해 평가하는 것이다. 분석적 채점은 수행 과제를 구성하는 요소별로 수행 수준을 판단하기 위해 평가하는 것이다. 총체적 채점은 평가자의 주관적인 판단이 개입될 가능성이 있기 때문에 현재 수행평가에서 활용하는 데 꺼리는 반면, 분석적 채점은 증거기반 평가로서의 신뢰도를 보다 용이하게 확보할 수 있다는 점에서 널리 활용되고 있다.

과정중심평가에서는 총체적 채점을 충분히 반영하여 설계함으로써 평가의 타당성을 확보해야 한다. 분석적 채점은 교육의 목표에서 의도하고자 했던 학생의 성장을 유도하는 데 몇 가지 점에서 걸림돌이 될 수 있다.

- 분석적 채점에서는 학생들이 요소별 채점 기준에 맞추어 과제를 수행할 가능성이 있다.
- 요소들에 대한 채점은 대부분 결과의 상태를 부분적으로 나타내는 것들로서 학생의 탐구과정을 오롯이 담아내기 어렵다.
- 교사가 상정한 요소들의 합이 성장시키고자 하는 인간으로서의 역량을 온전히 보여 주지 못한다.

〈표 10-6〉과 〈표 10-7〉은 사회과와 국어과에서 수행 과제에 대한 분석적 채점을 위해 설계한 평가 루브릭의 예이다.

〈표 10-6〉 분석적 채점 준거의 사례 1

평가 영역		평가 항목	평가 척도	채점 기준
관련 내용	관련 역량			
	문제해결 및 의사결정 능력	가설설정 능력	4점	독립변수 및 종속변수 간 관계의 명확성, 검증 가능성, 검증 필요성 모두 충족하는 가설을 설정하였다.
			3점	독립변수 및 종속변수 간 관계의 명확성, 검증 가능성, 검증 필요성 중 두 가지만 충족하는 가설을 설정하였다.
			2점	독립변수 및 종속변수 간 관계의 명확성, 검증 가능성, 검증 필요성 중 한 가지만 충족하는 가설을 설정하였다.
			1점	독립변수 및 종속변수 간 관계의 명확성, 검증 가능성, 검증 필요성 모두 충족하지 못하였다.
	창의적 사고력	연구 주제의 참신성	4점	설정한 가설이 연구 주제와 관련이 있고 독창적이며 참신한 내용으로 구성되었다.
			3점	설정한 가설이 연구 주제와 관련이 있고 독창적이며 참신한 내용 중 두 가지만 충족되었다.
			2점	설정한 가설이 연구 주제와 관련이 있고 독창적이며 참신한 내용 중 한 가지만 충족되었다.
			1점	설정한 가설이 연구 주제와 관련이 있고 독창적이며 참신한 내용 모두 충족하지 못하였다.

〈표 10-7〉 분석적 채점 준거의 사례 2

평가 항목	체험 시 쓰기 (과정중심평가 20점 만점)
성취 기준	[9국05-02] 비유와 상징의 표현 효과를 바탕으로 작품을 수용하고 생산한다. [9국03-05] 자신의 삶과 경험을 바탕으로 하여 독자에게 감동이나 즐거움을 주는 글을 쓴다.
재구성한 성취 기준	자신의 경험을 바탕으로 한 체험 시를 비유와 상징 등의 표현 기법을 사용하여 창작하면서 창의적 사고를 하고 자기성찰 및 문화향유 역량을 기른다.

영역	평가 요소	평가 항목	기준 (평가 항목 충족 개수)	점수
지식	1. 비유와 상징의 표현 효과 알기 2. 진솔한 체험이 소재로 사용된 시 창작	1. 6차시 개인별 학습지를 모두 다 제출했는가?	16개	15
		2. 모둠별 학습지를 제출했는가?	15개	14
		3. 스마트폰을 활용하여 다양한 표현 기법이 사용된 시를 세 편 이상 찾아 적고 1차시 학습지의 빈칸을 모두 채웠는가?	14개	13
		4. 갤러리 워킹을 하면서 가장 비유적 표현이 뛰어나다고 생각한 시의 제목과 비유적 표현이 사용된 시 구절을 적었는가?	13개	12
		5. 스마트폰을 활용하여 '상징' 기법이 사용된 시를 세 편 이상 찾아 적고 2차시 학습지의 빈칸을 모두 채웠는가?	12개	11
기능		6. 모둠별 학습지에 모둠의 시와 모둠의 시를 결정한 이유를 적었는가?	11개	10
		7. 3차시 활동으로 비유와 상징 표현을 활용하여 시를 창작하였는가?	10개	9
		8. 3차시 활동으로 물레방아 의견 나누기를 하고 친구 표현에 대한 소감을 문장으로 학습지에 기록하였는가?	9개	8
		9. 4차시 시 창작을 위한 비주얼 싱킹 활동을 하였는가?	8개	7
		10. 모둠별 의견 나누기 활동 후, 나의 체험과 친구의 체험을 정리하였는가?	7개	6
		11. 시 쓰기 소재로 결정한 자신의 체험을 육하원칙으로 정리하였는가?	6개 이하	5
		12. 5차시 활동으로 체험을 소재로 한 시를 비유와 상징 기법을 활용하여 창작하였는가?		
		13. 5차시 창작 시에서 3차시 때 창작한 시보다 발전한 모습이 보이는가?		
		14. 5차시 활동으로 물레방아 의견 나누기를 하고 친구 표현에 대한 소감을 문장으로 학습지에 기록하였는가?		
		15. 자신감을 갖고 자신이 창작한 시를 발표하였는가?		
		16. 친구가 창작한 시를 발표할 때 경청하는 태도가 훌륭하였는가?		

태도	과정 충실도 (교사의 매 시간 관찰 평가) ※ 학생의 자기평가와 동료평가는 과목별 세부 능력 사항을 쓸 때 참고하도록 한다.	• 참여 태도 관찰 평가로 교사가 별도 학생별 체크리스트를 작성하여 평가 • 총계 점수가 43~56점은 분석적 채점 기준 과정충실도에서 5점으로 점수 부여, 29~42점은 분석적 채점 기준 과정충실도에서 4점으로 점수 부여, 15~28점은 분석적 채점 기준 과정충실도에서 3점으로 점수 부여, 1~14점은 분석적 채점 기준 과정충실도에서 2점으로 점수 부여	5
			4
			3
			2

총체적 채점은 수행된 과제에 대한 전체적인 완성도를 평가하는 것으로 일반적으로는 하나의 채점 기준이라고 생각할 수 있다. 그러나 과제의 전체적인 완성도 역시 평가자가 보고자 하는 측면을 좀 더 세분화해서 다면적으로 구분하여 설계한다면 좀 더 체계적인 평가를 이끌어 낼 수 있다. 〈표 10-8〉에 제시되어 있는 평가 루브릭은 IB 교육과정 고교 수학 과목에서 사용된 수행 과제에 대한 채점 기준으로 총체적 채점의 한 예를 잘 보여 준다. 수행된 과제에 어느 수준의 지식이 반영되어 있는지, 비판적 사고와 창의성 등 자기 지식이 얼마나 잘 반영되어 있는지, 또는 과제의 논리적·형식적 구조가 탄탄한지, 학생에게 높은 참여 수준을 요구하는 과제인지 등을 세분화해서 평가하도록 설계하고 있다.

〈표 10-8〉 총체적 채점 준거의 사례: IBDP 수학과의 평가 준거

척도	A. 의사소통	B. 수학적 표현	C. 학생의 직접적 참여도	D. 비판적 성찰	E. 수학적 난이도
0	아래 기술된 기준 이하	아래 기술된 기준 이하	아래 기술된 기준 이하	아래 기술된 기준 이하	아래 기술된 기준 이하
1	어느 정도 논리의 일관성이 있음	적절한 수학적 표현을 일부 사용함	학생이 직접 수행하지 않은 증거가 있음	성찰이 미흡하거나 피상적인 증거가 있음	관련 있는 수학적 기술이 쓰였음

2	어느 정도의 논리의 일관성과 전체 구조의 조직이 보임	수학적 표현들이 대부분 적절함	학생이 직접 수행한 증거가 약간 있음	유의미한 성찰의 증거가 있음	관련 있는 수학적 기술이 사용되었고 미흡한 해석이 제시되었음
3	논리가 일관되고 구조가 잘 조직되어 있음	보고서 전체의 수학적 표현들이 모두 적절함	학생이 직접 상당 부분을 수행한 증거가 있음	비판적 성찰의 증거가 많이 있음	수업 수준에 맞는 관련 수학적 기술이 사용되었고 미흡한 해석이 제시되었음
4	주제가 일관되고 잘 조직되어 있으며 명료하고 완성도가 높음		학생이 탁월하게 수행한 증거가 충분히 많음		수업 수준에 맞는 관련 수학적 기술이 사용되었고, 일부는 정확하며, 수학적 지식과 해석이 약간 제시되었음
5					수업 수준에 맞는 관련 수학적 기술이 사용되었고, 대부분 정확하며, 풍부한 지식과 해석이 제시되었음
6					수업 수준에 맞는 관련 수학적 기술이 사용되었고, 모두 정확하며, 빈틈없이 완벽한 지식과 해석이 제시되었음

2) 학습자의 서사 형성을 위한 피드백 설계

과정중심평가를 위한 교육과정 재구성에서의 새로운 변화는 학습과정에서의 피드백과 평가의 시기를 어떻게 할 것인지에 관한 것이다. 이것은 기존의 과정중심평가가 평가에 대해 접근하던 방식과는 근원적으로 다른 접근 방식을 취하는 것이다. [그림 10-2]는 현행 일체화 모형에서 추구하는 피드백의 제공과 평가 시기를 도식화한 것이다.

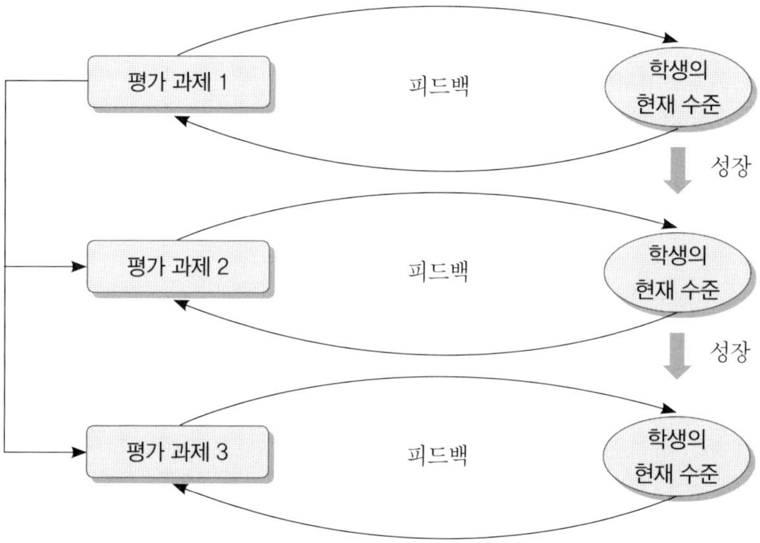

그림 10-2 분절화된 수행 과제의 피드백 설계 방식

이러한 설계의 특징은 현행 과정중심평가의 전형으로서 다음의 몇 가지 특징을 갖는다.

- 학생들에게 부여되는 각각의 과제는 평가의 대상이 된다.
- 각각의 과제에 대한 피드백이 이후의 유사한 과제에 대한 성장에 영향

을 미칠 것이라고 예상한다.

- 학습자들의 과제는 주어진 시간과 조건 안에 과제를 완수해야만 하는 것으로 평가에는 시간 통제의 기능이 내재되어 있다.

이 세 가지 특징은 학습자들이 교사의 지도에 맞추어 과제를 진행하고 수업에 참여하도록 유도한다는 측면에서 의미를 갖는다. 또한 과제를 제한된 시간 안에 평가하지 않으면 생길 수 있는 여러 가지 부작용을 미연에 방지한다는 목적으로도 이러한 평가 방식은 현장에서 의례화되어 있다.

그런데 여기에는 다음과 같은 몇 가지 한계점으로 인해 학습자들의 배움과 성장을 방해하는 조건이 형성된다.

첫째, 각각의 과제에 대한 평가는 평가 이후 과제를 수정하거나 보완하고자 하는 욕구를 급격히 저하시킨다. 평가는 학습자들에게 과제를 완수하도록 하는 강력한 촉매제로 작동한다. 그런데 평가가 마치고 나면 학습자들은 자신의 과제가 가진 문제점이 무엇인지 인지하더라도 직접 고치거나 보완하고자 하는 욕구가 급격히 저하된다. 따라서 막연히 문제점을 인지하기만 할 뿐 실제로 수정과 보완을 하여 과제의 완결을 통한 성취감을 경험할 수 없게 된다.

둘째, 학습자의 개별성이 무시될 가능성이 높다. 학습자들이 과제에 몰입하거나 과제에 흥미를 갖게 되는 시점은 다를 수 있다. 또한 학습자마다 수행 속도와 방식은 다양할 수 있다. 이러한 경우에 충분한 시간이나 도구를 활용할 수 있는 조건이 주어진다면 더 나은 과제를 완수할 수 있는 학생들의 잠재력과 개별적 성향들은 무시될 수밖에 없다.

셋째, 분절화된 평가 과제의 경우 과제의 수행이 매우 제한된 방식으로만 이루어질 수밖에 없다. 예컨대, 창의성을 요구하는 과제의 경우 제한된 시간 안에 과제를 완수해야 한다는 조건은 학습자들에게 충분한 고민과 다양한 맥락적 사고를 제한하는 장애 요인이 될 수 있다. 따라서 이러한 조건에서 수행 과제는 대체로 학습한 지식을 정리한다거나 단편적인 정보를 정리하는 방식, 학습자의 피상적인 견해를 묻는 방식으로 과제의 성격이 제한될 수밖에 없다.

이러한 문제점에 대한 인식을 바탕으로 교사들은 [그림 10-3]에 제시된 것과 같은 과제를 덧붙여 설계를 보완하기도 한다.

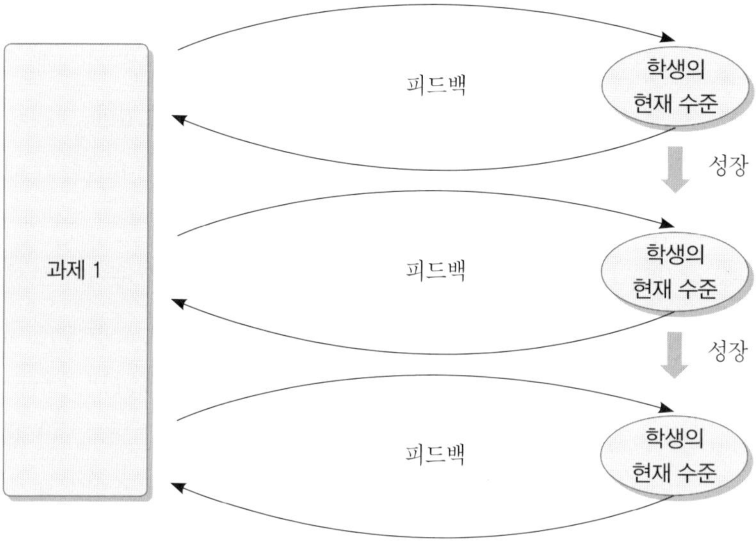

그림 10-3 통합된 수행 과제의 피드백 설계 방식

앞서 3개의 평가 과제는 [그림 10-3]의 과제를 통하여 하나로 통합된다. 이것은 분절화된 수행 과제를 좀 더 맥락적으로 엮어 보는 과정을 통해 학습자들이 각각의 분절된 경험을 하나로 통합하고 이를 통해 서사적 의미를 발견해 보게 하기 위함이다. 이러한 통합된 과제의 설계는 다음의 이유로 학습자들에게 의미 있는 학습을 가능하게 한다.

첫째, 이전의 분절된 과제설계보다 학습자들에게 하나의 서사(이야기)로 경험될 가능성이 크다. 학습자들은 이러한 과정을 통해 지식을 맥락에 적용해 보는 과정을 경험하게 되고 이 과정을 통해 자신만의 논리와 이야기를 형성하여 지식이 아닌 하나의 경험으로 학습을 구성하게 된다.

둘째, 통합된 과제설계를 통해 이전의 분절된 수행들을 엮어 가는 과정은 자연스럽게 이전 지식을 반복하고 심화하는 경험을 유발하며 이것은 학습 내용을 오랫동안 기억하도록 하는 효과를 갖는다.

학습자들은 통합된 과제를 수행하는 과정에서 이전 과제를 적용하거나 변용하는 과정을 겪는다. 이 과정은 해당 지식을 반복적으로 경험하도록 하며 이것은 해당 지식을 익숙하게 활용할 수 있도록 하는 반복학습의 효과를 갖는다.

이러한 과제설계는 앞서 [그림 10-2]에서 보여 준 분절화된 과제설계를 보완하여 학습자들의 학습과정을 밀도 있게 구성하도록 돕는다. 그럼에도 불구하고 여전히 이러한 과제설계는 평가 반영 비율이라는 측면에서 정교성을 갖지 않는다면 한계에 봉착할 수 있다. 앞선 3개의 과제와 마지막 통합 과제가 동일한 비율로 평가에 반영된다면 앞선 과제 3개를 성공적으로 완수한 학생들의 경우 마지막 통합 과제를 위한 사전 준비 정도가 충실하여 통합 과제도 잘 이수할 수 있다. 그러나 이미 3개의 과제 수행에서 충분한 과제 완수를 하지 못한 경우 마지막 통합 과제에서 좋은 점수를 받게 된다고 하여도 그것을 보완하거나 도약할 만한 기회를 박탈당하기 때문이다. 즉, 앞선 3개의 과제가 통합 과제를 위한 도구가 아니라 각각이 평가 과제로서 동일한 반영 비율을 갖게 된다면 통합 과제가 학습자들을 동기화하는 힘은 약화될 수밖에 없다.

이러한 점들을 고려하여 제안할 수 있는 과정중심평가를 위한 피드백 설계는 다음과 같이 정리될 수 있다([그림 10-4] 참조).

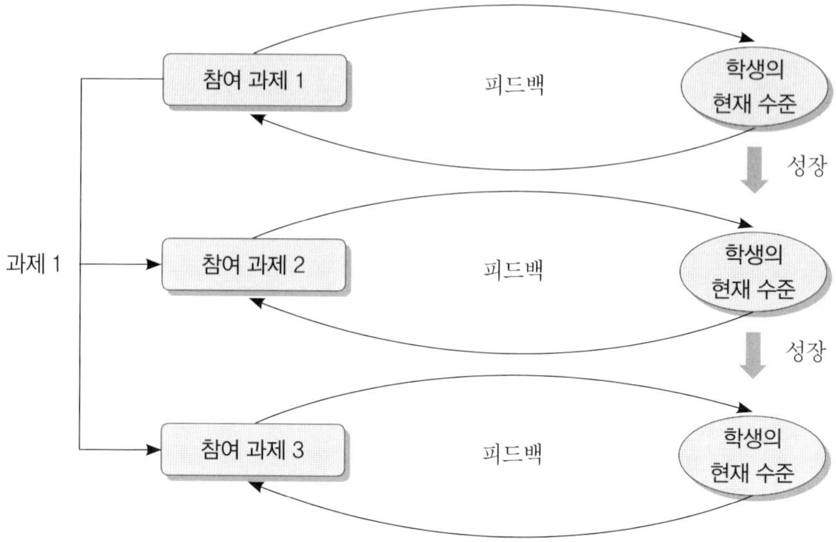

그림 10-4 학습 동기 지속을 위한 피드백 설계와 평가 시기의 설정

첫째, 평가는 가급적 중장기적 프로젝트로 하나의 완결된 서사를 갖도록 설계되어야 한다. 중장기 프로젝트라 하더라도 현장에서는 수업의 체계성과 효율성을 위하여 몇 개 과제로 분절하여 제시할 수밖에 없는 것이 현실이다. 특히 학습 동기와 자기주도성이 부족한 학생들의 경우 교사가 일정 부분 학습의 방향과 틀을 잡아 줘야 할 필요가 있다. 따라서 과제를 쪼개는 방식은 현실적으로 필수적이다. 그럼에도 불구하고 프로젝트는 여러 개의 참여 과제로 나누어질 수 있지만 그것은 하나의 주제 아래 연계되고 중첩된 설계로 이루어져야 한다. 이것은 완결된 서사를 가진 과제설계에서는 필수적인 장치이며, 이를 통해 학습자들은 완결된 경험으로서 과정을 의미화하게 된다.

둘째, 중간과정에서는 평가가 아닌 참여 과제를 설계하여 학습자의 과제 수행 수준과 전개 상황을 보완하기 위한 순수한 피드백 설계가 되어야 한다. 각각의 참여 과제는 학습자의 과제 수행 수준과 전개 상황을 확인하고 수정 · 보완하기 위한 피드백 설계가 되어야 한다. 여기에서 과제를 '참여 과제'

라고 한 것은 평가의 누적기록이 아닌 순수한 자기수정의 기회 제공을 위한 피드백 설계가 되어야 함을 강조하기 위해서이다. 특히 여기에서 피드백의 방식은 교사나 동료의 조언이 아닌 참여를 통한 자기객관화의 경험을 설계하는 것이 중요하다. 이러한 참여설계는 교실 수업이라는 한계를 극복하면서 자연스럽게 나의 수행 수준과 타인의 수행 수준을 가시화해서 비교하고 성찰하는 경험을 제공한다는 점에서 수업으로 대체 가능한 피드백 형식이 활용될 수 있음을 보여 준다.

셋째, 과제의 평가는 프로젝트의 마무리 단계에서 이루어지도록 설정한다. 물론 중간과정에서의 평가는 최소한의 참여 점수 정도를 부여하는 방식으로 활용될 수 있다. 예컨대, 어느 교과에서 교사가 한 학기의 평가를 계획한다고 할 때 평가의 시기와 반영 비율 등은 〈표 10-9〉와 같이 설계할 수 있다.

〈표 10-9〉 피드백과 평가의 시기 설계

	지필평가(40%)		수행평가(60%)			
영역	중간고사	기말고사	참여 과제 1	참여 과제 2	참여 과제 3	평가 과제 4
만점 (반영 비율)	10 (10%)	30 (30%)	5+15 (20%)	5+15 (20%)	5+15 (20%)	20 (20%)
평가 방법	객관식, 서술형	객관식, 서술형	활동지	논술형	포트폴리오	발표 및 구술 평가
수업 및 활동 시기	8월	10월	9월	10월	11월	11~12월
평가 시기	12월	12월	12월	12월	12월	12월

이 표의 평가설계 예시는 피드백 설계와 평가설계가 어떻게 다를 수 있는지를 잘 보여 준다. 표에서는 수업과 활동 시기와 평가 시기를 분리하고 있다는 점에 주목해야 한다. 반영 점수가 수행평가의 참여 과제의 경우 '5+15'와 같이 나뉘어 있는데, 이는 각각의 활동이 진행되는 시기에 5점은 참여 점수

로 학생들의 활동을 유도하는 장치로 활용하되 나머지 15점은 최종 평가의 시기인 12월에 부여하도록 하여 학습자들에게 충분히 과제를 숙고하고 수정·보완할 수 있는 기회를 제공한다는 차원에서이다.

한편, 과제 수행 기간을 길게 할 경우 학습자들의 과제가 사교육이나 부모의 도움으로 향상될 수 있다는 점을 우려하는 현장의 목소리도 존재한다. 이것이 이어지는 다면형 평가를 통해 어떻게 보완될 수 있는지 제시할 것이다.

3) 다양한 학습 맥락을 제공하기 위한 다면형 평가의 설계

앞서 제시한 〈표 10-9〉는 평가를 과정의 끝으로 유예시킨다는 점에서 기존의 과정중심평가가 과정을 누적 기록하는 방식과 극명한 차이를 보인다. 이러한 특징은 과정을 통해 성장과 배움을 유도한다는 과정중심평가에서의 과정에 대한 접근 방식의 차이가 명확히 드러나는 측면이다. 그렇다면 과정에서 교사의 역할은 무엇이며, 학습자들에게 과정은 어떻게 경험되는 것일까?

과정에 대한 교사의 개입은 누적기록이 아닌 참여 과제의 설계를 통한 학습자의 탐구과정을 추적하고 방향성을 잡아 주는 역할을 한다. 학습자들은 주어진 중장기적 프로젝트를 자기주도적으로 해결해 나가는 과정에서 다양한 어려움과 문제에 봉착하게 된다. 교사는 그 과정에서 겪는 어려움을 읽어내고 그에 적절한 피드백을 제공하는 것에 초점을 두면 된다. 과정중심평가가 도구적 지식들을 엮어 내는 활동에 중점을 둔다는 것은 앞서 수업의 두 가지 영역, 즉 진도 나가기 수업과 수행 과제 중심의 수업 간의 관계 설정과 관련하여 설명하였다. 교사는 진도 나가기 수업을 통해 학생들에게 제시한 다양한 도구적 지식을 그들이 충분히 자신의 지식으로 엮어 낼 수 있도록 기다려 주고 그들의 문제 상황이 무엇인지 귀 기울여 들어 주고 조언해 주는 방식의 참여가 일어날 수 있는 중간 참여 과제설계에 초점을 두면 된다.

이러한 과제설계의 방식은 학습자가 최종 과제 해결로 나아가기 위해 다양한 맥락을 제시하는 것을 의미한다. 학습자는 여러 가지 맥락에서 설정한 주제를 수행하고 참여하면서 해당 과제를 촘촘하게 경험하고 재구성하게 된다. 가령, 공부한 내용을 친구에게 설명하는 과정에서 우리는 해당 내용이 정교해지는 경험을 한다. 이것은 읽는 것과 쓰는 것, 말하는 것 사이에서 서로 다른 수행을 경험하면서 다양한 방식으로 지식을 변용하고 이해하는 과정을 겪게 되기 때문이다. 학습자 역시 교사가 설계한 다양한 맥락, 즉 논술 과제, 발표 과제, 포트폴리오 과제, 조별 토론 등을 다면적으로 경험하면서 해당 지식에 대한 폭과 깊이를 경험하게 된다. 이것은 최종 결과물과 관련지어 연역과 귀납의 과정을 경험할 수 있도록 하는 메타인지 학습이 어떻게 가능한지에 대한 메커니즘이다.

다면형 평가 설계의 핵심은 다양한 학습 맥락을 제공하여 지식과 기능, 태도를 다양한 방식으로 경험하게 하고 이를 통해 학습자의 메타인지 경험을 제공하는 것에 있다. 학습자는 이러한 과정을 통해 자신의 지식의 부족함을 발견하고 그것을 수정하고 보완하는 과정에서 성장과 배움을 경험한다. 학습자들에게 지식과 태도, 기능의 경험은 결코 분절화된 것이 아니다. 지식을 수행하기 위한 기능과 태도들은 긴밀하게 하나의 경험으로 통합되어 경험된다. 특히 중장기적 프로젝트의 연계된 다면형 과제설계에서 학습자들은 이전 과제와 다음 과제를 수행하는 과정을 통해 과제 간 피드백을 경험하게 된다.

예를 들면, 논술 과제를 작성하던 학생은 이전에 제공된 활동지에서 놓쳤던 부분을 발견하게 될 수 있는데, 이러한 과정을 경험한 학생은 포트폴리오나 발표에서 과제 해결의 근거들을 발견하게 된다. 즉, 다면적이지만 중첩적인 과제의 성격은 학습자에게 여러 개의 과제를 수행하지만 결코 분절적이지 않은 하나의 과제를 수행하는 통합된 과정을 경험하도록 만든다. 그리고 이를 통해 스스로 과제를 완수하고 수정・보완하는 과정의 경험은 자신의 논리를 만들고 하나의 과제를 완결할 수 있는 시행착오와 자기수정의 기회를 제공해 준다.

이러한 다면형 설계는 현장에서의 평가의 어려움을 해결해 주는 기능적인 측면을 가질 수도 있다. 다양한 방식의 평가를 통해 교사는 과제 수행이 학습자 스스로 이루어진 것인지 아닌지를 확인할 수 있다. 포트폴리오와 발표, 논술형 과제 등은 학교와 집에서 분절적으로 이루어지지만 교사는 그것의 밀도를 확인할 수 있는 다양한 방식의 설계를 통해 학습자의 학습의 질을 가늠할 수 있다.

가령, 구술 평가 등을 통해 논술문이나 포트폴리오의 몇 가지 특징에 대해 자세히 설명해 보도록 하는 방식은 학습자가 스스로 학습 경험을 자신의 것으로 소화시키기 않으면 안 되는 과정의 경험을 유도할 수 있게 된다. 또한 이러한 일관된 수행을 보이지 않는 학습자에 대해서는 과제 수행의 정직성을 근거로 감점될 수 있음을 평가의 준거로 사전에 설정해 놓는 것 역시 학습자의 윤리적 태도 경험이라는 측면에서 매우 중요한 학습의 경험을 유도한다.

다면형 평가 설계에서 중요한 점은 하나의 주제를 얼마나 다양한 '참여' 과제로 설계하는지에 있다. 여기에서 '참여' 과제의 특성은 참여의 과정이 제공하는 자기 피드백의 경험이라는 측면에 있다. 각각의 참여 과제를 수행하는 시기에 학습자들은 기록의 목적이 아닌 순수한 의미의 동료 평가와 자기평가를 경험하게 된다. 자신이 이해하고 성장한 정도를 실제 수행을 통해 표현하는 과정은 스스로 자신의 장단점을 파악하는 데 매우 중요한 과정이다.

또한 동료 학습자들의 성장 정도와 비교해 볼 수 있는 참여과정의 경험은 스스로를 객관화해 보고 부족한 측면을 인지하도록 하는 피드백의 경험을 제공한다. 이를 통해 학습자는 스스로 성장에 있어 문제를 인식하고 그것을 채워 나가기 위한 대안을 모색하는 등 자아 성찰의 기회를 경험하게 된다.

4) 학습자 주도의 과제 및 과정 설계

과정중심평가는 학습자 중심 학습의 방법적 일환이다. 과정중심평가는 학습자가 학습의 과정에서 선택과 결정을 통해 과정을 경험하도록 하는 것을 중시한다. 따라서 학습에서의 학습자 맥락을 강조하고 스스로 지식을 구성해 보는 자기주도적 태도를 중시한다. 지금까지 교과서 혹은 교과 지식 중심의 학습에서는 학습자의 경험과 학습자의 맥락을 학습 장면에 끌어온다는 것이 교과 지식을 실제 맥락에 적용해 보거나 그것을 변용해 보는 활동을 의미했다. 따라서 학습의 출발점은 교사가 제시한 단원의 개념이나 활동이 중심이 되고 학습자는 그에 적합한 예시를 찾는 방식이 주를 이루었다. 물론 여기에도 학습자의 맥락은 활용되지만 이 장에서 의미하는 학습자 중심 학습의 맥락과는 다소 차이가 있다.

첫째, 학습의 출발점은 학습자의 관심과 호기심에서 시작한 탐구 주제여야 한다. 학습의 출발점이 학습자의 관심과 호기심이라는 것은 과제가 답이 없는 탐구형 주제로 되어 있어야 한다는 것을 의미한다. 물론 이미 주어진 답이 있는 것에서 학습자가 탐구 주제를 정할 수도 있다. 그렇지만 교수자는 학습의 주제를 좀 더 창의적이고 탐구 호기심을 자극하는 주제로 설정해 줄 필요가 있다. 예컨대, 문헌 자료나 인터넷을 통해 쉽게 검색되는 주제는 학습자에게 과정을 주도하는 경험을 줄 수 없다. 특히 이미 답이 정해져 있다는 것은 학습자가 탐구를 이어 갈 동기가 생길 수 없음을 의미하는 것이기 때문에 아무리 작고 사소한 주제일지라도 자신의 맥락에서 생긴 문제의식과 호기심을 담은 개별화된 주제가 설정될 필요가 있다. 예를 들어, '자유학기제의 시행 배경과 특징은 무엇인가?'보다는 '학습자 중심의 나만의 자유학기제 프로그램 설계하기'는 학습자가 자신의 독창성과 이해의 정도를 반영하기에 더 적절한 주제가 될 수 있다.

둘째, 교사와 교과 지식은 학습자가 설정한 주제에 필요한 도구로 활용된다. 학습자는 이렇게 설정된 주제에 따라 필요한 도구들을 활용하게 된다. 이때 교사는 적당한 자료를 제공하거나 검색할 수 있는 채널을 소개한다든지 관련 교과 지식들을 설명해 주는 방식으로 학습자의 학습과정에 조력할 수

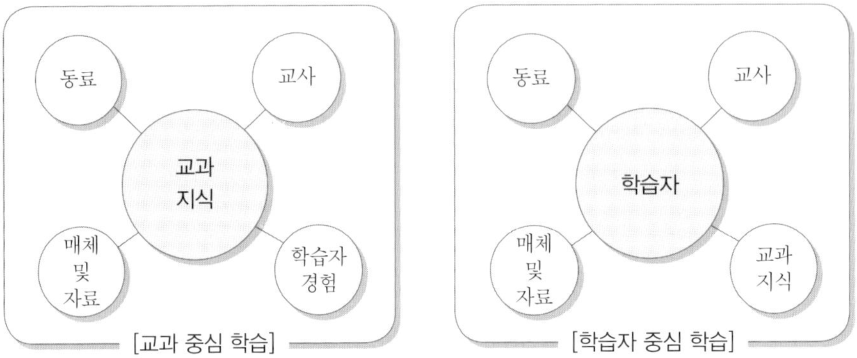

그림 10-5 교과 중심 학습과 학습자 중심 학습

있다. 그러한 의미에서 교사는 여타의 매체와 자료, 교과 지식 등과 동등하게 학습자를 둘러싼 도구적 지식들로 존재할 수 있다.

다만, 교사는 해당 분야의 전문성을 갖춘 교수자로서 학습자에게 적절하게 방향을 잡아 주되 사고의 확장을 저해하지 않는 수준에서 학습과정의 비계 설정을 돕고 격려하는 역할을 해 주어야 할 것이다. 만약 교사가 지나치게 해당 학습과정에서 자신의 의도대로 탐구 활동을 이끌어 가려고 한다면 학습자는 학습 도구를 선택하고 결정하는 과정에서 주도성을 잃게 될 가능성이 높다. 그렇게 되면 학습자는 스스로 과정을 경험했다는 느낌보다 주어진 것을 수행했다는 경험이 커져 과정에 대한 주체성이 낮아지게 된다.

셋째, 학습의 과정에서 지속적인 학습자의 선택과 결정은 학습의 몰입도를 유지시키는 역할을 한다. 주제의 선택이 학습자 선에서 이루어졌다고 해서 학습의 동기가 끝까지 유지되는 것은 결코 아니다. 오히려 학습자가 선택한 주제가 지나치게 높거나 낮게 설정되었다면 학습에 대한 동기는 쉽게 사라질 수도 있다. 따라서 학습의 과정에서 학습자는 끊임없이 스스로 문제해결을 위한 도구를 선택할 수 있어야 한다. 이러한 과정은 학습 결과물을 개별화하는 과제 수행 방식의 하나이다. 여기서 발생하는 학습자 간의 차이는 수행 과제에 대한 주인의식을 갖도록 하고, 자신의 논리와 관점을 차별화하기 위한 전략들을 활용하도록 만든다. 학습자에게 이러한 자율성을 부여하는 것은 자기주도적 학습을 위한 조건이자 학습자가 자신의 정체성을 경험하도록 하는 매우 의미 있는 경험이 된다.

또한 이러한 과정을 통해 학습자는 자신이 구성한 지식과 자신의 장단점을 파악하여 자신의 역량을 극대화하기 위한 자기이해의 경험들을 하게 된다. 이처럼 학습자의 맥락이란 교과 지식을 학습자의 경험에 빗대어 보는 것이 아닌, 학습자의 삶에 교과 지식을 활용해 보는 전환적 설계를 의미한다.

넷째, 학습자가 과제와 탐구 과정을 충분히 자기주도적으로 결정할 수 있도록 함으로써 자기평가가 유효하게 될 수 있는 조건이 되도록 한다. 자기평가는 학습 과제의 완성도를 향한 학습자의 내재적인 욕구가 표출된 자기표현이다. 학생의 자기평가는 과제 수행에서 학생의 자기주도성이 보장되었다는 것을 전제로 해서 그 효력이 발생하게 된다. 자기평가는 과제에 자신의 특성이 반영될 여지가 있을 때 비로소 그 기능을 발휘한다. 객관적인 지식의 습득이나 정답이 있는 과제에서 자기평가는 끼어들 틈이 없다. 대부분의 동료 평가와 마찬가지로 자기평가는 성패 여부 또는 수준에 대한 객관적인 잣대가 없는 과제에서 자신의 수행이나 성과가 제대로 나아가고 있는지 가늠할 수 있는 잣대의 역할을 대신한다. 현재의 성과나 수행이 이전보다 나아졌는지는 학습자 자신만이 가늠할 수 있다. 그리고 바로 정답이 없는 과제에서 이런 자기평가야말로 어떤 객관적인 평가 척도보다 가장 중요하고 실제적인 척도이다.

지식이든 기술이든 대부분의 숙달된 경험에서 학습자는 그것을 표현하게 될 때 자신만의 특징, 즉 스타일(style)을 갖게 된다. 예컨대, 피아노 연습은 피아노 연주에서 자신만의 연주 스타일을 보여 줄 것이다. 자신의 의견과 판난을 반영한 과제를 수행하면서 학생들은 자신만의 강점, 태도, 성향 등을 보여 줄 것이다. 현행 교육과정에서는 이러한 부분을 '기능'과 '태도'라는 범주로 설정하여 접근하고 있다. 그러나 학생의 개인적인 스타일은 기능과 태도의 차원으로 설계하여 구현하기가 쉽지 않다. 전통적인 블룸(Bloom)의 교육목표 분류법에서는 이러한 차원이 반영될 수 없었고 백워드 설계에서는 이를 '자기 지식'으로 범주화하여 다루기도 하였다. 수행 중심의 과제나 평가가 역량중심교육에서 선호되는 까닭은 지식뿐만 아니라 기능을 반영할 수 있어서가 아니라 자신만의 의견, 자신만의 표현, 자신만의 해결 방안 등 자신만의 스타일을 반영할 수 있어서이다.

자기평가는 자기만의 과제, 자기만의 문제, 자기만의 성과, 자기만의 연주, 자기만의 작품 등 학습자가 자신의 정체성을 반영하는 차원의 과제에 대해 부여하는 성찰이다. 그러한 성찰은 성찰 일지를 쓰는 것과 같이 적극적으로 표현될 수도 있지만 대부분은 과제 수행과정에서 암묵적으로 그리고 시도 때도 없이 표출된다. 학습자는 그러한 성찰을 통해 자신의 수행과정을 점검하고 스스로 피드백함으로써 더 나은 자신의 경험을 향해 발전한다. 학습자의 자기수정은 과정중심평가의 핵심 원리이고 그러한 평가가 지향하고자 하는 심층적인 배움에서 가장 중요한 과정이기도 하다. 학생의 학습에서 자기평가가 끼어들 틈을 계획한다는 것은 스스로 피드백을 줄 수 있는 기회를 넓히기 위해서 외부자의 평가를 낮춘다는 것을 의미한다. 즉, 학생이 자기주도적으로 과제의 내용과 수준을 설정했을 때 자기평가는 비로소 그 기능을 발휘하게 된다.

3. 과정중심평가 설계 모형으로서 일-체화 설계

1) 일-체화 설계란: 설계의 절차와 원리

이상에서 살펴본 과정중심평가의 원리와 특징을 통해 보다 일반화된 교육과정의 설계 원리에 관해 제시할 수 있다. 그리고 이러한 원리를 '일-체화 설계(Embodiment Design)'라고 명명하고자 한다. 이는 특히 교육과정의 구성 요소를 지식으로 보지 않고 경험 또는 역량으로 보았을 때 성립 가능한 원리라고 할 수 있다. '일-체화 설계'란 과정중심평가의 설계를 위한 하나의 모형으로 기존의 지식 중심의 수업, 선발 중심의 수업에서 탈피하여 학습자의 진정성 있는 학습을 위한 역량 기반의 교수-학습 모형이다. 이것은 학습자가 역량의 발현을 통해 지식을 능숙하게 활용하고 자기화된 상태로 지식을 구현하는 것을 목적으로 한다. 임바디먼트(embodiment)는 체현 혹은 형상화, 구체화 등을 의미하는 단어이다. 따라서 교수-학습 설계 모형으로서 일-체화 설계는 추상적이고 모호한 지식이나 관념들을 머릿속에서 학습하는 것에서 더 나아가 학습자가 자신의 맥락에서 하나의 구체화된 상태로 구현하기 위한 학습의 개별화 과정으로 설계하는 것을 의미한다. 이것은 탈맥락적 교과 지식이 어떻게 개인의 구체화된 지식으로 구현되도록 할 것인지에 대한 설계 원리들을 집약적으로 설명해 준다.

일-체화 설계에서 'EMBODIMENT'는 모형에 포함된 설계 원리의 머리글자를 조합한 것으로 앞부분에서 설명한 과정중심평가의 특징들을 반영한다. 각각의 설계 요소와 원리는 [그림 10-6]과 〈표 10-10〉에서 제시되어 있다.

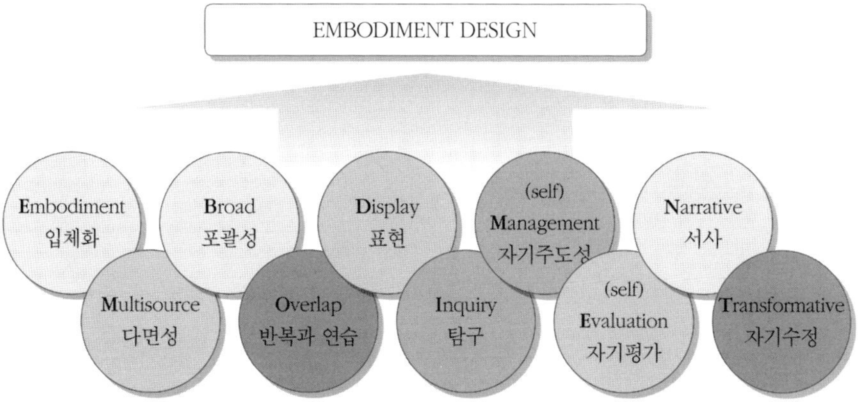

그림 10-6 일-체화 설계

〈표 10-10〉 핵심 역량을 위한 EMBODIMENT 과정중심평가의 설계 원리

E	embodiment(체화)	과정중심평가는 학습자의 전인적인 성장을 이끌어 낼 만큼 충분히 심층적인 학습(배움)의 성취를 목표로 한다.
M	multisource(다면성)	학습자가 다양한 형식으로 자신의 학습 경험을 표현할 수 있도록 한다.
B	broad(포괄성)	교육과정, 수업 그리고 평가의 일체화를 위해서 교과에서 제시하는 인간상 또는 교과목표를 성취 기준에 반영하여 설정하도록 한다.
O	overlap(반복과 연습)	학생들로 하여금 반복과 연습의 기회를 충분히 가질 수 있도록 한다.
D	display(표현)	표현과 그에 대한 공감이 학습의 출발점과 도착점이 될 수 있도록 함으로써 학습자가 자신의 탐구 경험을 구체화할 수 있도록 한다.
I	inquiry(탐구)	호기심과 탐구를 불러일으킬 만큼 충분히 도전적인 과제를 설계하도록 한다.
M	(self) management(자기주도성)	학습 과제는 학습자 스스로 선택하고 결정하도록 한다.
E	(self) Evaluation(자기평가)	학습자 스스로 자신의 성과에 대하여 성찰하고 피드백을 할 수 있는 기회를 제공함으로써 탐구를 심화해 나갈 수 있도록 한다.
N	narrative(서사)	탐구의 과정과 성과를 학습자 자신의 이야기로 엮을 수 있도록 한다.
T	transformative(자기수정)	학습자로 하여금 충분한 시행착오와 피드백을 통해 자기수정의 기회를 갖게 함으로써 자신의 성장을 경험할 수 있도록 한다.

2) 핵심 역량을 어떻게 반영할 것인가: 지식, 기능 및 태도와 역량의 관계에 대한 재구조화

과정중심평가에서 목표로 하는 성장을 위한 교육은 지식의 습득에 국한되지 않는다. 지식을 넘어 그것을 충분히 이해하고 자기지식화하여 공감하고 표현하는 역량까지 포괄적으로 다루어야 한다. 듀이(Dewey)의 말을 빌리면, 과정 중심의 학습과 평가의 설계는 계속적인 성장을 위한 환경을 제공하는 것이다.

> 교육은 그 자체 이외의 다른 목적을 가지지 않는다. 학교교육의 가치를 판단하는 기준은 그것이 계속적인 성장에의 열의를 얼마나 일으키는가, 그리고 그 열의를 실천에 옮기는 수단을 얼마나 제공하는가에 있다(Dewey, 1916: 이명섭 외, 2018, p. 22에서 재인용).

교육은 지식을 습득하는 것이 목적이 아니라 '배움의 방법을 배우는(메타학습)' 그리고 '배움의 과정을 즐길' 줄 아는 인간을 길러내는 데 그 목적이 있다. 실제 맥락에서 지식을 활용하는 전이의 상태는 지식을 적용 또는 사용하는 방법만으로 생겨나지 않는다. 그러한 상태는 교과에서 다루는 지식 이외에도 학습자가 가지고 있는 맥락적인 목적, 상식, 배경지식, 정서, 사물과 도구, 타인, 심지어 시간과 공간 등 삶의 맥락에서 접근 가능한 무수한 자원이 어우러져 성취된다. 학습자 자신이 처한 문제 상황에서 그리고 타자와의 조율과 협력 안에서 풍부한 자원들을 동원하여 문제를 탐구하고 해결하고자 하며 이러한 과정을 연마하는 가운데 자신을 표현하는 활동이 이러한 배움의 활동에 해당한다고 볼 수 있다. 교과 지식을 실제 삶의 맥락에 적용해 보고자 하고 배움을 삶의 맥락과 연관 지어 보고자 하는 노력은 배움의 힘을 성장시키기 위한 시도라고 볼 수 있다.

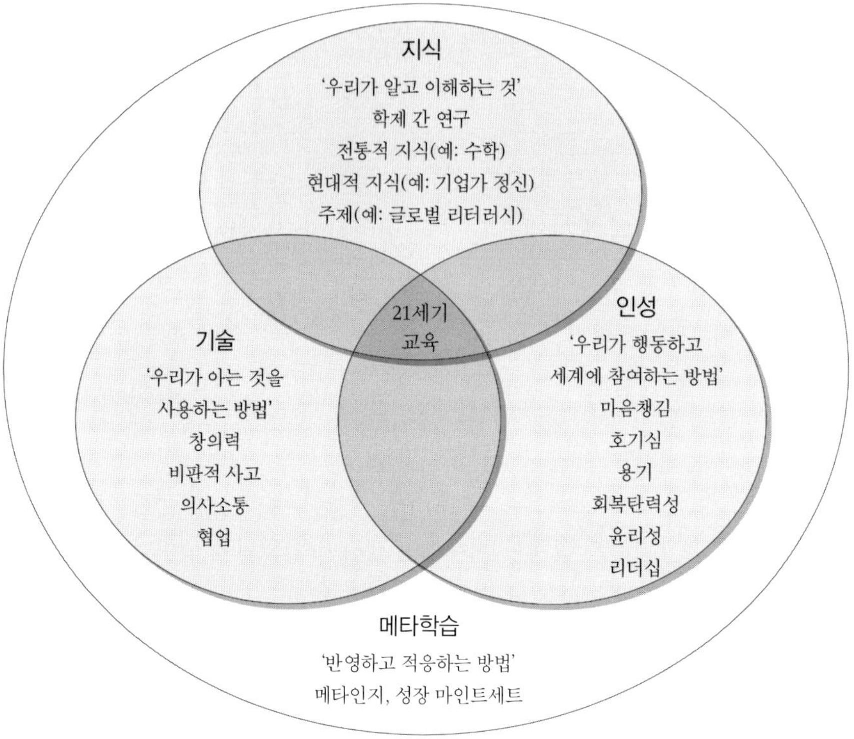

그림 10-7 21세기 교육에서 역량의 구조

학습과 평가에서는 역량의 특성에 관해 분명히 인식하고 설계에 반영해야 한다. [그림 10-7]은 지식, 기능, 태도와 역량의 관계를 분명하게 보여 준다. 역량은 지식, 기술, 태도 그리고 이들을 유기적으로 연결하여 맥락에 맞게 운용하는 메타인지가 발휘되어 생기는 하나의 내적 구조를 의미하는 총체적이고 인격적인 특성이다. 개정 교육과정총론 수준에서 제시한 핵심 역량이나 교과별 핵심 역량은 학습 과제를 앞서 제시한 EMBODIMENT 원리에 따라 설계함으로써 분절적으로 선택하지 않고도 충분히 총체적으로 반영할 수 있다.

이 장에서 과정중심평가에 대한 다양한 사례로서 IBDP와 교수평기 일체화 모형을 비교하며 살펴보았다. 최근 국내외의 IB에 대한 관심과 IBDP 평가와 수업이 혁신의 모델로 주목받고 있는 것은 아마도 그 둘 사이의 차이, 과정에 접근하는 방법적 논리에서 비롯된 것이리라 생각된다. 그것은 과정의 누적기록으로 평가를 산출하는 것이 아닌 평가의 체계화를 통해 과정을 구현하는 역발상에서 비롯된 것이다. 학습의 과정을 교사가 모두 통제할 수 있다는 오만은 지식 중심, 교사 중심의 학습 환경을 만들고 다양성을 인정하지 않는 경직된 학습 문화를 양산시켰다. 이러한 학습 환경에서 탐구력과 잠재력은 자극될 수 없다. 따라서 활동은 있지만 진정한 배움의 과정이 존재할 수는 없었다.

과정중심평가는 학습자의 다양한 자기이해, 자기표현 방식이 허용되는 학습 환경이 전제될 때 구현 가능하다. IBDP는 이러한 환경을 조성하는 것에 대한 책임이 교사나 학생 개인의 노력에 있다고 전가하지 않는다. 평가 체계의 정교화를 통해 학생이 나아가야 할 학습의 방향성을 정확히 제시하되, 수행 방식 중심의 평가 체계를 구축함으로써 학생의 개별성과 다양성을 학습의 과정에 담아낼 수 있도록 하였다. 이러한 평가 체계는 학습과정에서의 통제와 자율성 부여의 완급 조절에 성공한 사례가 되었고, 그리하여 과정에서의 배움을 유도하는 평가로 인정받게 되었다.

결국 학습자의 다면화된 성장의 과정을 가급적 다각도로 측정하고 그것을 성장으로 인정해 주는 다면적 평가 체계를 구축하는 것, 이러한 평가를 충실히 준비하는 수업의 과정을 경험하도록 하는 것, 그러한 다양성의 경험이 역량기반 교육과정으로 이해되는 것, 그리고 이러한 학습자 중심의 개별화된 학습을 평가로 유도하는 것이 교육과정과 수업, 평가 일체화의 한 모형이 될 수 있을 것이다.

참고문헌

강완(1996). 소크라테스 대화법의 이해와 활용. 과학과 수학 교육 논문집, 22, 87-110. 서울: 서울교육대학교 과학교육연구소.

강은희 외(2015). 초등 4학년 학생들의 과학 관련 진로 포부와 과학 정체성 관계의 변화. 과학교육연구, 35(5).

강인애(2003). 우리시대의 구성주의. 서울: 문음사.

강현석(2000). 지식기반사회가 추구하는 지식 개념의 비판적 검토. 교육과정연구, 18(1), 135-161.

강현석(2016). 한국 교육과정의 현실과 미래 과제. 교육과정연구, 34(3), 69-101.

곽병선(1998). 상황 주도력의 개발: 교육문제 해부와 국가 교육정책과제. 한국교육개발원 연구노트 RN 98-1.

곽영순 외(2015). 교사의 학교 수준 교육과정 편성・운영 역량 강화 방안(Ⅲ)-교사학습공동체 모델 개발 및 실행. 한국교육과정평가원 연구보고 RRC 2015-4.

구자억(2011). 학점제 도입 방안. 한국교육개발원 현안보고 OR 2011-03-5.

김경애, 류방란, 조은주, 정바울, 이은미, 정연순, 송혜정(2014). 학교 밖 청소년을 위한 교육복지 방안 연구: 생애진로개발을 중심으로. 한국교육과정평가원 연구보고 RR 2014-05.

김광기(2004). 이방인의 사회학을 위한 이론적 정초. 한국사회학연구, 38(6), 1-29.

김미소, 양난미(2016). 대학생의 사회부과적 완벽주의와 진로미결정의 관계: 자기개념 명확성과 특성불안의 매개효과를 중심으로. 대학생활연구, 22(1), 1-23.

김부미(2009). 수학적 오류를 활용한 개념 성장학습 활동의 실제 적용가능성 탐색. 교과교육학연구, 13(2), 393-415.

김성종, 김현진(2016). 국내 학교교육에서의 테크놀로지 기반 학습자 중심 학습환경 연구의 동향분석. 교육공학연구, 32(3), 611-641.

김승보, 박태준, 서유정(2011). 단위학교의 진로교육 실천역량 강화 방안(기본연구 2011-34). 한국직업능력개발원.

김우창(2014). 깊은 마음의 생태학. 서울: 김영사.

김정란(2009). 상황학습론에 근거한 국어과 수업설계방안. 국어교육학회, 34, 239-266.

김태준, 백선희, 홍영란, 류성창, 장근영(2014). 21세기 글로벌 교육개혁동향 분석연구(II): 비인지적 역량 개발을 통한 창의인성교육 국제비교. 한국교육개발원 기본연구 RR 2014-15.

류석춘 외 편역(2003). 사회자본: 이론과 쟁점. 서울: 그린.

박경선, 나일주(2011). 교수-학습 환경에서의 맥락설계 원리 및 모형 개발 연구. 교육정보미디어연구, 17(1), 1-37.

박수정, 조덕주(2014). 평생교육의 관점을 토대로 한 중학교「진로와 직업」교과서 분석. 교사와 교육, 33, 67-88.

방정숙, 정희진(2006). 학습자 중심 교수법에 대한 초등 교사의 이해와 실행형태: 수학적 의사소통을 중심으로. 학습자중심교과교육연구, 6(1), 297-321.

백경선 외(2013). 교육과정 편제 및 수업시수에 대한 국제 비교 연구. 한국교육과정평가원 연구보고 CRC 2013-16.

변현정, 나일주(2013). 절차적 과제 학습을 지원하는 비주얼 내러티브 설계 원리 탐색. 교육공학 연구, 29(2), 307-347

소경희(2006). 학교지식의 변화요구에 따른 대안적 교육과정 설계방향 탐색. 교육과정연구, 24(3), 39-59.

손민호(2005). 구성주의와 학습의 사회이론. 서울: 문음사.

손민호(2011). 역량중심교육과정의 가능성과 한계: 역량 개념을 중심으로. 한국교육논단, 10(1), 101-121.

손민호(2014). 기능주의 담론의 해체 가능성: 따뜻한 역량을 위한 교육과정 거버넌스 메타포 탐색. 한국교육과정학회, 2014년 춘계학술대회.

손민호, 조현영(2014). 민속방법론. 서울: 학지사.

손민호, 조현영(2016). 탈기능주의 교육과정 모형으로서의 정체성 메타포: 역량기반 교육과정의 대안적 설계. 교육과정연구, 34(2), 141-160.

송재룡(2001). 포스트모던시대와 공동체주의. 서울: 철학과 현실사.

신철균, 김은영, 홍민주, 황은희, 손경오, 박민정(2015). 자유학기제 운영 개선 방안연구: 일반학기와의 연계를 중심으로. 한국교육개발원 기본보고 RR 2015-24.

양홍권(2011). 실천공동체(CoP)의 학습 분석틀 구성 연구. 한국HRD연구, 6(4), 41-59.

연합뉴스(2013. 12. 4). "우수해도 미래 꿈꿀 틈 없는 한국학생들"〈스웨덴紙〉, http://www.yonhapnews.co.kr에서 2016. 8. 10. 검색.

오정숙(2012). 진로진학상담교사의 진로교육 교수학습방법에 대한 인식 분석. 진로교육연구, 25(2), 159-182.

유욱희, 오영열(2014). 상황학습 기반 수업이 초등학생의 수학 학습에 미치는 영향. 학교수학, 16(3), 633-657.

유현숙 외(2002). 국가수준 생애능력 표준설정 및 학습체제 질관리 연구(I). 충북: 한국교육개발원.

윤정은, 김도연, 권오남(2015). 학습자 중심 수업에서의 교사의 역할 탐색-국내 수학교육연구를 중심으로. 학습자중심교과교육연구, 15(1), 45-68.

이근호 외(2013). 2013 교육과정 · 교육평가 국제동향 연구 '뉴질랜드 · 호주'. 한국교육과정평가원 연구자료 ORM 2013-97-2.

이돈희 외 편(1999). 지식기반사회와 교육(pp. 1-22). 교육부 정책연구보고서.

이수광(2014). 행복교육을 위한 공교육의 새로운 프레임-'학습복지'에 관한 사고 실험. 한국교육개발원 현장토론회(3월 25일). 충북: 한국교육개발원.

이승건, 정남용(2014). 창의적 체험활동 수행을 위하여 개발한 진로활동 프로그램이 초등학생의 진로발달에 미치는 영향. 한국실과교육학회지, 27(1), 101-115.

이정모(2010). '체화된 인지(Embodied Cognition)' 접근이 학문간 융합에 주는 시사-철학, 인문사회과학, 인지과학, 미래 테크놀로지의 수렴. 미간행 원고. 고 김영정 교수 1주기추모 강연.

이정표, 이주영, 권동택(2012). 교육적 소통을 통한 학습자 중심 수업의 본질 논의. 학습자중심교과교육연구, 12(4), 643-661.

이지연(2001). 고등교육단계에서 효율적인 진로 지도 방안연구: 4년제 일반대학을 중심으로(기본연구 01-11). 한국직업능력개발원.

임미옥, 정연옥(2010). 교과통합 진로교육 프로그램이 초등학생의 진로성숙도와 자아존중감에 미치는 영향. 한국실과교육학회지, 23(2), 379-398.

장인실(2008). 다문화 교육을 위한 교사 교육 교육과정 모형 탐구. 초등교육연구, 21(2), 281-305.

정연순(2011). 사회적 기업과 청년진로개발: 지속가능한 평생학습의 관점에서. 평생교육학연구, 17(2), 123-144.

정연순, 진성미(2009). 중학교 교사의 진로교육 경험에 대한 내러티브 탐구. 직업교육연구, 28(3), 85-109.

조성심, 주석진(2010). 체험활동중심 진로교육 집단프로그램이 고등학생의 진로준비행동에 미치는 효과분석. 진로교육연구, 23(3), 47-64.

조영태(1998). 교육내용의 두 측면: 이해와 활동. 서울: 교육과학사.

조현영(2015). 문제해결과정의 상황적 특성에 관한 민속방법론적 연구. 인하대학교 대학원 박사학위논문.

조현영(2016). '학습을 위한 상황'에서 '상황에 대한 학습'으로, 학습 디자인은 어떻게 달라질 수 있는가-과학과 탐구수업의 사례 분석. 교육문화연구, 22(3), 99-120

조현영, 손민호(2015). 상황주의 교수설계론: 실천의 관점에서의 재고. 교육과정연구, 33(4), 201-226.

조현영, 손민호(2016). 컨텍스트 경험과 학습의 디자인. 서울: 박영스토리.

최성욱(2004). 교사-학생관계의 비판적 고찰. 교육원리연구, 9(1), 1-45.

최승현, 남금천, 류현아(2013). 수학 학습 부진 학생을 위한 오개념 교정 지도 자료 개발 연구. 수학교육학연구, 23(2), 117-133.

최윤정(2012). 중학생들의 진로교육 경험에 의한 진로교육 개입 유형 탐색 및 유형별 성과 차이. 진로교육연구, 25(2), 21-41.

하일선(2016). 다문화사회에서 사이존재로서의 인간과 불안-키에르케고어의 인간이해를 중심으로. 교육의 이론과 실천, 21(1), 145-166.

한승희, 한혜정, 박소영(2009). IB(International Baccalaureate)와 호주 VCE(Victorian Certificate of Education)가 우리나라 대학입시성적 산출방식에 주는 시사점 탐색. 비교교육연구, 19(1), 83-109.

허경철(2017). '고교 학점제' 도입을 생각하며, 교육을 바꾸는 사람들 칼럼(2017. 4. 19).

홍은숙(2004). 교육의 준거점으로서의 사회적 실제 개념의 재음미. 교육철학, 3(32), 217-238.

홍후조(2017). '학습자 중심의 진로 맞춤형 교육을 위한 학점제 실행 방안 탐색'에 대한 토론. 한국교육과정평가원, '학습자 중심의 진로 맞춤형 교육을 위한 학점제 실행 방안 탐색'워크숍 자료집, 33-38.

Abrahamson, D. (2009). Embodied design: Constructing means for constructing meaning. *Educational studies in mathematics, 70*(1), 27-47.

Atkinson, P., & Delamont, S. (1990). Procedural display and the authenticity of classroom activity: A response to Bloome, Puro, and Theodrou. *Curriculum inquiry, 20*(1), 63-69.

Australian Curriculum, Assessment and Reporting Authority. (2013). Curriculum Design Paper Version 3.1.

Becker, H. (1972). A school is a lousy place to learn anything in. *American Behavioral Scientist, 16*, 85-105.

Bloome, D., Puro, P., & Theodorou, E. (1989). Procedural display and classroom lessons. *Curriculum inquiry, 19*(3), 265-291.

Briggs, L. J. (1968). Sequencing of instruction in relation hierarchies of competence. American Institute for Research Monograph, No. 3.

Brown, J. S., Collins, A., & Duguid, P. (1989). Situated cognition and the culture of learning. *Educational Researcher, 18*(1), 32-42.

Bruner, J. S. (1960). *The Process of Education*. Cambridge: Harvard University Press.

Cho, H. Y. (2015). Ethnomethodological study of situated propeties in everyday problem solving and their implication on learning program development. Unpublished doctoral dissertation, Inha University

Cho, H. Y., & Shon, M. H. (2015). When learning by practice could be situated learning: Exploring implications for contextual instructional design. *The journal of curriculum studies, 33*(4), 201-226.

Clark, A. C., & Bruce, L. S. (2014). Microgenetic methods. In R. K. Sawyer (Eds.), *The learning sciences*. UK: Cambridge University Press.

Constant, E. W. (1987). The social locus of technolgical practice: Community, system, or organization? In W. E. Biker, T. P. Hughes, & T. J. Pinch (Eds.), *The social construction of technological system* (pp. 223-242). Cambridge, MA: MIT Press.

Csikszentmihalyi, M. (2000). *Beyond boredom and Anxiety: Experiencing flow in work and play*. 이삼출 역(2003). 몰입의 기술. 서울: 더불어책.

De Michelis, G., Preece, J., & Simone, C. (Eds.). *Communities and technologies* (pp. 191-213). Milan: Springer.

Dewey, J. (1916). *Democracy and education*. New York: Macmillan.

Dewey, J. (1934). *Arts as experience*. 이재언 역(2003). 경험으로서의 예술. 서울: 책세상.

Doyle, W. (1986). Class organization and management. In M. C. Wittrock (Ed.), *Handbook of research on teaching* (pp. 328-375). New York: Macmillan.

Engeström, Y., Puonti, A., & Seppänen, L. (2003). Spatial and temporal expansion of the object as a challenge for reorganizing work. In D. Nicolini, S. Gherardi, & D. Yanow (Eds.), *Knowing in organizations: A practice-based approach*. Armonk: Sharpe.

Enyedy, N., & Stevens, R. (2014). Analyzing collaboration. *The Cambridge handbook of the learning sciences*, 128-150.

Fenstermacher, G. (1986). Philosophy of research on teaching: Three aspects. In M. Wittrock (Ed.), *Handbook of research on teaching* (pp. 37-49). New York: Macmillan.

Fosnot, C. T. (1996). Teachers construct constructivism: The center for constructivist teaching/teacher preparation project. *Constructivism: Theory, perspectives, and practice*, 205-216.

Foucault, M. (1980). *Power/knowledge: Selected interviews and other writings 1972-1977* (Gordon, L. Marshall, J. Meplam, & K. Soper (Eds.). Brighton, England: Harvester Press.

Fromm, E. (1976). *To have or to be*. 차경아 역(1996). 소유냐 존재냐. 서울: 까치글방.

Garfinkel, H. (1967). *Studies in ethnomethodology*. Cambridge: Polity Press.

Gee, J. P. (2000). Identity as an analytic lens for research in education. *Review of Research in Education, 25*, 99-125.

Gherardi, S. (2008). Situated Knowledge and Situated Action: What Do Practice-Based Studies Promise? In D. Barry & H. Hansen (Eds), *Handbook of the new & emerging in management and organization* (pp. 516-525). London: SAGE.

Gherardi, S. (2012). *How to conduct a practice-based study—Problems and methods.* Cheltenham, UK: Edward Elgar.

Giddens, A. (1991). *Modernity and self-identity: Self and society in the late modern age*. 권기돈 역(2001). **현대성과 자아정체성: 후기 현재의 자아와 사회.** 서울: 새물결.

Giroux, H. (1988). *Teachers as intellectuals.* 이경숙 역(2001). **교사는 지성인이다.** 서울: 아침이슬.

Goffman, E. (1959). *The presentation of self in everyday life*. Garden City, NY: Doubleday.

Goodson, I. F. (2005). *Learning, curriculum and life politics.* NY: Routledge.

Goodwin, C. (1994). Professional vision. *American anthropologist, 96*(3), 606-633.

Greeno, J. G., Collins, A. M., & Resnick, L. B. (1996). Cognition and learning. In D. C. Berliner & R. C. Calfee (Eds.), *Handbook of educational psychology* (pp. 15-46). NY: Macmillan.

Hall, D. T. (2002). *Careers in and out of organizations.* CA: Sage Publications

Hall, R., & Nemirovsky, R. (Eds.). (2012). Modalities of body engagement in mathematical activity and learning [Special issue]. *Journal of the Learning Sciences, 21*(2).

Harbermas, J. (1984). *The theory of communicative action*. Boston: Beacon.

Hargreaves, A. (2011). *Teaching in the knowledge society.* 곽덕주 외 공역. **지식사회와 학교교육-불안정한시대의 교육.** 서울: 학지사.

Hargreaves, A., & Shirley, D. (2009). *The fourth way.* 이찬승 외 공역(2015). **학교교육 제4의 길 1.** 서울: 21세기 교육연구소.

Harvey, D. (1994). *What is competence? Milton Keynes: Vocational Qualifications Centre*. Open University.

Heidegger, M. (1927). *Sein und Zeit.* Translated as Being and Time by J. Macquarrie and E. Robinson. Oxford: Basil Blackwell.

Heidegger, M. (1998). *Being and time.* 이기상 역. **존재와 시간**. 서울: 까치글방.

Hindmarsh, J., Reynolds, P., & Dunne, S. (2011). Exhibiting understanding: The body in apprenticeship. *Journal of pragmatics, 43(2),* 489-503.

Kang, W. (1996). Understanding and right use of the Socratic method. *Science and mathematics education research, 22,* 87-110.

Kirsh, D. (2013). Embodied cognition and the magical future of interaction design. In P. Marshall, A. N. Antle, E. Hoven, & Y. Rogers (Eds.), *The theory and practice of embodied interaction in HCI and interaction design [Special issue]. ACM Transactions on Human-Computer Interaction, 20*(1), 1-30.

Knorr-Cetina, K. (1999). *Epistemic cultures: How the science make knowledge.* Cambridge: Harvard University Press.

Knorr-Cetina, K. D., & Mulkay, M. (Eds.). (1983). *Science observed: Perspectives on the social study of science.* London: Sage.

Krumboltz, J. D. (2009). The happenstance learning theory. *Journal of Career Assessment, 17*(2), 135-154.

Lakoff, G., & Johnson, M. (2003). *Metaphor we live by.* 노양진, 나익주 공역. **삶으로서의 은유(수정판)**. 서울: 박이정.

Latour, B. (1993). *We have never been modern Cambridge.* Cambridge: Harvard University Press.

Lave, J. (1988). *Cognition in practice: Mind, mathematics and culture in everyday life.* Cambridge: Cambridge University Press.

Lave, J. (1993). Situating learning in communities of practice. In L. B. Resnick, J. M. Levine, & S. D. Teasley (Eds.), *Perspectives on socially shared cognition* (pp.17-36). Washington DC: American Psychological Association.

Lave, J., & Wenger, E. (1991). *Situated learning.* 손민호 역(2010). **상황학습**. 서울: 강현출판사.

Levinson, B. A., Foley, D. E., & Holland, D. C. (1996). *Cultural production of the educated person: Critical ethnographies of schooling and local practice.* NY: State University of New York Press.

Littleton, S. M., Arthur, M. B., & Rousseau, D. M. (2000). The future of boundaryless career. In A. Collin & R. A. Young (Eds.), *The future of career.* UK: Cambridge University Press.

Livingston, E. (2007). Circumstances of reasoning in the natural science. In S. Hester & D. Fransis (Eds.), *Orders of ordinary action: Respecifying sociological knowledge.* Burlington, VT: Ashgate.

Lortie, D. C. (1975). *Schoolteacher: A sociological study.* 진동섭 역(1993). **교직사회.** 경기: 양서원.

Lynch, M. (1993). *Scientific practice and ordinary action: Ethnomethodology and social studies of science.* Cambridge: Cambridge University Press.

Lynch, M. (1995). The idylls of the Academy. *Social Studies of Science, 25,* 582-600.

Lyotard, J. F. (1979). *La condition postmoderae.* 이현복 역(1992). **포스모던적 조건-정보사회에서의 지식의 위상.** 경기: 서광사.

Macbeth, D. (2014). Studies of work, instructed action, and the promise of granularity: A commentary. *Discourse studies, 16*(2), 295-308.

Macdonald, K. M. (1995). *The sociology of the professions.* 권오훈 역(1999). **전문직의 사회학: 의사, 변호사, 회계사의 전문직 프로젝트 연구.** 서울: 일신사.

MacIntyre, A. (1984). *After virtue: A study in moral theory (2nd ed.).* London: Duckworth.

Marshall, P., Antle, A. N. , Hoven, E., & Rogers, Y. (Eds.). (2013). The theory and practice of embodied interaction in HCI and interaction design [Special issue]. *ACM Transactions on Human-Computer Interaction, 20*(1).

Mcore, R., & Young, M. (2001). Knowledge and the dumaiium in the sociology of education: Towards a reconceptualization. *British Journal of Sociology of Education, 22*(4), 445-461.

Mehan, H. (1979). *Learning lessons.* Cambridge: Cambridge University Press.

Merleau-Ponty, M. (1962). *Phenomenology of perception*. London: Routledge & Kegan Paul.

Merz, C., & Furman, G. C. (1997). *Community and schools: Promise and paradox*. NY: Teachers College Press.

Moore, R. (2000). For knowledge: Tradition, progressivisra and progress in education-Reconstructing the cwiculum debate. *Cambridge Journal of Education, 30*(1), 17-36.

NCVQ. (1988). *The NCVQ criteria and related guidance*. London: National Council for Vocational Qualifications.

Nicolini, D. (2012). *Practice theory, work and organization*. Oxford: University Press.

Nishizaka, A. (2006). What to learn: The embodied structure of the environment. *Research on language and social interaction, 39*(2), 119-154.

Norman, D. (1988). *The psychology of everything things*. NY: Basic Books.

Orr, J. E. (1990). Sharing knowledge, celebrating identity: Community memory in a service culture. In D. Middleton & D. Edwards (Eds.), *Collective remembering* (pp. 169-189). Newbury Park, CA: Sage Publications.

Ortner, S. B. (1984). Theoiy in anthropology since the sixties. *Comparative Study of Society and History, 26*(1), 126-166.

Pea, R. (1997). Practices of distributed intelligence and designs for education. In G. Salomon (Ed.), *Distributed cognitions: Psychological and educational considerations* (pp. 47-87). NY: Cambridge University Press.

Pederson, S., & Liu, M. (2003). Teachers' beliefs about issues in the implementation of a student-centered learning environment. *Educational Technology Research and Development, 51*(2), 57-76.

Pinar, W. (2004). *What is curriculum theory?* Mahwah, NJ: Laurence Erlbaum Press.

Pinar, W. (2015). Bildung and the internationalization of curriculum studies. In E. Ropo & T. Autio (Eds.), *International conversations on curriculum studies: Subject, society and curriculum*. AW Rotterdam, The Netherlands University of

Tampere: Sense Publisher.

Polanyi, M. (1958). *Personal knowledge: Towards a post-critical philosophy.* Chicago: The University of Chicago Press.

Reid, W. A. (1999). *Curriculum as institution and practice: Essays in the deliberative tradition.* Lawrence Erlbaum Associates. Inc.

Resnick, L.(1987). Learning in and out of school. *Educational Researcher, 26*(9), 13-20.

Rychen, D. S., & Salganik, L. H. (2003). *Key competencies for a successful life and a well-functioning society.* Gottingen, Germany: Hogrefe & Huber.

Sanchez-Svensson, M., Luff, P., & Heath, C. (2009). Embedding instruction in practice: Contingency and collaboration during surgical training. *Sociology of health & illness, 31*(6), 889-906.

Schatzki, T. (2001). Practice theory. In T. Schatzki, K. Knorr-Cetina, & E. von Savigny (Eds.), *The practice turn in contemporary theory.* London: Routledge.

Schoenfeld, A. H. (1998). Making Mathematics and Making Pasta: From Cookbook Procedures to Really Cooking. In J. G. Greeno, & S. V. Goldman (Ed.), *Thinking practices in mathematics and science learning* (pp. 299-319). New Jersey: Lawrence Erlbaum Associates, Inc.

Schön, D. A. (1983). *The reflective practitioner: How professionals think in action.* New York: Basic Books.

Schutz, A. (1962). *Collected papers,* Vol 1. The Hague: Martinus Nijhoff Poblishers.

Sennett, R. (2008). *The craftman.* 김홍식 역. 장인. 경기: 21세기북스.

Sergiovanni, T. J. (1994). *Building community in schools.* 주철안 역. 학교공동체만들기. 서울: 에듀케어.

Slattery, P. (2013). *Curriculum development in the postmodern era: Teaching and learning in an age of accountability.* NY: Routledge.

Sternberg et al. (2000). *Practical intelligence in everyday life.* Cambridge: Cambridge University Press.

Sternberg, R. J., & Wagner, R. K. (Eds.). (1985). *Practical intelligence: Nature and origins of competence in the everyday world.* Cambridge: Cambridge University Press.

Traweek, S. (1988). Discovering machines: Nature in the age of its mechanical reproduction. In F. Dubinskas (Ed.), *Making time: Ethnographies of high technology organizations*. Philadelphia: Temple University Press.

Turner, S. (1994). *The social theory of practice: Tradition, tacit knowledge and presupposition*. Chicago: The University of Chicago press.

Tyack, D., & Cuban, L. (1995). *Tinkering toward utopia.* Cambridge, MA: Harvard University Press.

Tyack, D., & Tobin, W. (1994). The grammar of schooling: Why has it been so hard to change? *American Educational Research Journal, 31*(3), 453-479.

Usher, R., & Edwards., R. (1994). *Postmodernism and education.* London: Routledge.

Vanderstraeten, R. (2001). The school class as an interaction order. *British Journal of Sociology of Education, 22*(2), 267-277.

Vanderstraeten, R. (2007). Professions in organizations, professional work in education. *British Journal of Sociology of Education, 28*(5), 621-635.

Vygotsky, L. S. (1980). *Mind in society: The development of higher psychological processes*. Cambridge: Harvard University Press.

Wenger, E. (1998). *Communities of practice*. 손민호, 배을규 공역. **실천공동체**. 서울: 학지사.

Wenger, E., McDermott, R. A., & Snyder, W. (2002). *Cultivating communities of practice: A guide to managing knowledge.* Boston, MA: Harvard Business School Press.

Willis. P. (1977). *Learning to labour*. Farnborough: Saxon House.

Wortham, S. (2003). Curriculum as a resource for the development of social identity. *Sociology of education, 76*, 229-247.

저자 소개

손민호(Minho Shon)는 현재 인하대학교 사범대학 교육학과에, **조현영**(Hyunyoung Cho)은 인하대학교 교육대학원에 재직 중이다. 저자들은 현상학을 학문적 논리가 아니라 우리가 살고 있는 실제 세상에서 나타나는 현상들에 대한 재현의 논리라고 보고, 이를 세심하게 드러내 주는 일에 관심을 두고 있다. 민속방법론이라고도 일컫는 이러한 관심사는 일상의 실천에 대한 연구로 집약된다. 최근에는 학습자의 컨텍스트 경험을 들여다보고 이를 학습 디자인에 접목하는 연구에 몰두하고 있다.

대표 저서로는 『민속방법론』(손민호, 조현영 공저, 학지사, 2014), 『컨텍스트 경험과 학습의 디자인』(손민호, 조현영 공저, 박영스토리, 2017), 그리고 역서로는 『실천공동체』(손민호 외 공역, 학지사, 2007), 『인터랙션 디자인과 활동이론』(손민호 외 공역, 박영스토리, 2019) 등이 있다.

교육과정과 교육의 과정

Lectures on Curriculum Studies and Process of Education

2020년 1월 15일 1판 1쇄 발행
2020년 9월 10일 1판 2쇄 발행

지은이 • 손민호 · 조현영
펴낸이 • 김 진 환
펴낸곳 • (주) 학지사
04031 서울특별시 마포구 양화로 15길 20 마인드월드빌딩 5층
대표전화 • 02) 330-5114 팩스 • 02) 324-2345
등록번호 • 제313-2006-000265호
홈페이지 • http://www.hakjisa.co.kr
페이스북 • https://www.facebook.com/hakjisabook

ISBN 978-89-997-1545-7 93370

정가 18,000원

이 도서의 국립중앙도서관 출판시도서목록(CIP)은 서지정보유통지원시스템 홈페이지(http://seoji.nl.go.kr)와 국가자료공동목록시스템(http://www.nl.go.kr/kolisnet)에서 이용하실 수 있습니다.
(CIP제어번호: CIP2019041778)